KB204274

清涼國師華嚴經疏鈔

청량국사 화엄경소초 35

십주품

청량징관 찬술 · 관허수진 현토역주

온주사

천이백 년 침묵의 역사를 깨고

오늘도 나는 여전히 거제만을 바라본다.

겹겹이 조종하는 산들

산자락 사이 실가닥 저잣길을 지나 낙동강의 시린 눈빛

그 너머 미동도 없는 평온의 물결 저 거제만을 바라본다.

십오 년 전 그날 아침을 그리며 말이다.

나는 2006년 1월 10일 은해사 운부암을 다녀왔다.

그리고 그날 밤 열한 시 대적광전에서 평소에 꿈꾸어 왔던 『청량국사 화엄경소초』 완역의 무장무애를 지심으로 발원하고 번역에 착수하였다.

나의 가냘픈 지혜와 미약한 지견으로 부처님의 비단과도 같은 화장세계에 청량국사의 화려하게 수놓은 소초의 꽃을 피워내는 긴 여정을 시작한 것이다.

화엄은 바다였고 수미산이었다.

그 바다에는 부처님의 용이 살고 있었고

그 산에는 부처님의 코끼리가 노닐고 있었다.

예쁘게 단장한 청량국사 소초의 꽃잎에는 부처님의 생명이 태동하고 있었고,

겁외의 연꽃 밭에는 영원히 지지 않는 일승의 꽃이 향기를 뿜어내고

있었다.

그 바다 그 산 그리고 그 꽃밭에서 10년 7개월(구체적으로는 2006년 1월 10일부터 2016년 8월 1일까지) 동안 자유롭게 노닐었다.

때로는 산 넘고 강 건너 협곡을 지나고

때로는 은하수 별빛 따라 오작교도 다니었다.

삼경 오경의 그 영롱한 밤

숨쉬기조차 미안한 고요의 숭고함

그 시공은 영원한 나의 역경의 놀이터였다.

애시당초 이 작업은 세계 인문학의 자존심

내가 살아 숨쉬는 이 나라 대한민국 그리고 불교의 자존심에 기인한 것이다.

일찍이 그 누가 이 청량국사의 『화엄경소초』를 완역하였다면 나는 이 작업을 하지 않았을 것이다.

지금도 여전히 완역자는 없다.

더욱이 이 『청량국사화엄경소초』의 유일한 안내자 인악스님의 『잡화기』와 연담스님의 『유망기』도 그 누가 번역한 사실이 없다.

그러나 내 손안에 있는 두 분의 『사기』는 모두 다 번역하여 주석으로 정리하였다.

이 청량국사 화엄경의 소는 초를 판독하지 않으면 알 수가 없다.

그래서 그 이름을 구체적으로 대방광불화엄경수소연의초大方廣佛華嚴經隨疏演義鈔라 한 것이다.

즉 대방광불화엄경의 소문을 따라 그 뜻을 강연한 초안의 글이라는
것이다.
청량국사는 『화엄경』의 소문을 4년(혹은 5년) 쓰시되 2년차부터는
소문과 초문을 함께 써서 완성하시고 5년차부터 8년 동안 초문을
쓰셨다.
따라서 그 소문의 양은 초문에 비하면 겨우 삼분의 일에 지나지
않는다 할 것이다.

나는 1976년 해인사 강원에서 처음 『청량국사화엄경소초 현담』
여덟 권을 독파하였고,
1981년부터 3년간 금산사 화엄학림에서 『청량국사화엄경소초』를
독파하였다.
그때 이미 현토와 역주까지 최초 번역의 도면을 완성하였고,
당시에 아쉽게 독파하지 못한 십정품에서 입법계품까지의 소초는
1984년 이후 수선 안거시절 해제 때마다 독파하여 모두 정리하였다.

그러나 번역의 기연이 맞지 않아 미루다가 해인사 강주시절 잠시
번역에 착수하였으나 역시 기연이 맞지 않아 미루었다.
그리고 드디어 2006년 1월 10일 번역에 착수하여 2016년 8월 1일
십만 매 원고로 완역 탈고하고, 2020년 봄날 시공을 초월한 사상
초유 『청량국사화엄경소초』가 1,200년 침묵의 역사를 깨고 이 세상
에 처음 눈을 뜨게 된 것이다.

번역의 순서는 먼저 입법계품의 소초, 다음에는 세주묘엄품 소초에서 이세간품 소초까지, 마지막으로 소초 현담을 번역하였다.

번역의 형식은 직역으로 한 글자도 빠뜨리지 않고 번역하였다. 따라서 어색하게 느껴지는 곳도 있을 것이다.

예를 들면 소所 자를 "바"라 하고, 지之 자를 지시대명사로 "이것, 저것"이라 하고, 이而 자를 "그러나"로 번역한 등이 그렇다.

판본은 징광사로부터 태동한 영각사본을 뿌리로 하였고, 대만에서 나온 본과 인악스님의 『잡화기』와 연담스님의 『유망기』와 또 다른 사기 『잡화부』(잡화부는 검자권부터 광자권까지 8권만 있다)를 대조하여 번역하였다.

앞에서 이미 말한 것처럼, 그 누가 청량국사의 『화엄경소초』를 완역한 적이 있었다면 나는 이 번역에 착수하지 않았을 것이다.

지금까지 이 황금보옥黃金寶玉의 『청량국사화엄경소초』가 번역되지 아니한 것은 나에게 주어진 시대적 사명이고 역사적 명령이라 생각한다.

나는 이 『청량국사화엄경소초』의 완역으로 불조의 은혜를 갚고 청량국사와 은사이신 문성노사 그리고 나를 낳아준 부모의 은혜를 일분 갚는다 여길 것이다.

끝으로 이 『청량국사화엄경소초』가 1,200년의 시간을 지나 이 세상에 눈뜨기까지 나와 인연한 모든 사람들 그리고 영산거사 가족과 김시열 거사님께 원력의 보살이라 찬언讚言하며, 나의 미약한 번역으로 선지자의 안목을 의심케 할까 염려한다.

마지막 희망이 있다면 이『청량국사화엄경소초』의 완역 출판으로 청량국사에 대한 더욱 깊고 넓은 연구와『화엄경』에 대한 더욱 다양한 연구가 이루어지기를 바라는 것뿐이다.

장세토록 구안자의 자비와 질책을 기다리며 고개 들어 다시 저 멀리 거제만을 바라본다.

여전히 변함없는 저 거제만을.

2016년 8월 1일 절필시에 게송을 그리며

長廣大說無一字 장광대설무일자

無碍眞理亦無義 무애진리역무의

能所兩詮雙忘時 능소양전쌍망시

劫外一經常放光 겁외일경상방광

화엄경의 장대한 광장설에는 한 글자도 없고

화엄경의 걸림없는 진리에는 또한 한 뜻도 없다.

능전의 문자와 소전의 뜻을 함께 잊은 때에

시공을 초월한 경전 하나 영원히 광명을 놓누나.

불기 2567년 음력 1월 10일 최초 완역장

승학산 해인정사 관허 수진

● 화엄경소초현담華嚴經疏鈔玄談(1~8)

● 화엄경소초華嚴經疏鈔

영인본 5책 成字卷之一

대방광불화엄경수소연의초 제십육권의 삼권

大方廣佛華嚴經隨疏演義鈔 第十六卷之三卷

우진국 삼장사문 실차난타 번역

청량산 대화엄사 사문 징관 찬술

대한민국 조계종 사문 수진 현토역주

십주품 제십오권
十住品 第十五卷

疏

初來意者는 上由致旣彰인댄 正宗宜顯일새 故次來也니라 又前辨
所依佛德하고 今辨能依十住일새 故次來也니라

처음에 이 품이 여기에 온 뜻[1]은 위에서 유치를 이미 밝혔다면 바른
종취를 마땅히 나타내어야 하기에 그런 까닭으로 다음에 이 품이
여기에 온 것이다.
또 앞에서는 의지할 바 부처님의 공덕을 분별하였고, 지금에는
능히 의지할 십주를 분별하기에 그런 까닭으로 다음에 이 품이
여기에 온 것이다.

鈔

又前辨所依下는 上卽通明이요 此下別顯이라 上是古意요 此下今意

---

1 원문에 來意라고 한 것은, 此會의 육품六品 중에 上二品은 유치由致이고,
  後四品은 정종正宗이다.

니 如前已明하니라

또 앞에서는 의지할 바 부처님의 공덕을 분별하였다고 한 아래는
이 위에는 곧 한꺼번에 밝힌 것이요
이 아래는 따로 나타낸 것이다.[2]
또 이 위에는 옛날의 뜻이요,
이 아래는 지금의 뜻이니
앞에서 이미 밝힌 것[3]과 같다.

疏

二釋名者는 慧住於理하야 得位不退일새 故名爲住니 本業下卷

---

2 한꺼번에 밝힌다고 한 것은 뒤에 네 품으로써 앞에 두 품을 상대한 까닭이고,
따로 나타낸다고 한 것은 이 십주의 한 품으로써 앞에 수미정상게찬의 한
품을 상대하여 말한 까닭이다. 이상은 『잡화기』의 말이다. 여기에 뒤에 네
품이란 제삼회 육품 가운데 십주품과 범행품과 초발심공덕품과 명법품이다.
앞에 두 품이란 수미정상품과 수미정상게찬품이다.
3 앞에서 이미 밝힌 것이라고 한 것은 여자권餘字卷 하권 1장, 상上 5행과 10행에
이 품이 여기에 온 뜻과 종취는 각각 먼저는 옛날의 뜻이고 뒤에는 이 청량의
새로운 뜻이라고 『잡화기』에서 말한 바 있다. 영인본 화엄은 5책, p. 459,
5행과 10행이다.
또 통通과 별別로 본다면 역시 여자권 하권 2장, 하下 6행에 역가亦可 운운은
이 위에는 다만 십주의 이름을 한꺼번에 잡아(通約) 말한 것이고, 여기는
곧 승진勝進을 따로 밝힌 것(別明)이라고 『잡화기』에서 말한 바 있다. 영인본
화엄 5책, p.462, 6행이다.

云호대 始入空界하야 住空性位일새 故名爲住니라 然이나 住義多
種이나 寄圓說十이라 總言十住는 帶數釋也니 下諸品有十도 準此
可知니라

두 번째 이름을 해석한 것은 지혜가 진리에 머물러 지위가 물러나지
아니함을 얻기에 그런 까닭으로 이름을 주住라 하나니,
『본업경』 하권에 말하기를 처음 공의 세계에 들어가 공성의 지위에
머물기에 그런 까닭으로 이름을 주住라 한다 하였다.
그러나 주住의 뜻이 여러 가지가 있지만 원교를 의지하여 열 가지를
설한 것이다.
십주라고 한꺼번에 말한 것은 대수석이니,
아래 모든 품에 열 가지가 있는 것도 여기를 기준하면 가히 알
수가 있을 것이다.

鈔

二釋名은 然住有二義하니 一은 約能所合釋이니 故言慧住於理라하
니라 則理是所住요 慧是能住라 二는 唯約慧釋이니 信未終極이면 慧
未安住어니와 得入正位면 位不動搖일새 故云得位不退라하니라 然
位不退가 復有二義하니 一은 約三乘이니 至第七住면 位方不退요
二는 約終敎니 入初住位면 卽云不退라하니 異輕毛故니라 今依後義
건댄 則通十住가 皆位不退일새 從初受名이라 本業云호대 始入空界
는 卽證初義요 住空性位는 卽證後義라

두 번째 이름을 해석한 것이라고 한 것은 그러나 주住에 두 가지
뜻이 있나니

첫 번째는 능·소를 잡아 합석한 것이니,

그런 까닭으로 말하기를 지혜가 진리에 머문다 하였다.

곧 진리는 이 소주所住요 지혜는 이 능주能住이다.

두 번째는 오직 지혜만을 잡아 해석한 것이니,

믿음이 종극이 아니면 지혜가 편안히 머물지 않거니와 정위正位에
들어감을 얻으면 지위가 움직이지 않기에 그런 까닭으로 말하기를
지위가 물러나지 아니함을 얻는다 하였다.

그러나 지위가 물러나지 않는 것이 다시 두 가지 뜻이 있나니

첫 번째는 삼승을 잡은 것이니,

제칠주에 이르면 지위가 바야흐로 물러나지 않는 것이요

두 번째는 종교를 잡은 것이니,

초주의 지위에 들어가면 곧 말하기를 물러나지 않는다 하였으니
경모輕毛[4]와는 다른 까닭이다.

지금에는 뒤에 뜻을 의지하건대 곧 십주의 지위가 다 물러나지
아니함에 통하기에 초주로 좇아 이름을 받은 것이다.

『본업경』하권에 말하기를 처음 공의 세계에 들어간다고 한 것은
곧 처음에 뜻을 증거한 것이요

공성의 지위에 머문다고 한 것은 곧 뒤에 뜻을 증거한 것이다.

---

4 경모輕毛란, 모든 중생범부衆生凡夫의 지위이니, 흔들림에 비유함이다.

疏

三宗趣者는 以十住行法으로 爲宗하고 攝位得果로 爲趣니라

세 번째 종취는 십주의 행법으로써 종을 삼고 지위를 섭수하여
과위를 얻는 것으로써 취를 삼는 것이다.

疏

四釋文者는 四品分二리니 前三은 當位行德이요 後一은 勝進趣後
라 前會에 無勝進者는 但是趣位方便이요 未成位故니라 迴向是位
니 無進趣者는 三賢位滿에 總爲趣地之方便故니라 亦顯趣無分
別이니 離趣相故니라

네 번째 경문을 해석한 것은 사품四品[5]을 두 가지로 나누리니
앞에 삼품은 당위當位의 행덕이요,
뒤에 한 품은 승진하여 후위로 나아가는 것이다.
앞의 회에 승진이 없는 것은 다만 지위에 나아가는 방편일 뿐[6] 아직
지위를 이루지 못한 까닭이다.

---

5 사품四品은 1. 십주품十住品, 2. 범행품梵行品, 3. 초발심공덕품初發心功德品,
  4. 명법품明法品이다.
6 다만 지위에 나아가는 방편일 뿐이라고 한 등은 무릇 말하기를 승진은 반드시
  지위 가운데 먼저 자분自分을 말하고 뒤에 바야흐로 승진을 말하는 까닭이다.
  역시 『잡화기』의 말이다.

십회향은 이 지위이지만 승진하여 나아감이 없는 것은 삼현위가
가득 참에 모두 십지에 나아가는 방편이 되는 까닭이다.
또한 무분별에 나아감을 나타낸 것이니 나아가는 모습을 떠난 까닭
이다.

鈔

前會無勝進下는 上은 正科經文이요 此下는 對前辨異라 迴向是位下
는 通外難이니 先牒難也요 三賢位滿下는 通이라 通有二意하니 一은
明有勝進이니 總攝前三일새 故不別立이요 二에 亦顯下는 明無勝進
이니 則後無方便일새 欲證無分別智故니라

앞의 회에 승진이 없다고 한 아래는 이 위에는 바로 경문을 과판한
것이요
이 아래는 앞을 상대하여 다름을 분별한 것이다.

십회향은 이 지위라고 한 아래는 그 외난外難을 통석한 것이니,
먼저는 외난을 첩석한 것이요
삼현위가 가득 찬다고 한 아래는 통석한 것이다.
통석함에 두 가지 뜻이 있나니
첫 번째는 승진이 있음을 밝힌 것이니,
앞에 삼품을 모두 섭수하였기에 그런 까닭으로 따로 세우지 아니한
까닭이요

두 번째 또한 무분별지에 나아감을 나타낸 것이라고 한 아래는
승진이 없음을 밝힌 것이니,

곧 뒤에 한 품은 방편이 없기에 무분별지無分別智를 증득하고자
하는 까닭이다.

經

爾時에 法慧菩薩이 承佛威力하야 入菩薩無量方便三昧하니

그때에 법혜보살이 부처님의 위신력을 받아 보살의 한량없는 방편의 삼매에 들어가니

疏

今初分三하리니 初品辨位요 次品辨行이요 後品明德이니 初亦名解라 文分七分하리니 一은 三昧分이요 二는 加分이요 三은 起分이요 四는 本分이요 五는 說分이요 六은 證成分이요 七은 重頌分이라 今初니 何故入定고 略辨六意하리라 一은 此三昧가 是法體故요 二는 非證不說故요 三은 顯此法非思量境故요 四는 觀機審法故요 五는 爲受佛加故요 六은 成軌儀故라 餘如玄說하니라

지금은 처음으로 세 가지로 나누리니
처음 품은 지위를 분별한 것이요
다음 품은 행을 분별한 것이요
뒤에 품은 덕을 밝힌 것이니
처음 품은 또한 해解를 이름한 것이다.

경문을 나누어 칠분으로 하리니
첫 번째는 삼매분이요

두 번째는 가피분加被分이요

세 번째는 기정분起定分[7]이요

네 번째는 본체분本體分[8]이요

다섯 번째는 설법분說法分[9]이요

여섯 번째는 증성분證成分[10]이요

일곱 번째는 중송분이다.

지금은 처음 삼매분이니

무슨 까닭으로 삼매에 들어가는가.

간략하게 여섯 가지 뜻으로 분별하겠다.

첫 번째는 이 삼매가 법의 자체인 까닭이요

두 번째는 증득하지 아니하면 설할 수 없는 까닭이요

세 번째는 이 법은 사량의 경계가 아님을 나타낸 까닭이요

네 번째는 근기를 관찰하여 법을 심찰하는 까닭이요

다섯 번째는 부처님의 가피를 받기 위한 까닭이요

여섯 번째는 궤도의 의식을 이루는 까닭이다.

---

7 기정분起定分은 영인본 화엄 5책, p.589, 3행이다.

8 본체분本體分은 영인본 화엄 5책, p.590, 2행이니 그 본체분(本分)은 본가本家이
  니 같은 책 p.590, 1행에 불자여 보살이 삼세의 모든 부처님의 집(佛家)에
  머문다 하였다.

9 설법분說法分은 영인본 화엄 5책, p.620, 9행이니 즉 십주법을 설하는 부분이다.

10 증성분證成分은 영인본 화엄 5책, p.709, 2행에는 현실증성분顯實證成分이라
   하였다. 즉 육종진동의 사실을 나타내어 증명을 이루는 분이라는 뜻이다.

나머지는 『현담』에서 설한 것과 같다.

鈔

略辨六意者는 前三은 取下論勢나 然其三意는 大同小異하니라 異相
云何고 一은 是所證法體니 欲說此法인댄 要須心冥此體리라 二는
非證不說者는 揀異未證之人이니 亦許心合法故니라 三은 非思量境
者는 絶思方說이니 亦通未證故니라 四는 觀機는 則識病所宜요 審法
은 則知藥功力이니 不觀人根이면 不應說法이며 不審而說이면 理事
或乖일새 應病與藥하야 令得服行矣니라 五는 散心不堪諸佛加故니
라 六은 菩薩常定이나 但爲物軌니 菩薩將說하야도 尙須入定거든 況
凡夫耶아

간략하게 여섯 가지 뜻으로 분별하겠다고 한 것은 앞에 세 가지는
아래 논[11]의 문세를 취한 것이지만, 그러나 그 세 가지 뜻은 대동소이
하다.[12]

---

11 원문에 하론下論은 『십지론十地論』인 듯하다.

12 원문에 대동소이大同小異는, 대동大同하다는 것은 다 삼매三昧에 들어가는
   것이고, 소이小異라고 한 것은 바로 아래 해석이 있다. 『잡화기』는 대동하다고
   한 것은 이 세 가지 뜻이 다 저 법을 증득함을 잡은 까닭이고, 소이라고
   한 것은 처음에 세 가지 뜻은 증득하고 증득하지 못함에 통하지만 그러나
   처음에 뜻은 마음이 법의 자체에 명합함을 잡은 것이고 세 번째 뜻은 생각을
   끊은 것을 잡은 것이고 두 번째 뜻은 오직 증득함만 잡은 까닭이다. 또한
   『회현기』14권 13장을 볼 것이다 하였다.

다른 모습은 어떠한가.

첫 번째는 증득할 바 법의 자체이니,

이 법을 설하고자 한다면 반드시 마음이 법의 자체에 명합해야 할 것이다.

두 번째는 증득하지 아니하면 설할 수 없다고 한 것은 아직 증득하지 못한 사람과 다름을 가린 것이니,

또한 마음이 법에 명합함을 허락한 까닭이다.

세 번째는 사량의 경계가 아니라고 한 것은 생각을 끊어야 바야흐로 설하는 것이니,

또한 증득하지 못한 사람에게도 통하는 까닭이다.

네 번째[13]는 근기를 관찰한다고 한 것은 병의 마땅한 바를 아는 것이요

법을 심찰한다고 한 것은 곧 약의 공력을 아는 것이니,

사람의 근기를 관찰하지 못하면 응당히 법을 설할 수 없으며 법을 심찰하지 못하고 설하면 진리와 사실이 혹 어길 수 있기에 병에 응하여 약을 주어 하여금 복용하고 행함을 얻게 하는 것이다.

다섯 번째는 산란한 마음으로는 모든 부처님의 가피를 감당할 수 없는 까닭이다.

여섯 번째는 보살은 항상 삼매 속에 있지만 다만 중생을 위하여 궤도하는 의식일 뿐이니,[14]

---

13 北藏엔 四 자 위(上)에 言大同者는 絶思則證이요 證則契體라는 말이 있다.

14 보살 운운은, 즉 보살菩薩은 항상 삼매 속에 있지만 삼매 속에 들어감을 보인 것은 다만 중생을 위하여 궤도하는 의식일 뿐이라는 것이다.

보살이 장차 설하여도 오히려 반드시 삼매에 들어가야 되거든 하물며 범부이겠는가.

疏

文有三別하니 一은 入定人이니 法慧入者는 是衆首故요 餘人則亂하야 不調伏故며 顯十住法慧能說故니라 二는 入定依니 謂承佛力은 推功化主하야 表無慢故니라 三은 入定名이니 爲揀果定일새 故云菩薩이라하며 任性能知하고 觀解善巧일새 故名方便이라하며 十住가 各攝多門善巧일새 故云無量이라하며 心詣於法일새 故云入也라하니라 又一切三昧가 皆有三相하니 謂入住出이니 五識對境하면 意從門出과 遠境護根하면 意識却入은 此通權小어니와 今卽照之寂일새 故名爲入이요 卽寂之照일새 故名爲出이요 入已未起일새 故名爲住니라 餘三昧等은 並如前釋하니라

경문에 세 가지 다른 것이 있나니
첫 번째는 삼매에 들어간 사람이니,
법혜보살이 들어간다고 한 것은 이것은 대중의 상수인 까닭이요 나머지 사람은 곧 산란하여 조복할 수 없는 까닭이며[15] 십주를 법혜보

---

15 나머지 사람은 곧 산란하다고 한 것은 처음에 비난한 뜻을 통석한 것이고, 조복할 수 없는 까닭이라고 한 것은 뒤에 비난한 뜻을 통석한 것이다. 비난한 뜻에 말하기를 이미 다른 사람은 곧 산란하다고 하였다면 어떻게 법혜보살이 들어가면 산란이 일어나지 않는가. 그 답은 곧 저 대중은 다 이미 조복한

살이 능히 설함을 나타낸 까닭이다.

두 번째는 삼매에 들어가는 의지이니,

말하자면 부처님의 위신력을 받았다고 한 것은 그 공력을 교화하는 주인[16]에게 미루어 교만함이 없음을 표한 까닭이다.

세 번째는 삼매에 들어가는 이름이니,

과불果佛의 삼매[17]를 가리기 위한 것이기에 그런 까닭으로 말하기를 보살이라 하였으며,

자성에 맡겨 능히 알고 관찰하는 지해가 선교이기에 그런 까닭으로 이름을 방편이라 하였으며,

십주가 각각 수많은 문門의 선교를 섭수하기에 그런 까닭으로 말하기를 한량이 없다 하였으며,

마음이 법에 나아가기에 그런 까닭으로 말하기를 들어간다 하였다.

또 일체 삼매가 다 삼상이 있나니,

말하자면 입상入相과 주상住相과 출상出相이니 오식이 경계를 상대하면 의식이 근문根門으로 좇아[18] 나오는 것과 경계를 멀리하여 근문

대중인 까닭으로 산란하지 않나니 만약 산란이 일어난다고 한다면 곧 응당 이는 조복한 대중이 아닐 것이다. 혹 말하기를 오직 법혜보살만 삼매에 들어가 대중으로 하여금 조복케 할 수 있고, 만약 다른 사람이라면 곧 대중으로 하여금 조복케 함을 얻을 수 없다 하였다. 역시 『잡화기』의 말이다.

16 원문에 화주化主는 佛이다.

17 원문에 과정果定은 佛定이다.

18 원문에 종근從根의 根 자는 오근문五根門이다.

을 보호하면 의식이 도리어 들어가는 것은 이것은 권교 소승에 통하거니와 지금에는 비춤에 즉한 고요함이기에 그런 까닭으로 이름을 입入이라 하고, 고요함에 즉한 비춤이기에 그런 까닭으로 이름을 출出이라 하고, 들어간 이후에 일어나지 않기에 그런 까닭으로 이름을 주住라 하는 것이다.

나머지 삼매 등은 모두 앞에서 해석[19]한 것과 같다.

鈔

是衆首者는 此有二意하니 一은 約敎相云호대 是衆首라하니라 言餘人則亂者는 此卽論意니 謂有問言호대 豈此海會에 無如法慧아할새 故應答云호대 衆雖德齊나 衆人爭入하면 衆則亂故라하니라 次應問言호대 何不亂起가할새 答云호대 衆調伏故라하니 故今疏云호대 則亂不調伏이라하니라 顯十住下는 約表法說이요 任性能知下는 釋方便言이라 此有二意하니 一은 以絶分別心으로 名爲方便이니 如下文云호대 以無所得으로 而爲方便이라하고 初地經中에 無分別智를 名大方便이라하니라 二는 約善巧事理無礙故니 如常所明하니라

이것은 대중의 상수인 까닭이라고 한 것은 여기에 두 가지 뜻이 있나니

첫 번째는 교상을 잡아 말하기를 이것은 대중의 상수다 한 것이다. 나머지 사람은 산란하다고 말한 것은 이것은 곧 『십지론』[20]의 뜻이니,

---

19 원문에 전석前釋이란, 보현삼매품普賢三昧品이다.

말하자면 어떤 사람이 물어 말하기를 어찌 이 해회海會에 법혜보살과 같은 이가 없겠는가 하기에, 그런 까닭으로 응답하여 말하기를 대중들이 비록 덕이 같지만 수많은 사람들이 다투어 들어가면 대중들이 곧 산란한 까닭이다 하였다.

다음에 응당 물어 말하기를 어찌하면 산란이 일어나지 않는가[21] 할 것이기에, 응답하여 말하기를 대중을 조복하는 까닭이다 하였으니

그런 까닭으로 지금 소문에서 말하기를 곧 산란하여[22] 조복할 수 없다 하였다.

십주를 법혜보살이 능히 설함을 나타낸다고 한 아래는 두 번째 표법表法을 잡아 설한 것이요

자성에 맡겨 능히 안다고 한 아래는 방편이라는 말을 해석한 것이다. 여기에 두 가지 뜻이 있나니

첫 번째는 분별심을 끊은 것으로써 이름을 방편이라 한 것이니 아래 경문에 말하기를 얻을 바 없는 것으로써 방편을 삼는다 하고,

---

20 『십지론十地論』은, 『십주비바사론十住毘婆沙論』의 住는 地의 뜻이니, 십지十地에 대한 논술이다.

21 원문에 하불란기何不亂起는 대중大衆의 상수上首인 법혜法慧가 입정入定하면 곧 산란이 일어나지 않는 것이니, 법혜가 대중을 조복하여 귀의케 하는 까닭으로 감히 다투어 들어가지 않는 것이다.

22 원문에 난기즉亂起則은 소문에는 즉란則亂이라 하였으니 소문대로 고쳐 번역하였다.

초지 경문 가운데 무분별지를 이름하여 대방편이라 한 것과 같다.

두 번째는 선교의 사리가 걸림이 없음을 잡은 까닭이니

평소에 밝힌 바와 같다.

經

以三昧力

삼매의 힘으로써

疏

二에 以三昧下는 加分이라 於中三이니 初는 總辨因緣이요 二는
明加所爲요 三은 別顯加相이라 今初又三이니 一은 標加所因이요
二는 加緣顯現이요 三은 讚說因緣이라 今初는 謂以三昧力이니
故論云호대 所以偏加金剛藏者는 得此定故라하니라 前由佛力能
入하고 今由定力佛現하니 互爲增上이라 力相云何고 謂無作三昧
로 顯自覺智하야 寂不失照하야 冥同佛心일새 故感佛現三業加也
니라

두 번째 삼매의 힘으로써라고 한 아래는 가피분이다.
그 가운데 세 가지가 있나니
처음에는 인연을 한꺼번에 분별한 것이요
두 번째는 가피의 하는 바를 밝힌 것이요
세 번째는 가피의 모습을 따로 나타낸 것이다.

지금은 처음으로 또한 세 가지가 있나니
첫 번째는 가피의 원인하는 바를 표한 것이요

두 번째는 가피의 조연이 현현한 것이요
세 번째는 설법하는 인연을 찬탄한 것이다.

지금은 처음으로 삼매의 힘으로써라고 말한 것이니,
그런 까닭으로 『십지론』에 말하기를 치우쳐 금강장에게 가피한
바는 이 삼매를 얻은 까닭이다 하였다.
앞[23]에서는 부처님의 위신력을 인유하여 능히 들어갔고
지금에는 삼매의 힘을 인유하여 부처님이 나타나시니 서로 증상增上
이 되는 것이다.

삼매의 힘의 모습은 어떠한가.
말하자면 무작삼매로 자각의 지혜를 나타내어 고요하지만 비춤을
잊지 아니하여 그윽이 부처님의 마음과 같기에 그런 까닭으로 부처
님이 삼업으로 가피를 나타내는 것을 감득하는 것이다.

鈔

互爲增上者는 前則佛力이 爲入定緣이요 今則入定이 爲佛現緣이라

서로 증상이 된다고 한 것은 앞[24]에서는 곧 부처님의 힘이 삼매에
들어가는 조연이 되는 것이요

---

23 앞이란, 영인본 화엄 5책, p.567, 8행이다.
24 앞이란, 영인본 화엄 5책, p.567, 8행이다.

지금에는 곧 삼매에 들어가는 것이 부처님이 나타나는 조연이 되는
것이다.

⊙ 經

十方各千佛刹微塵數世界之外에 有千佛刹微塵數諸佛하사대
皆同一號하야 名曰法慧니라 普現其前하사

시방에 각각 일천 부처님의 세계에 작은 티끌 수만치 많은 세계
밖에 일천 부처님의 세계에 작은 티끌 수만치 많은 모든 부처님이
있으되 다 한 이름과 같아서 이름을 법혜불이라 합니다.
널리 그 법혜보살 앞에 나타나

⊙ 疏

二에 十方下는 加緣顯現이라 來處佛數를 皆云千者는 望行猶劣
故라 多佛加者는 顯於法及法師에 增敬心故며 又顯諸佛이 同說
故라 加佛이 同名法慧者는 得法不異故니 論云호대 此菩薩이 聞
同己名하고 增踊躍故라하니라 但諸佛이 於此住門中現호대 皆名
法慧는 以法力故며 法應爾故니라 普現其前者는 不來而至故니라

두 번째 시방이라고 한 아래는 가피의 조연이 현현한 것이다.
오신 곳에 부처님의 수를 다 일천이라고 말한 것은 십행을 바라보면
오히려 하열한[25] 까닭이다.
수많은 부처님이 가피하신 것은 법과 그리고 법사에게 더욱 공경하

---

25 하열하다는 것은, 十住는 千佛이고 十行은 萬佛이니 하열하다는 것이다.

는 마음을 나타내는 까닭이며

또 모든 부처님이 함께 설하심을 나타내는 까닭이다.

가피하신 부처님이 다 이름이 법혜인 것은 법을 얻은 것이 다르지 않는 까닭이니,

『십지론』에 말하기를 이 보살이[26] 자기와 같은 이름을 듣고 더욱 용약하는 까닭이다 하였다.

다만 모든 부처님이 이 십주문 가운데 나타나되 다 이름이[27] 법혜인 것은 법의 힘인 까닭이며 법이 응당 그러한 까닭이다.

널리 그 법혜보살 앞에 나타났다고 한 것은 오시지 않고 이르신 까닭이다.

鈔

言望行猶劣者는 行一萬故라 行向有前일새 望前辨過어니와 今前未有일새 故望後言劣이라 餘義는 多同十地하니 雖賢聖位殊나 儀範相似하며 又圓敎十住는 似十地故니라

---

26 원문에 논운論云이라고 한 것은 또 다른 한 뜻이니, 『십지론十地論』에 동명同名의 금강장金剛藏을 해석한 뜻으로 여기에 동명同名의 법혜보살法慧菩薩을 해석한 것이다. 이 보살 운운은 여자권麗字卷 35장을 보라고 『잡화기』는 말한다.

27 이 십주문 가운데 나타나되 다 이름이 운운한 것은 만약 십행문行門 가운데 나타난 즉 다 이름이 공덕림보살이고, 십회향문 가운데 나타난 즉 다 이름이 금강당보살 등인 까닭이다. 역시 『잡화기』의 말이다.

십행을 바라보면 오히려 하열하다고 말한 것은 십행은 일만인 까닭
이다.

십행과 십회향은 앞이 있기에 앞을 바라보고 허물을 분별하거니와,
지금 십주는 앞이 있지 않기에 그런 까닭으로 뒤에 십행을 바라보고
하열하다 말한 것이다.

나머지 뜻은 다분히 『십지론』과 같나니,

비록 현위와 성위가 다르지만 의식의 궤범이 상사하며

또 원교의 십주는 십지와 상사한 까닭이다.

經

告法慧菩薩言하사대 善哉善哉라 善男子야 汝能入是菩薩의 無
量方便三昧하니 善男子야 十方各千佛刹微塵數諸佛이 悉以神
力으로 共加於汝하시며 又是毘盧遮那如來의 往昔願力과 威神
之力과 及汝所修인 善根力故로 入此三昧하야 令汝說法케하니라

법혜보살에게 일러 말씀하시기를 착하고 착합니다. 선남자여, 그
대가 능히 이 보살의 한량없는 방편의 삼매에 들어가니
선남자여, 시방에 각각 일천 부처님의 세계에 작은 티끌 수만치
많은 모든 부처님이 다 위신력으로써 함께 그대를 가피하시며,
또 이 비로자나 여래의 지나간 옛날의 원력과 위신력과 그리고
그대가 수행한 바 선근력인 까닭으로 이 삼매에 들어가 그대로
하여금 법을 설하게 하시는 것입니다.

疏

三에 告法慧下는 讚說因緣이라 於中二이니 一은 讚有加因이니
能入定故라 言汝能者는 希越之辭니 此定難得거늘 汝今乃能入
故니라 擧定名者는 向來默入에 衆未知名일새 故擧歎之하야 令衆
仰故니라 二에 善男子十方下는 雙說加定因緣이니 於中에 先은
別顯四因이라 一은 伴佛神力이니 諸佛自說者는 令衆敬仰故요
二는 主佛宿願이요 三은 主佛現威요 四는 法慧善根이니 略無大

衆機感이라 後에 入此三昧하야 令汝說法의 二句는 結因所屬이니 謂由上四事에 前三爲緣이요 第四是因이니 因緣合故로 入此三昧니라 故로 前四定因이요 令汝說法은 卽是加因이라 故論云호대 何故加고 爲說此法故라하니라 故로 十行十向之中에 皆云令汝으로 入是三昧하야 而演說法故라하니라 又此令汝說法은 亦是後文之總이라

세 번째 법혜보살에게 일러 말씀하셨다고 한 아래는 설법하는 인연을 찬탄한 것이다.
그 가운데 두 가지가 있나니
첫 번째는 가피함이 있는 인연을 찬탄한 것이니,
능히 삼매에 들어간 까닭이다.
그대가 능히라고 말한 것은 희유함을 넘은 말이니,
이 삼매는 얻기 어렵거늘 그대가 지금 이에 능히 들어간 까닭이라는 것이다.
삼매의 이름을 거명한 것은 향래에 묵묵히 들어감에 대중이 삼매의 이름을 알지 못하기에 그런 까닭으로 거명하고 찬탄하여 대중으로 하여금 첨앙하게 하는 까닭이다.

두 번째 선남자여, 시방에 각각이라고 한 아래는 가피와 삼매의 인연을 함께 설한 것이니,
그 가운데 먼저는 네 가지 인연을 따로 나타낸 것이다.
첫 번째는 반불伴佛의 위신력이니,

모든 부처님이 스스로 설하신 것은 대중으로 하여금 공경하고 첨앙

하게 하는 까닭이요

두 번째는 주불主佛의 숙세에 서원이요

세 번째는 주불이 나타낸 위신력이요

네 번째는 법혜보살의 선근이니,

대중의 근기를 감당하는 것은 생략하고 없다.[28]

뒤에 이 삼매에 들어가 그대로 하여금 법을 설하게 하는 것이라고

한 두 구절은 인연이 속한 바를 맺는 것이니,

말하자면 위에 네 가지 사실[29]을 인유함에 앞에 세 가지는 조연이

되고 제 네 번째는 원인이 되나니, 인연이 화합한 까닭으로 이

삼매에 들어가는 것이다.

그런 까닭으로 앞에 네 가지 인연은 삼매의 인연이요

그대로 하여금 법을 설하게 한다고 한 것은 곧 이 가피의 인연이다.

그런 까닭으로 『십지론』에 말하기를 무슨 까닭으로 가피하는가.

이 법을 설하기 위한 까닭이다 하였다.

그런 까닭으로 십행과 십회향 가운데 다 말하기를 그대로 하여금

이 삼매에 들어가 법을 연설하게 하는 까닭이다 하였다.

또 여기에서 그대로 하여금[30] 법을 설하게 한다고 한 것은 역시

---

28 원문에 약무대중기감略無大衆機感이라고 한 것은, 아래 십행품十行品은 도리어
   대중大衆의 기감機感이 있는 까닭으로 없다 하지 않고 약무略無라 한 것이다.

29 원문에 사사四事란, 곧 사인四因이다.

30 또 여기에서 그대로 하여금 운운한 것은 그런 까닭을 후문後文의 과목에
   말하기를 또한 곧 설법의 소위(亦即說法所爲)라 한 것이다. 이상은 『잡화기』의

뒤에 경문을[31] 총설한 것이다.

鈔

令汝說法者는 意明加因이 亦有其四라 故下正釋에 後三이 復爲加因이라하니 更添說法하면 卽是四因이라 然爲說法에 卽是入定일새 故下引諸會에 合說法與定하야 爲一하니 入定은 本爲說法이라 入定이 旣爲加因인댄 則說法도 卽是加因이라 故初標云호대 一은 讚有加因이라하니 諸佛遮那가 皆由願力故로 二願이 皆爲加因이라

그대로 하여금 법을 설하게 한다고 한 것은이라고 한 것은 그 뜻이 가피의 인연이 또한 네 가지가 있음을 밝힌 것이다.
그런 까닭으로 아래 바로 해석함에 뒤에 세 가지 인연이 다시 가피의 인연이 된다 하였으니,
다시 설법을 더하면 곧 네 가지 인연이 되는 것이다.
그러나 설법함에[32] 곧 이 삼매에 들어가는 것이기에 그런 까닭으로 아래에 모든 회에서 설법과 더불어 삼매를 합하여 하나가 된다고

이끌었으니, 삼매에 들어가는 것은 본래 법을 설하기 위한 것이다. 삼매에 들어가는 것이 이미 가피의 인연이 된다면 곧 법을 설하는 것도 곧 가피의 인연이 되는 것이다.

그런 까닭으로 처음에 표하여 말하기를 첫 번째는 가피함이 있는 인연을 찬탄한 것이다 하였으니,

모든 부처님[33]과 비로자나 부처님이 다 원력을 인유한 까닭으로[34] 두 가지 서원이 다 가피의 인연이 되는 것이다.

疏

然이나 十地論釋호대 諸佛遮那가 皆由先願故加라하니 則此四段이 俱是加因이라 以彼經中에 諸佛은 但云加汝威神이라하시고 遮那는 則云本願力故加라하니 古人이 便將諸佛之加하야 爲得定因하고 下之三緣이 轉爲加因하니 便令得定에 無後三因이면 則又字何用이리요 旣結云호대 令汝入是三昧인댄 何得後三이 不爲定因이리요 非唯違經文理라 亦乃乖論所釋이니라

그러나 『십지론』에 해석하기를 모든 부처님과 비로자나 부처님이

---

33 모든 부처님 운운은 이것은 『십지론』에서 해석한 바를 따른 것이니, 그 뜻에 말하기를 설사 모든 부처님으로써 가피의 인연을 삼은 것이 주불(비로자나)의 원력으로 더불어 합한다면 곧 또한 네 가지 인연이 되는 것이다. 역시 『잡화기』의 말이다.

34 제불자나개유원력諸佛遮那皆由願力이라는 여덟 글자(八字)는 당연히 다음 초문鈔文 위에 있어야 한다.

다 먼저 서원을 인유한 까닭으로 가피한다 하였으니,

곧 이 사단四段³⁵이 함께 가피의 인연인 것이다.

저『십지경』가운데 모든 부처님은 다만 말하기를 그대에게 위신력만으로 가피한다 하시고, 비로자나 부처님은 곧 말하기를 본래 원력인 까닭으로 가피한다 하니,

옛날 사람³⁶이 문득 모든 부처님의 가피³⁷를 가져 삼매를 얻는 인연을 삼고 아래 세 가지 인연³⁸이 유전하는 것으로 가피의 인연을 삼았으니, 문득 하여금 삼매를 얻게 함에 뒤에 세 가지 인연이 없다면 곧 우又라는 글자³⁹는 어디에 사용하겠는가.

이미 맺어⁴⁰ 말하기를 그대로 하여금 이 삼매에 들어가게 한다 하였다면 어찌 뒤에 세 가지 인연이 삼매의 인연이 되지 아니함을 얻겠는가. 오직 경문의 이치를 어길 뿐만 아니라 또한 이에『십지론』의 해석한 바도 어기는 것이다.

---

35 사단四段은 사인四因이니 경문經文에 1. 제불신력諸佛神力, 2. 자나원력遮那願力, 3. 위신력威神力, 4. 여선근력汝善根力이다.

36 옛날 사람이란, 원공법사이다.

37 원문에 제불지가諸佛之加는 第一因이다.

38 원문에 하지삼연下之三緣은 경문經文에 又 자 아래 三力을 말함이다.

39 우又 자 운운은, 又 자 아래 삼인三因이 있으니 하는 말이다.

40 이미 맺어 운운은, 청량스님은 사인四因을 정인定因으로 보고 영여설법令汝說法을 가인加因으로 본다.『십지론』은 사인四因이 다 가인加因이니 제불과 자나를 둘로 본다. 고인(원공)은 제불을 득정인得定因으로 보고 아래 삼인三因을 가인加因으로 본다.

鈔

言四段者는 卽上四因이니 謂諸佛爲一이요 遮那爲二요 威神爲三이
요 自善爲四어늘 而論엔 但有二因하니 今以遮那之願이 是加因이면
例於後二도 亦是加因이라 以彼經下는 初에 出昔解之源이라 然具經
論云호대 諸佛皆同一號하야 加汝威神하시니 此是盧舍那佛本願力
故加라하니라 古人下는 二에 正申昔解니 昔人이 見上諸佛威神으로
加而得定과 下云此是盧舍那佛本願力故加하고 加因分明이라하야
故分二因하니 亦例此經컨댄 後二도 皆加因이리라 而言轉爲加因者
는 不連上因是得定因일새 故云轉爲라하니라 亦展轉義니 得定은 由
諸佛加하고 佛加는 由主佛本願力일새 故云展轉이라하니라 便令下는
三에 辨有違니 違相云何요 正由得定이 無三因故니라 無之何過오
違文理故니라 何名違文고 擧其二文하리니 一은 違又字니 夫言又者
는 復重之義라 下之所列이 同是定因일새 則得言又이니 又是此因故
니라 旣上是定因이요 下是加因인댄 何用又字리요 二는 違結文이니
旣列三因竟云호대 入此三昧하야 令汝說法이라하니 明知此三者도
皆定因也니라 然此經文엔 令汝二字가 在三昧下어늘 今疏에 乃安三
昧上者는 有二義故니 一은 以義迴니 旣云善根力故로 入此三昧인댄
則知令汝의 義合在上하리라 二者는 以行向二品으로 爲例니 十行에
도 亦先列四因竟하시고 卽云호대 令汝入是三昧하야 而演說法이라하
며 十廻向에도 亦是列四緣後에 卽云호대 令汝入是三昧하야 而演說
法이라하니 以此故로 知理必後三이 通定因也리라 非唯違經下는 結
破니 言違理者는 自無善根인댄 主佛不加어니 何能入定이리요 亦乖

論釋者는 論釋同號佛加云호대 何故로 同號金剛藏加오 如來願力
故니라 何故如來가 作如是願고 顯示多佛故며 又此三昧가 是法體故
라하니라 汝今旣以願으로 屬遮那나 彼顯願因云호대 此三昧是法體
라하니 明知하라 爲三昧故로 發願而加일새 則顯願爲三昧因矣니라
下疏正釋에 更出其相하리라

사단이라고 말한 것은 곧 위에 네 가지 인연이니,
말하자면 모든 부처님이 하나가 되고
비로자나 부처님이 둘이 되고
위신력이 셋이 되고
자기의 선근이 넷이 되거늘, 『십지론』에는 다만 두 가지 인연[41]만
있나니
지금에 비로자나의 원력이 이 가피의 인연이라면 뒤에 두 가지
인연[42]에 비례하는 것도 역시 가피의 인연이다.

저 『십지경』이라고 한 아래는 첫 번째 옛날 사람이 해석한 근원을
설출한 것이다.
그러나 『십지경론』[43]에 갖추어 말하기를 모든 부처님은 다 한 이름과
같아서 그대에게 위신력으로 가피하시니, 이것은 비로자나 부처님
의 본래 원력인 까닭으로 가피하는 것이다 하였다.

---

41 원문에 이인二因이란, 제불위력諸佛威力과 자나원력遮那願力이다.
42 원문에 후이後二란, 위신력威神力과 선근력善根力이다.
43 논경은 경론이라고 해야 한다고 『잡화기』는 말한다.

옛날 사람이라고 한 아래는 두 번째 바로 옛날 사람의 해석을 편
것이니,

옛날 사람이 위에 모든 부처님이 위신력으로 가피하여 삼매를 얻게
한다는 것과 아래에 말하기를 이것은 비로자나 부처님의 본래 원력
인 까닭으로 가피한다는 것을 보고 가피의 인연이 분명하다[44] 하여
그런 까닭으로 두 가지 인연[45]을 나누었으니,

또한 이 경에 비례하건대 뒤에 두 가지 인연[46]도 다 가피의 인연일
것이다.

유전하는[47] 것으로 가피의 인연을 삼았다고 말한 것은 위에 가피의
인연이 이 삼매를 얻는 인연에 이어지지 않기에 그런 까닭으로
말하기를 유전하는 것으로 가피의 인연을 삼았다 하였다.

전轉은 또한 전전의 뜻이니,

삼매를 얻는 것은 모든 부처님의 가피를 인유하고 모든 부처님의
가피는 주불主佛[48]의 본래 원력을 인유하기에 그런 까닭으로 말하기
를 전전이라 하였다.

---

44 분명 운운은 『잡화기』에 분명"이라하야" 이인二因"하고" 차경此經"하야" 토라
하였으나 나는 분명"이라하야" 이인"하니" 차경"컨댄" 토로 해석하였다.

45 원문에 이인二因은 정인定因과 가인加因이다.

46 원문에 後二의 二 자는 三 자인 듯하다.

47 유전 운운은 처음인 즉 곧 전변의 뜻이다. 역시 『잡화기』의 말이다.

48 주불主佛이란, 비로자나불이다.

문득 하여금 삼매를 얻게 한다고 한 아래는 세 번째 어김이 있음을 분별한 것이니,

어기는 모습이 어떠한가.

바로 삼매를 얻게 하는 것이 뒤에 세 가지 인연이 없음을 인유한 까닭이다.

없다는 것은 무슨 허물인가.

경문의 이치를 어기는 까닭이다.

무엇을 이름하여 경문을 어긴다 하는가.

두 문장[49]을 거명하리니

첫 번째는 우又라는 글자를 어기는 것이니,

대저 우又라고 말한 것은 다시 거듭이라는 뜻이다.

아래에 열거한 바가 다 삼매의 인연이기에 곧 우又라고 말함을 얻는 것이니 또한 이 인연인 까닭이다.

이미 위에는 삼매의 인연이요 아래는 가피의 인연이라고 하였다면 어찌 우又라는 글자를 사용하였겠는가.[50]

두 번째는 맺는 경문[51]을 어기는 것이니,

이미 세 가지 인연을 열거하여 마치시고 말씀하시기를 이 삼매에 들어가서 그대로 하여금 법을 설하게 하는 것이다 하였으니,

분명히 알아라. 이 아래 세 가지[52] 인연도 다 삼매의 인연인 것이다.

---

49 원문에 이문二文이란, 경문經文과 논문論文이다.

50 이미 위에서 운운한 것은 원공이 위에 제불諸佛은 정인定因이요, 아래 비로자나는 가인加因이라고 한 것을 청량淸凉이 배척하는 말이다.

51 원문에 결문結文이란, 입차삼매入此三昧하야 영여설법令汝說法이다.

그러나 이 경문에는 영여슈汝라는 두 글자가 삼매 아래에 있거늘 지금 소문에서 이에 삼매 위에 둔 것은 두 가지 뜻이 있는 까닭이니 첫 번째는 뜻으로써 돌이킨 것이니,

이미 말하기를 선근력인 까닭으로 이 삼매에 들어갔다고 하였다면 곧 영여슈汝라는 뜻이 합당히 삼매 위에 있어야 하는 줄 알아야 할 것이다.

두 번째는 십행과 십회향의 두 품으로써 예를 삼은 것이니,

십행에도 또한 먼저 네 가지 인연을 열거하여 마치시고 곧 말씀하시기를 그대로 하여금 이 삼매에 들어가서 법을 연설하게 한다 하였으며

십회향에도 역시 네 가지 인연을 열거하신 뒤에 곧 말씀하시기를 그대로 하여금 이 삼매에 들어가서 법을 연설하게[53] 한다 하였으니, 이런 까닭으로 이치가 반드시 뒤에 세 가지 인연이 모두 삼매의 인연인 줄 알아야 할 것이다.

오직 경문의 이치를 어길 뿐만 아니라고 한 아래는 옛날 사람[54]의 뜻을 깨뜨림을 맺는 것이니

경문의 이치를 어긴다고 말한 것은 스스로 선근이 없다면 주불主佛이

---

52 이 아래 세 가지 운운은 처음에 諸佛神力의 一因만 定因이 아니라 後三因이 다 定因이라는 말이다.

53 삼매三昧라고 한 아래에 이연설법而演說法이라는 네 글자가 있는 것이 좋아 넣어 번역하였다. 이 네 글자가 있는 본도 있다.

54 원문에 고인古人이란, 역시 원공이다.

가피할 수 없거니 어찌 능히 삼매에 들어가겠는가.

또한『십지론』의 해석한 바도 어긴다고 한 것은『십지론』에 같은 이름의 부처님의 가피를 해석하여 말하기를 무슨 까닭으로 같은 이름의 금강장이 가피하는가.

여래의 원력인 까닭이다.

무슨 까닭으로 여래가 이 원력을 짓는가.

수많은 부처님을 현시하려는 까닭이며 또[55] 이 삼매가 이 법체인 까닭이다 하였다.

그대[56]가 지금 이미 원력으로써[57] 비로자나 부처님께 배속하였지만 저『십지론』에는 원력의 인연을 나타내어 말하기를 이 삼매가 이 법체다 하였으니,

분명히 알아라. 삼매인 까닭으로 원력을 일으켜 가피하기에 곧

---

55 우又 자는 본『십지론』과 아래 소문에 함께 다 우又 자가 없고, 바로 위의 초문에 수많은 부처님을 현시하는 까닭이며 이 삼매가 이 법체인 까닭이라 하니, 이 가운데 우又 자는 당연히 더 있는(필요 없는) 글자이다. 여자권麗字卷 35장을 볼 것이다. 역시『잡화기』의 말이다. 단 사기에 동의차삼매법체同依此三昧法體는 차삼매시법체此三昧是法體라고 초문에는 말하였다.

56 그대란, 원공이다.

57 그대가 지금 이미 원력으로써 운운한 것은 위에서 인용한 바 가운데는 비록 이 말이 없지만 저 논에 반드시 이와 같이 해석한 까닭이며, 아래 소문에 제 두 번째 뜻을(영인본 화엄 5책, p.578, 2행이니 바로 다음 장 두 번째 줄이다) 두어 말하기를 또한 비로자나의 본래 원력이라고 통석한 것(피불선작시원彼佛先作是願이라 한 것을 뜻으로 인용한 것이다)이 곧 그 뜻이다. 역시『잡화기』의 말이다.

원력이 삼매의 인연이 됨을 나타낸 것이다.
아래 소문에 바로 해석함에 다시 그 모습을 설출하겠다.

疏

如實義者는 此之四因이 通於二義하니 一은 由此四가 爲得定因이
니 如上所辨이요 二는 由後三이 復是加因이니 諸佛이 卽以願力으
로 而爲加因이라 論主가 爲顯斯旨일새 故云彼佛이 先作是願하고
今復自加라하니라

여실한 뜻은 이 네 가지 인연이 두 가지 뜻에 통하나니
첫 번째는 이 네 가지 인연이 삼매를 얻는 인연이 됨을 인유한
것이니
위에서 분별한 바와 같은 것이요
두 번째는 뒤에 세 가지 인연이 다시 이 가피의 인연을 인유한
것이니
모든 부처님이 곧 원력으로써 가피의 인연을 삼은 것이다.
논주論主[58]가 이 뜻을 나타내기 위하기에 그런 까닭으로 말하기를
저 부처님이 먼저 이 원력을 짓고 지금에 다시 스스로 가피한다
하였다.

---

58 논주論主란, 『십지경론十地經論』 주主인 세친을 말함이다.

鈔

如實義者下는 三에 申今正義니 則初一은 唯得定因이요 後三은 通二
이라 諸佛卽以願力下는 此通妨難이니 謂有問云호대 前言此四가 皆
是加因거늘 今何加因을 但取後三고할새 故今釋云호대 初因有二하
니 一은 約現文인댄 此是十方諸佛이 共加於汝라호미 卽是加相이니
只得以加로 爲得定因이언정 不應以加로 自爲加因이라 若依論云諸
佛이 昔願故加인댄 則諸佛亦爲加因이니 是故前云호대 四皆加因이
라하니라 下引論文은 證成願爲加因之義니 蓋通論意니라 而其疏意
는 加因亦四니 自以入定으로 爲其一耳니 如上所明하니라

여실한 뜻이라고 한 아래는 세 번째 지금에 정의를 편 것이니,
곧 처음에 한 인연은 오직 삼매를 얻는 인연이요
뒤에 세 가지 인연은 삼매의 인연과 가피의 인연 두 가지에 통하는
것이다.
모든 부처님이 곧 원력이라고 한 아래는 방해하여 비난함을 통석한
것이니,
말하자면 어떤 사람이 물어 말하기를 앞에서는 이 네 가지 인연이
다 가피의 인연이라고 말하였거늘 지금에는 어찌 가피의 인연을
다만 뒤에 세 가지 인연만을 취하는가 하기에, 그런 까닭으로 지금에
해석하여 말하기를 처음 인연에 두 가지가 있나니
첫 번째는 현재 경문을 잡는다면 이것이 시방에 모든 부처님이
함께 그대에게 가피한다 한 것이 곧 이 가피의 모습이니,

다만 가피로써 삼매를 얻는 인연이 됨을 얻을지언정 응당 가피로써
스스로 가피의 인연이 될 수는 없는 것이다.

만약[59] 『십지론』에 모든 부처님이 옛날에 원력인 까닭으로 가피한다
고 말한 것을 의지한다면 곧 모든 부처님도 또한 가피의 인연이
되는 것이니,

이런 까닭으로 앞에서 말하기를 네 가지 인연이 다 가피의 인연이다
하였다.

아래[60]에 『십지론』 문을 인용한 것은 원력이 가피의 인연이 되는
뜻을 증거하여 성립한 것이니 대개 『십지론』의 뜻을 통석한 것이다.
그러나 그 소문의 뜻은 가피의 인연이 또한 네 가지 인연이라는
것이니,

스스로 삼매에 들어가는 것으로써 그 하나를 삼은 것이니 위[61]에서
밝힌 바와 같다.

疏

問이라 加之與定이 何先後耶아 若先定後加인댄 則不應云호대 汝
能入此三昧하니 此是十方諸佛이 共加於汝하며 乃至云호대 及汝
善根力故로 入此三昧요 若先加後定인댄 則不應在三昧分後에
方說加分하리라 又十地論云호대 何故加오 爲說此法故라하고 不

---

59 만약 운운은 제 두 번째 뜻이다.
60 아래란, 영인본 화엄 5책, p.578, 3행, 논주論主라 한 이하이다.
61 위에란, 영인본 화엄 5책, p.574, 4행을 볼 것이다.

言爲入三昧故라하며 又云호대 唯加金剛藏하시고 不加餘者는 以
是菩薩이 得此定故라하니 旣俱文證인댄 如何會通고 古人答云호
대 加定同時니 謂若未定而加인댄 則散心으로 不能勝受하고 若未
加而定인댄 則自力으로 不堪入此深定이라 是故同時라하니 此解
도 亦違敎理니라 現言入三昧竟하고 諸佛方現身하사 稱讚得定하
며 及說加所爲竟하고 方與三業之加하시니 而云同時라호미 豈不
違文이리오 若言同時인댄 爲因不成이니 斯則違理니라 亦不應引
俱有因證이니 以此二事가 容相離故니라 若正釋者인댄 加有二種
하니 若約內外의 善根威神과 願力冥資하야 令其得定인댄 則在定
前이요 若約與智讚述과 摩頂勸說과 三業顯加인댄 則居定後하리
라 二文昭著거니 何其惑哉아

묻겠다.

가피와 더불어 삼매가 어느 것이 먼저이고 어느 것이 뒤에인가.
만약 삼매가 먼저이고 가피가 뒤에라고 한다면 곧 응당 그대가
능히 이 삼매에 들어가니 이것이 시방에 모든 부처님이 함께 그대를
가피하시며 내지 말하기를 그리고 그대의 선근력인 까닭으로 이
삼매에 들어간다 말하지 않아야 할 것이요
만약 가피가 먼저이고 삼매가 뒤에라고 한다면 곧 응당 삼매분
뒤에 바야흐로 가피분을 설하는 것은[62] 있지 않아야 할 것이다.

---

62 가피분 운운은, 그러나 三昧分 다음에 가피분이다. 영인본 화엄 5책, p.567,
  말행末行을 볼 것이다.

또 『십지론』에 말하기를 무슨 까닭으로 가피하는가.

이 법을 설하기 위한 까닭이다 하고 삼매에 들어가기 위한 까닭이다고는 말하지 아니하였다 하였으며

또 말하기를 오직 금강장보살에게만 가피하시고 나머지 보살에게는 가피하시지 아니한 것은 이 금강장보살이 이 한량없는 방편의 삼매를 얻은 까닭이다 하였으니,

이미 문장의 증거를 갖추었다면 어떻게 회통해야 할 것인가.

옛날 사람이 답하여 말하기를 가피와 삼매가 동시이니,

말하자면 만약 삼매에 들어가지 않고 가피한다면 곧 산란한 마음으로 능히 가피를 다 받을 수 없고, 만약 가피하지 않고 삼매에 들어간다면 곧 자기의 힘으로 이 깊은 삼매에 들어감을 감당할 수 없다.

이런 까닭으로 동시다 하였으니

이 해석도 또한 교리를 어기는 것이다.

현재 말하기를 삼매에 들어가 마치고 모든 부처님이 바야흐로 몸을 나타내어 삼매를 얻은 것을 칭찬하며, 그리고 가피의 하는 바를 설하여 마치고 바야흐로 삼업의 가피[63]를 주시니 동시라 말하는 것이 어찌 경문을 어기는 것이 아니겠는가.

만약 동시라고 말하였다면 인연이 성립되지 않는 것이니 이것이 곧 이치를 어기는 것이다.

또한 응당 구유인俱有因[64]을 이끌어 증거할 수 없나니 이 두 가지

---

63 원문에 삼업가三業加란, 신가身加, 구가口加, 의가意加이다.

64 구유인俱有因이란, 육인六因의 하나(一)로 능생能生의 원인을 여섯 가지(六種)로 나눈 것이니 육인六因은 능작인能作因, 구유인俱有因, 동류인同類因, 상응인

사실[65]이 용납하여 서로 떠나는 까닭이다.

만약 바로 해석한다면 가피에 두 가지가 있나니,

만약 안과 밖의 선근력과 위신력과 원력으로 그윽이 도와[66] 그로 하여금 삼매를 얻게 하는 것이라고 함을 잡는다면 곧 가피가 삼매 앞에 있어야 할 것이요

만약 지혜를 주어[67] 찬술한 것과 법혜의 정수리를 만지시고[68] 설하기를 권한 것과 삼업을 나타내어 가피한 것을 잡는다면 곧 가피가 삼매 뒤에 있어야 할 것이다.

두 경문이 밝게 나타났거니 어찌 그것을 의심하겠는가.

鈔

後亦不應下는 遮救니 恐彼救云호대 俱舍論云호대 俱有互爲果는 如大相所相과 心於心隨轉이라하니 釋曰俱有者는 俱時而有也요 互爲果者는 釋俱有因義라 論云호대 若法更互인댄 爲士用果어니와 彼法更互인댄 爲俱有因이라하니라 下二句는 指法體니 此有三類하니라 一에 如大者는 謂四大種이 互相假藉하야 生所造色일새 故互相望에 爲俱有因이라 二에 相所相者는 卽生等四大相也니 此四大相이 與所

相應因, 변행인遍行因, 이숙인異熟因이다.

65 원문에 이사二事란, 정인定因과 가인加因이다.

66 원문에 명자冥資는 명가冥加니 보지 않는 사이에 가피를 주는 것이다. 반대로 현가顯加는 삼업으로 나타내어 가피하는 것이다.

67 원문에 여지與智는 영인본 화엄 5책, p.584, 말행未行이다.

68 원문에 마정摩頂은 영인본 화엄 5책, p.587, 2행이다.

相法으로 更互爲果니 謂此能相이 相所相故며 復由所相하야 能相轉
故니 故互爲果니라 三에 心於心隨轉者는 謂心王心所의 隨轉法도
亦更互爲果라하니 釋曰謂彼救云호대 俱有因果가 旣得互爲인댄 云
何不可고할새 故今遮云호대 彼三類法이 皆不相離가 如相所相하나
니 所相無能相하면 不成有爲하고 能相無所相하면 無有依止어니와
今或有加나 而不入定하고 或時入定이나 不必須加니라 二許相離어
니 云何成例리요

뒤에 또한 응당 구유인을 이끌어 증거할 수 없다고 한 아래는 구원함
을 막는 것이니,
저가 구원할까 염려하여 말하기를 『구사론』에 이르기를 구유인이
서로 과果가 되는 것은 사대종과 능상과 소상과 심왕과 심소가
따라 유전하는 것과 같다 하였으니,
해석하여 말하면 구유인이라고 한 것은 동시에 있다는 것이요
서로 과가 된다고 한 것은 구유인의 뜻을 해석한 것이다.
『구사론』에 말하기를 만약 법이 다시 서로 바라본다면 사용과士用
果[69]가 되거니와, 저 법이 다시 서로 바라본다면 구유인이 된다
하였다.
아래 두 구절[70]은 법의 자체를 가리킨 것이니
여기에 세 가지 유형이 있다.

---

69 사용과士用果란, 구유인俱有因의 과果이다.
70 아래 두 구절이란, 여대如大 아래(下) 二句이다.

첫 번째 사대[71]종[72]이라고 한 것은 말하자면 사대종이 서로 서로 가자하여[73] 지을 바 색을 생기하기에 그런 까닭으로 서로 서로 바라봄에 구유인이 되는 것이다.

두 번째 능상과 소상[74]이라고 한 것은 곧 생生 등[75] 사대상이니 이 사대상이 소상의 법으로 더불어 다시 서로 과가 되는 것이다.

말하자면 이 능상이 소상을 바탕하는 까닭이며 다시 소상을 인유하여 능상이 유전하는 까닭이니,

그런 까닭으로 서로 과가 되는 것이다.

세 번째 심왕과 심소가 따라 유전한다고 한 것은 말하자면 심왕과 심소가[76] 따라 유전하는 법도 또한 다시 서로 과가 된다 하였으니,

---

71 사대라고 한 것은 곧 능조能造의 사대四大이고, 이행二行에 색이라고 한 것은 곧 소조所造의 사미四微 가운데 하나이다. 역시 『잡화기』의 말이다.

72 사대종四大種이란, 지地, 수水, 화火, 풍風이다.

73 서로 서로 가자한다고 한 것은 저 『구사론』의 이 답 가운데는 비록 이 말이 없지만 저 논의 제 네 번째 뜻을 검증함에 곧 말하기를 사대종이 서로 떠나지 아니하여 제취諸聚 가운데 견堅과 습濕과 난煖과 동動이 생기하나니 대개 지地와 화火는 풍風과 수水를 의지하고 풍風과 수水는 지地와 화火를 의지한다 한 등이 이것이 여기서 말하는 서로 서로 가자한다는 뜻이다. 역시 『잡화기』의 말이다.

74 원문에 상소상相所相이란, 상相은 능상能相으로 생주이멸生住異滅이고, 소상所相은 일체유위법一切有爲法이다.

75 생생 등이란, 생주이멸生住異滅이다. 『잡화기』에도 이와 같이 말하였다.

76 심왕과 심소가 운운한 것은 저 『구사론』 게송에 말하기를 심과 심소와 두 가지 율의律儀와 / 저 법과 그리고 마음에 모든 모습이 / 이 마음이 따라 유전하는 법이라 하고, 장행문에 해석하여 말하기를 일체 소유의 상응법과

해석하여 말하면 말하자면 저가 구원하여 말하기를 구유의 인과가 이미 서로 작위함을 얻었다면 어떻게 불가하겠는가 하기에, 그런 까닭으로 지금에 막아서 말하기를 저 세 가지 유형의 법이 다 서로 떠나지 않는 것이 능상과 소상과 같나니, 소상은 능상이 없으면[77] 유위를 이룰 수가 없고 능상은 소상이 없으면 의지할 수가 없거니와, 지금에는 혹 가피가 있지만 삼매에 들어가지 않고, 혹시에는 삼매에 들어가지만 반드시 가피를 수구하지는 않는다.

이 두 가지가 서로 떠남을 허락하거니 어떻게 비례함을 성립하겠는가.

정려精慮와 무루無漏의 두 가지 율의와 저 법과 그리고 마음의 생生 주住 이異 멸滅 등의 모습을 다 말하기를 마음이 따라 유전하는 법이다 하였다. 그리고 그 아래 논문에 말하기를 심왕은 지극히 작아 오히려 오십여덟 가지 심소유법으로 구유인을 삼는다 하고, 다음 논에 또 말하기를 어떻게 이 오십여덟 가지 법을 마음이 따라 유전하는 법이라 하는가. 시간과 선善과 과보를 인유하는 등이니, 시간을 인유하는 등이라고 말한 것은 말하자면 이 법이 마음으로 더불어 한결같이 생기하고 머무르고 사라지고 그리고 일세一世에 떨어지는 것이요, 과보를 인유하는 등이라고 한 것은 말하자면 이 법이 마음으로 더불어 한결같이 과보가 달리 성숙하고 그리고 한결같이 같은 종류인 것이요, 선을 인유하는 등이라고 한 것은 이 법이 마음으로 더불어 선과 불선과 무기와 같은 까닭으로 이 마음이 따라 유전한다고 이름하는 것이다. 역시 『잡화기』의 말이다. 상응법相應法이라고 한 것은 심心과 심소心所의 다른 이름이다.

77 소상은 능상이 없으면 운운한 것은 소상의 일체법이 능상의 생주이멸이 없다면 유위법을 이룰 수 없다는 것이다.

經

爲增長佛智故며 深入法界故며 善了衆生界故며 所入無礙故며
所行無障故며 得無等方便故며 入一切智性故며 覺一切法故며
知一切根故며 能持說一切法故니 所謂發起諸菩薩十種住니라

부처님의 지혜를 증장케 하기 위한 까닭이며
법계에 깊이 들어가게 하기 위한 까닭이며
중생의 세계를 잘 알게 하기 위한 까닭이며
들어가는 바가 걸림이 없게 하기 위한 까닭이며
행하는 바가 장애가 없게 하기 위한 까닭이며
비등할 수 없는 방편을 얻게 하기 위한 까닭이며
일체 지혜의 자성에 들어가게 하기 위한 까닭이며
일체법을 깨닫게 하기 위한 까닭이며
일체 근기를 알게 하기 위한 까닭이며
능히 일체법을 가져 설하게 하기 위한 까닭이니
말하자면 모든 보살의 열 가지 머무름을 발기하려는 것입니다.

疏

第二에 爲增長下는 辨加所爲니 且對加因하야 名加所爲니라 然加
所爲는 正在說法이니 此十도 亦卽說法所爲로 展轉相成하니라

제 두 번째 부처님의 지혜를 증장케 하기 위한 까닭이라고 한 아래는

가피의 하는 바를 분별한 것이니,

우선 가피의 인연을 상대하여 가피의 하는 바라고 이름한 것이다.

그러나 가피의 하는 바는 바로 법을 설함에 있는 것이니,

이 열 가지도 또한 곧 설법의 하는 바로 전전히 서로 이룬 것이다.

鈔

言展轉相成者는 擧佛願等은 爲得加故며 所以加者는 爲說法故니라
若更進釋인댄 則有四重하니 一에 諸佛願等은 爲入三昧故요 二에
入三昧者는 爲得加故요 三에 所以加者는 爲說法故요 四에 說法은
爲何오 爲令菩薩로 增長佛智等故니라

전전히 서로 이룬다고 말한 것은 모든 부처님의 서원 등을 거론한
것은 가피를 얻기 위한 까닭이며,

가피한 까닭은 법을 설하기 위한 까닭이다.

만약 다시 나아가 해석한다면 곧 사중四重이 있나니,

첫 번째 모든 부처님의 서원 등은 삼매에 들어가기 위한 까닭이요

두 번째 삼매에 들어가는 것은 가피를 얻기 위한 까닭이요

세 번째 가피한 까닭은 법을 설하기 위한 까닭이요

네 번째 법을 설하는 것은 무엇을 위함인가.

보살로 하여금 부처님의 지혜 등을 증장케 하기 위한 까닭이다.

疏

文分二別하리니 初十句는 別明이요 後一은 結說이라 前中에 文含
二意하니 望加所爲인댄 卽是別說이요 望於說法인댄 卽說法之意
니 謂加爲說法이어니와 說法爲何오 爲增佛智等이라 然이나 說法
所爲가 卽加所爲니라 於十句中에 初總이요 餘別이라 總은 爲說十
住法하야 今信解諸菩薩로 修行增長性習二性하야 生菩提智故니
라 又此因智가 卽同佛智일새 亦得言增이어니와 增智何用고 深入
法界等故니라 九句五對하리니 初二는 證眞了俗對니 謂入無入相
일새 故云深入이요 了相了性일새 故云善了라하니라 次二는 無障
無礙對니 由入法界하야 離煩惱礙하고 由了衆生하야 離所知障이
라 次二는 圓因趣果對니 謂巧安眞俗이 無等故因圓이요 入薩婆
若일새 故云果滿이라하니라 次二는 識法知根對니라 後一句는 雖
非文對나 而是義對니 謂內持諸法하고 外說利他니라 所謂下는
總結所說이니 謂若說十住인댄 則前所爲를 皆得成就하리라

경문을 이별二別로 나누리니
처음에 열 구절은 따로 밝힌 것이요
뒤에 한 구절은 설함을 맺는 것이다.
앞의 따로 밝힌 가운데 경문이 두 가지 뜻을 포함하고 있나니,
가피의 하는 바를 바라본다면 곧 이것은 따로 설한 것[78]이요[79]

---

78 원문에 별설別說이라고 한 것은 십구十句를 따로따로 설說한 것이니, 말하자면

설법의 하는 바를 바라본다면 곧 설법의 뜻[80]이니,

말하자면 가피하는 것은 법을 설하기 위한 것이어니와 법을 설하는

것은 무엇을 위함인가. 부처님의 지혜 등을 증장케 하기 위한 것이다.

그러나 설법의 하는 바가 곧 가피의 하는 바이다.

저 열 구절 가운데 처음 구절은 한꺼번에 설한 것이요

나머지 구절은 따로 설한 것이다.

한꺼번에 설한 것이라고 한 것은 십주법을 설하기 위하여 십신과

보살菩薩로 하여금 불지佛智를 증장케 하기 위한 까닭으로 가피하며, 내지
일체법一切法을 설하게 하기 위한 까닭으로 가피한 것이다. 즉 가피한 뒤에
법法을 설하는 것이다.

79 따로 설한 것이라고 한 것은 여기에 하는 바가 가피를 바라보아서는 따로
설한 것이 되는 것이니, 가피로써 설법을 삼는 것이다. 법을 설하는 것은
부처님의 지혜 등을 증장케 하기 위한 것이니 곧 점점 성기에 막힘이 있는
까닭이요, 법을 설함을 바라보아도 곧 그 뜻에 즉하는 것이니 법을 설하는
것은 부처님의 지혜 등을 증장케 하기 위한 까닭이다. 혹은 말하기를 앞에
뜻은 이 가피의 원인이고, 여기에 뜻은 이 법을 설하는 소위이다. 이 둘이
각각 다른 뜻인 까닭으로 말하기를 따로 설한 것이라 하며, 또 위에 그대로
하여금 법을 설하게 하는 것이 총이 된다고 한 뜻을 바라본다면 곧 가피의
하는 바는 따로 설한 것이 되고, 법을 설한 것은 곧 그 뜻이다 하였다. 역시
『잡화기』의 말이다.

80 설법說法의 뜻(意)이란, 십구十句를 전전히 설하는 것이니, 말하자면 설주보
살說主菩薩이 법法을 설說하는 것은 무엇을 위함인가. 십주보살十住菩薩로
하여금 불지佛智를 증장케 하기 위한 까닭이다. 내지 일체一切 근기를 알게
하는 것은 무엇을 위함인가. 일체법一切法을 설說하게 하기 위한 까닭이라는
것이다.

십해의 모든 보살로 하여금 자성과 습기의 두 가지 성품을 수행하고 증장하여 보리의 지혜를 생기하게 하는 까닭이다.

또 이 인지因智가 곧 불지佛智[81]와 같기에 또한 증장이라 말함을 얻거니와, 불지를 증장하는 것은 무엇에 쓰려는 것인가.

법계에 깊이 들어가게 하는 등인 까닭이다.

나머지 아홉 구절은 다섯 가지로 상대하리니

처음에 두 구절은 진제를 증득하고 속제를 요달하는 상대이니, 말하자면 들어가지만 들어가는 모습이 없기에 그런 까닭으로 깊이 들어간다 말하는 것이요,

모습을 알고 자성을 알기에 그런 까닭으로 잘 안다 말하는 것이다.

다음에 두 구절은 장애가 없고 걸림이 없는 상대이니,

법계에 들어감을 인유하여 번뇌의 장애를 떠나고,

중생의 세계를 앎을 인유하여 소지의 장애를 떠나는 것이다.

다음에 두 구절은 원인이 원만하고 과보에 나아가는 상대이니, 말하자면 선교방편으로 진제와 속제에 안주하는 것이 비등할 수 없는 까닭으로 원인이 원만하다 하는 것이요

살바야薩婆若에 들어가기에 그런 까닭으로 과보가 원만하다 말하는 것이다.

다음에 두 구절은 법을 알고 근기를 아는 상대이다.

뒤에 한 구절은 비록 문장으로 상대하지는 않았지만 그러나 뜻으로

---

81 불지佛智란, 과지果智이다.

상대한 것이니,

말하자면 안으로 모든 법을 가지고[82] 밖으로 다른 사람을 이익케 함을 설하는 것이다.

말하자면이라고 한 아래는 설한 바를 모두 맺는 것이니,

말하자면 만약 십주를 설한다면 곧 앞[83]에 가피의 하는 바를 다 성취함을 얻을 것이다.

---

82 원문에 내지제법內持諸法이란, 즉 자리自利이다.

83 앞이란, 영인본 화엄 5책, p.582, 4행에 가소위加所爲이다.

經

善男子야 汝當承佛威神之力하야 而演此法하리라

선남자여, 그대는 마땅히 부처님의 위신력을 받아 이 법을 연설해
야 할 것입니다.

疏

第三에 善男子下는 正辨加相이라 分三하리니 先은 口加니 勸說以
增辨이요 二는 意加니 冥被以益智요 三은 身加니 摩頂以增威라
今初可知라

제 세 번째 선남자라고 한 아래는 바로 가피의 모습을 분별한 것이다.
세 가지로 나누리니
먼저는 입으로 가피하는 것이니,
설하기를 권하여 분별을 증익케 하는 것이요
두 번째는 뜻으로 가피하는 것이니,
그윽이 가피하여 지혜를 증익케 하는 것이요
세 번째는 몸으로 가피하는 것이니,
정수리를 만져 위의를 증익케 하는 것이다.
지금은 처음이니 가히 알 수가 있을 것이다.

鈔

初口加者는 此中有三하니 一은 口加니 標名이요 二는 勸說이니 是加
相이요 三은 以增辨이니 是加意며 亦加益이라 下二業은 例此니라

처음에 입으로 가피한다고 한 것은 이 가운데 세 가지가 있나니
첫 번째는 입으로 가피하는 것이니
가피의 이름을 표한 것이요
두 번째는 설하기를 권한 것이니
이것은 가피의 모습이요
세 번째는 분별을 증익케 하는 것이니
이것은 가피의 뜻이며 또한 가피의 이익이다.
아래에 이업의 가피[84]는 여기에 비례하면 가히 알 수가 있을 것이다.

---

84 이업의 가피란, 의가意加와 신가身加이다.

經

是時諸佛이 卽與法慧菩薩에 無礙智와 無著智와 無斷智와 無癡
智와 無異智와 無失智와 無量智와 無勝智와 無懈智와 無奪智니
何以故요 此三昧力이 法如是故니라

이때에 모든 부처님이 곧 법혜보살에게 걸림이 없는 지혜와
집착이 없는 지혜와
끊어짐이 없는 지혜와
어리석음이 없는 지혜와
다름이 없는 지혜와
잃음이 없는 지혜와
한량이 없는 지혜와
이길 이 없는 지혜와
게으름이 없는 지혜와
빼앗을 이 없는 지혜를 주시니 무슨 까닭인가.
이 삼매의 힘이 법이 이와 같은 까닭입니다.

疏

二에 是時下는 意加라 於中에 先加後釋이라 前中에 與十種智호대
初總이니 謂四無礙解智는 是說法所依故요 餘皆樂說無礙라 一
無著者는 論名不著辯才라하니 於所說法에 無住著故라 卽七辯
中에 捷辯이니 須言卽言일새 故無著也니라 二에 無斷智는 卽無斷

辯이라하니 謂相續連環하야 終無竭故니라 三에 無癡者는 卽是迅
辯이라하니 明於事理하야 心無癡闇하면 言則迅疾이 如懸河故니
라 四에 無異者는 卽應辯也라하니 應時應根하야 無差異故니라
五에 無失者는 卽無錯謬辯이라하니 凡說契理하야 無差失故니라
六에 無量者는 卽豐義味辯이라하니 名數事理가 皆無量故니라 七
에 無勝者는 卽一切世間에 最上妙辯이라하니 此有五德이라 一은
甚深如雷요 二는 淸徹遠聞이요 三은 其聲哀雅가 如迦陵頻伽요
四는 能令衆生으로 入心敬愛요 五는 其有聞者는 歡喜無厭이니
具斯五義일새 故云無勝이라하니라 上卽七辯이라 八에 無懈者는
通策前七하야 無疲倦故니라 九에 無奪者는 具前總別일새 無能制
伏하야 令退屈故니라

두 번째 이때에라고 한 아래는 뜻으로 가피하는 것이다.

그 가운데 먼저는 가피요 뒤에는 해석이다.

앞의 가피 가운데 열 가지 지혜를 주시되 처음에 지혜는 총總이니,
말하자면 네 가지 걸림이 없는 지혜[85]는 법을 설함에 의지할 바인
까닭이요

나머지는 다 요설무애지樂說無礙智이다.

처음에 집착이 없는 지혜라고 한 것은 『십지론』에서는 이름을[86]

---

85 원문에 사무애해四無礙解는 혹 사무애지四無礙智, 혹 사무애변四無礙辯이라
한다.

86 『십지론』에서는 이름을 운운한 것은 이와 같은 등의 널리 해석한 것은 수자권水
字卷 35장, 하下 1행 이하를 볼 것이다. 역시 『잡화기』의 말이다.

집착이 없는 변재라 하였으니,

설할 바 법에 주착이 없는 까닭이다.

곧 일곱 가지 변재[87] 가운데 민첩한 변재(捷辯才)이니,

말을 수구함에 곧바로 말을 하기에 그런 까닭으로 집착이[88] 없다는 것이다.

두 번째 끊어짐이 없는 지혜라고 한 것은 곧 끊어짐이 없는 변재라 하였으니,

말하자면 상속하여 고리같이 이어져 마침내 다함이 없는 까닭이다.

세 번째 어리석음이 없는 지혜라고 한 것은 곧 빠른 변재라 하였으니,

사실과 진리에 밝아 마음에 어리석음의 어둠이 없으면 말이 곧 빠른 것이 급히 흐르는 물과 같은[89] 까닭이다.

네 번째 다름이 없는 지혜라고 한 것은 곧 응하는 변재라 하였으니,

때에 응하고 근기에 응하여 차이가 없는 까닭이다.

다섯 번째 잃음이 없는 지혜라고 한 것은 곧 착오가 없는 변재라 하였으니,

무릇 말이 진리에 계합하여 차질로 잃음이 없는 까닭이다.

여섯 번째 한량이 없는 지혜라고 한 것은 곧 의미가 풍부한 변재라

---

[87] 원문에 칠변七辯은 1. 捷辯, 2. 迅辯, 3. 應辯, 4. 無疎謬辯, 5. 無斷盡辯, 6. 多豐義味辯, 7. 最上妙辯이니 불보살佛菩薩의 변재로 소문에 말한 『십지론』의 말이다.

[88] 원문에 착着 자와 야也 자 사이에 대澹 자가 있고, 아래 소문에도 또한 말하기를 치우쳐 주착함이 없다 하였다. 역시 『잡화기』의 말이다.

[89] 원문에 현하懸河는 현하구변懸河口辯이니 거침없이 유창하게 하는 말이다.

하였으니,

이름과 숫자와 사실과 진리가 다 한량이 없는 까닭이다.

일곱 번째 이길 이 없는 지혜라고 한 것은 곧 일체 세간에 최상으로 묘한 변재라 하였으니,

여기에 다섯 가지 공덕이 있다.

첫 번째는 깊고도 깊은 것이 우뢰와 같은 것이요,

두 번째는 맑게 사무쳐 멀리까지 들리는 것이요,

세 번째는 그 소리가 애절하고 청아한 것이 가릉빈가와 같은 것이요,

네 번째는 능히 중생으로 하여금 마음에 들어가 공경하고 좋아하게 하는 것이요,

다섯 번째는 그 소리를 들음이 있는 사람은 환희하고 싫어함이 없게 하는 것이니

이 다섯 가지 뜻을 갖추었기에 그런 까닭으로 말하기를 이길 이 없는 지혜라 하였다.

이상은 곧 일곱 가지 변재이다.

여덟 번째 게으름이 없는 지혜라고 한 것은 앞에 일곱 가지 지혜를 한꺼번에 책발하여 피곤하거나 게으름이 없게 하는 까닭이다.

아홉 번째 빼앗을 이 없는 지혜라고 한 것은 앞에 총·별[90]의 지혜를 모두 갖추었기에 능히 제복하여 하여금 물러나 굴복케 할 이가 없게 하는 까닭이다.

---

[90] 총·별이란, 처음에 一句는 총總이고, 나머지 九句는 별別이다.

鈔

論名不著辯才者는 所爲小異나 與辯等大同일새 故得引論하야 以釋
今經하니라 廣有義相은 如十地疏하니라

『십지론』에서는 이름을 집착이 없는 변재라고 하였다 한 것은 작위
하는 바는 조금 다르지만[91] 변재 등으로 더불어 크게는 같기에[92]
그런 까닭으로 『십지론』을 인용하여 지금에 경을 해석하였다.
뜻의 모습이 폭넓게 있는 것은 십지의 소문과 같다.

疏

何以故下는 徵釋이니 先徵意云호대 諸佛이 有力能與하며 有慈能
普어늘 何故十智를 唯與法慧고 下釋云호대 法慧得此三昧일새 法
合如是히 得諸佛加니라

무슨 까닭인가 한 아래는 묻고 해석한 것이니

---

91 조금 다르지만이라고 한 것은 여기서는 십주를 설하기 위한 까닭으로 지혜로
   더불어 조금 다르고, 저『십지론』에는 십지를 설하기 위한 까닭으로 변재로
   더불어 조금 다르다는 것이다. 역시『잡화기』의 말이다.
   원문에 소위소이所爲小異란, 다시 말하면 지금에는 십주十住를 설설說設하고, 저
   『십지론十地論』에는 십지十地를 설한 것이 조금 다르다는 것이다.
92 크게는 같다고 한 것은 여기에 지혜와 더불어 저『십지론』의 변재가 크게는
   같은 까닭이다. 역시『잡화기』의 말이다.

먼저 묻는 뜻에 말하기를 모든 부처님이 힘이 있어 능히 주시며 자비가 있어 능히 두루하시거늘, 무슨 까닭으로 열 가지 지혜를 오직 법혜보살에게만 주시는가.

아래에 해석하여 말하기를 법혜보살이 이 삼매를 얻었기에 법이 합당히 이와 같이 모든 부처님의 가피를 얻는 것이다.

경(經)

是時諸佛이 各申右手하사 摩法慧菩薩頂하시니

이때에 모든 부처님이 각각 오른손을 펴서 법혜보살의 정수리를
만지시니

소(疏)

三에 是時下는 身加니 一은 令增威요 二는 令起故라 然이나 三加同
時나 隨義爲次니 承前說便일새 故先語加하고 爲令起定일새 身最
居後니라 準地論經인댄 有諸佛不離本處는 則去住無礙요 手又
不延은 則延促無礙요 同時觸頂은 一多無礙니 故是奇特이라하니
라 要摩頂者는 楞伽云호대 若有不爲如來의 二種神力之所建立
하고 而能說法인댄 無有是處니 一者는 身面言說神力이니 即前語
加요 二者는 灌頂神力이니 即智灌心頂하며 手摩身頂이라하니라
頂受摩者는 上秉尊力故요 右手者는 法慧所說이 順理機故며 諸
佛이 隨順法慧說故니라

세 번째 이때에라고 한 아래는 몸의 가피이니
첫 번째는 하여금 위의를 증익케 하는 것이요
두 번째는 하여금 삼매에서 일어나게 하는 까닭이다.
그러나 세 가지 가피가 동시이지만 뜻을 따라 차례를 삼았을 뿐이니
앞에 말의 편리함을 이어받았기에 그런 까닭으로 말로 가피함이

먼저 있고, 하여금 삼매에서 일어나게 하기 위하기에 몸으로 가피함이 가장 뒤에 있는 것이다.

『십지론경』을 기준한다면 모든 부처님이 본래 처소를 떠나지 않고 있다고 한 것은 곧 가고 머무는 것이 걸림이 없는 것이요

손을 또한 길게 펴지 아니한 것은 곧 길고 짧은 것이 걸림이 없는 것이요

동시에 정수리를 만지신 것은 하나와 많은 것이 걸림이 없는 것이니 그런 까닭으로 기특하다 하였다.

반드시 정수리를 만지시는 것은 『능가경』[93]에 말하기를 만약 여래의 두 가지 위신력으로 건립한 바가 되지 않고 능히 법을 설함이 있다고 한다면 옳을 곳이 없나니

첫 번째는 몸으로 대면하여 말하는 위신력이니,

곧 앞에 말로 가피[94]하는 것이요

두 번째는 정수리에 물을 붓는 위신력이니,

곧 지혜로 마음의 정수리에 물을 부으며 손으로 몸의 정수리를 만진다 하였다.

정수리로 만짐을 받는 것은 위로 세존의 위신력을 품 받는 까닭이요

오른손은 법혜보살이 설할 바가 진리와 근기에 수순하는 까닭이며

모든 부처님이 법혜보살의 말을 수순하는 까닭이다.

---

93 『능가경楞伽經』이란, 4권 『능가경楞伽經』 가운데 제2권第二卷이다.
94 원문에 어가語加란, 즉 구가口加이다.

鈔

然이나 三加同時下는 上釋文이요 此下辨次라 楞伽云下는 引證이니
彼經第二云호대 復次大慧야 如來가 以二種神力으로 建立거든 菩薩
摩訶薩이 頂禮諸佛하고 聽受問義하나라 云何二種神力建立고 謂三
昧正受하야 爲現一切身을 面言說神力과 及手摩頂神力이니라 大慧
야 菩薩摩訶薩이 初地菩薩로 住佛神力하나니 所謂入菩薩大乘照明
三昧니라 入是三昧에 十方世界의 一切諸佛이 以神通力으로 爲現一
切身面言說하야 如金剛藏菩薩의 摩頂하며 及餘如是相功德으로 成
就菩薩摩訶薩이라하시고 下又云호대 大慧야 若菩薩摩訶薩이 離佛
神力하야 能辨說者인댄 一切凡夫도 亦應能說이라하나라 釋日今疏
義引이니 正引後反釋之文하고 兼取前列二相하나라

그러나 세 가지 가피가 동시라고 한 아래는 이 위에는 경문[95]을
해석한 것이요,
이 아래는 차례를 분별한 것이다.

『능가경』에 말하였다고 한 아래는 인용하여 증거한 것이니,
저 『능가경』 제이권에 말하기를 다시 대혜야, 여래가 두 가지 위신력
으로써 건립하거든 보살마하살이 모든 부처님께 정례하고 묻는
뜻을 청수聽受한다.
어떤 것이 두 가지 위신력으로 건립하는 것인가.

95 문文 자는 의意 자의 잘못이라고 『잡화기』는 말한다.

말하자면 삼매로 정수正受[96]하여 일체 몸을 대면하여 말하는 위신력과 그리고 손으로 정수리를 만지는[97] 위신력을 나타내기 위한 것이다. 대혜야, 보살마하살[98]이 초지보살로부터 부처님의 위신력에 머무나니,

말하자면 보살이 대승으로 비추어 밝히는 삼매에 들어가는 것이다. 이 삼매에 들어감에 시방세계에 일체 모든 부처님이 신통력으로써 일체 몸을 대면하여 말함을 나타내어 금강장보살[99]이 정수리를 만진[100] 것과 같이 하시며,

그리고 나머지[101] 이와 같은 모습의 공덕으로 보살마하살을 성취케 한다 하시고, 아래에 또 말하기를 대혜야, 만약 보살마하살이 부처님의 위신력을 떠나 능히 분별하여 말한다고 한다면 일체 범부도

---

96 정수正受"에" 토이니, 말하자면 보살이 삼매에 들어간 것이다. 10권『능가경』에는 바로 말하기를 하여금 삼매에 들어가게 한다 하였다. 역시『잡화기』의 말이다. 그러나 나는 정수"하야" 토로 번역하였다.

97 원문에 마摩는, 원본原本에는 灌 자이다.

98 마하살이라고 한 것은 곧 초지보살이니, 그런 까닭으로 저『능가경』이 다음 경문에 다시 거론하여 말하기를 초지보살마하살이라 하였다. 역시『잡화기』의 말이다. 4권『능가경』제2권, 14장에 있다.

99 금강장보살이란, 등각보살이다.

100 금강장보살 摩頂이라 한 摩頂 두 글자(二字)는 마하살摩訶薩의 잘못된 글자라고 사기私記는 말하였다.『유망기』에는 보살마하살(마정摩頂)"과" 급여여시 공덕"을" 성취"한" 보살마하살"이라" 현토하고 여보살餘菩薩은 법혜보살의 유流라 하였다.

101 그리고 나머지라고 한 것은 응당 일체 몸을 대면하여 말하는 위신력을 가리키는 것이다.

또한 응당 능히 말할 수 있을 것이다 하였다.

해석하여 말하면 지금에 소문[102]에서는 뜻으로 인용한 것이니,
뒤에 반대로 해석[103]한 경문을 바로 인용하고 앞에 열거한 두 가지
모습[104]을 겸하여 취한 것이다.

102 원문에 금소今疏란, 영인본 화엄 5책, p.587, 7행에 인용한 『능가경楞伽經』
 이다.

103 원문에 후반석後反釋이란, 영인본 화엄 5책, p.588, 9행에 우운대혜又云大慧
 운운이다.

104 원문에 전열이상前列二相이란, 이종신력二種神力이니 일체신면언설신력一切
 身面言說神力과 수마정신력手摩頂神力이다. 영인본 화엄 5책, p.588, 2행이다.

經

法慧菩薩이 卽從定起하야

법혜보살이 곧 삼매로 좇아 일어나

疏

第三에 法慧菩薩下는 起分이라 略由四意하니 一은 三昧事訖故요
二는 已得勝力故요 三은 說時至故요 四는 定無言說故라 此四는
後後로 以釋前前이라

제 세 번째 법혜보살이라고 한 아래는 기정분起定分이다.
간략하게 네 가지 뜻을 인유하나니
첫 번째는 삼매의 일을 마친 까닭이요
두 번째는 이미 수승한 힘을 얻은 까닭이요
세 번째는 설법할 때가 이른 까닭이요
네 번째는 삼매에는 말이 없는 까닭이다.
이 네 가지는 후후後後로써 전전前前을 해석한 것이다.

鈔

此四後後로 以釋前前者는 亦展轉通難이니 謂有難云호대 云何事訖
고 入定은 爲受佛加어늘 今已得勝力일새 故爲事訖이라 復應問云호

대 雖得勝力이나 何不且定고 答云호대 說法時至故라 次問云호대 何
不定中說고 答云호대 定無言說故니라

이 네 가지는 후후로써 전전을 해석한 것이라고 한 것은 또한 전전히
비난함을 통석한 것이니,

말하자면 어떤 사람이 비난하여 말하기를 어떤 것이 일을 마친
것인가.

삼매에 들어가는 것은 부처님의 가피를 받기 위한 것이어늘, 지금에
이미 수승한 힘을 얻었기에 그런 까닭으로 일을 마친 것이다.

다시 응하여 물어 말하기를 비록 수승한 힘을 얻었지만 어찌 또한
삼매에 들어있지 않는가.[105]

답하여 말하기를 설법할 때가 이른 까닭이다.

다음에 또 물어 말하기를 어찌 삼매 가운데서 설법하지 않는가.

답하여 말하기를 삼매에는 말이 없는 까닭이다.

---

105 원문에 하불차정何不且定이란, 定에 들어 있지 않고 定에서 일어나는가
하는 뜻이다.

經

告諸菩薩言호대 佛子야 菩薩住處廣大하야 與法界虛空等하니라
佛子야 菩薩이 住三世諸佛家하니

모든 보살에게 일러 말하기를 불자여, 보살이 머무는 곳이 광대하
여 법계와 허공계[106]로 더불어 같습니다.
불자여, 보살이 삼세에 모든 부처님의 집에 머무나니

疏

第四에 告諸下는 本分이라 文分爲三하리니 初는 總顯體相이요
次는 標以許說이요 後는 別陳其名이라 今初니 然十住體가 略有
三種하니 一은 約所依니 卽前三昧라 依此하야 說於十住法故니
論云호대 三昧卽法體故라하니라 二者는 約本이니 卽下所辨이라
三은 剋性體니 若約所緣인댄 卽眞俗二境이요 若約能緣인댄 卽悲
智二行이니 二境旣融하고 悲智不別인댄 境智冥契하야 同一法界
也리라

제 네 번째 모든 보살에게 일러 말하였다고 한 아래는 본가분[107]이다.

---

106 법계와 허공계 운운은, 청량은 영인본 화엄 5책, p.594, 6행에 법계法界와
   허공계虛空界로 보았다.

107 본가분이라고 한 것은 여기에 열명列名이 아래에 광설廣說의 본가가 되는
   까닭이다. 역시 『잡화기』의 말이다.

경문을 나누어 세 가지로 하리니
처음에는 자체와 모습을 한꺼번에 나타낸 것이요
다음에는 표[108]하여 설하기를 허락한 것이요
뒤에는 그 이름[109]을 따로 진술한 것이다.

지금은 처음으로 그러나 십주의 자체가 간략하게 세 가지가 있나니
첫 번째는 의지할 바를 잡은 것이니 곧 앞에 삼매이다.
이 삼매를 의지하여 십주법을 설한 까닭이니,
『십지론』에 말하기를 삼매가 곧 법의 자체인 까닭이다 하였다.
두 번째는 본체를 잡은 것이니 곧 아래[110]에 분별한 바이다.
세 번째는 자성의 자체[111]를 극정尅定한 것이니,
만약 반연할 바를 잡는다면 곧 진제와 속제의 두 경계요
만약 능히 반연함을 잡는다면 곧 자비와 지혜의 두 행이니,
두 가지 경계가 이미 융합하고 자비와 지혜가 다르지 않다면 경계와
지혜가 그윽이 계합하여 동일한 법계일 것이다.

鈔

然十住體者는 若立章門인댄 十住를 略以五門分別하리니 一은 釋名

이요 二는 出體요 三은 辨相이요 四는 定位요 五는 諸門分別이니 今經
疏에 皆具하니라 一名中에 有總有別하니 總如品初하고 別名은 如本
分이라 出體는 卽今文이요 辨相은 卽經文이요 定位는 次下當說이요
諸門分別은 含在前後文中이라 今此出體가 略有三重이라

그러나 십주의 자체라고 한 것은 만약 장문章門을 세운다면 십주를
간략하게 오문五門으로 분별하리니
첫 번째는 십주의 이름을 해석한 것이요
두 번째는 십주의 자체를 설출한 것이요
세 번째는 십주의 모습을 분별한 것이요
네 번째는 십주의 지위를 정한 것이요
다섯 번째는 제문諸門을 분별한 것이니
지금의 경과 소문에 다 갖추어 있다.
첫 번째 십주의 이름 가운데 총명이 있고 별명이 있나니
총명은 십주품 초[112]와 같고, 별명은 본체분과 같다.
두 번째 십주의 자체를 설출한 것은 곧 지금의 경문이요
세 번째 십주의 모습을 분별한 것은 곧 경문이요
네 번째 십주의 지위를 정한 것은 이 다음 아래에서 마땅히 설할
것이요
다섯 번째 제문을 분별한 것은 앞뒤 경문 가운데 포함되어 있다.
지금 여기에 십주의 자체를 설출한 것이 간략하게 삼중三重[113]이

---

112 십주품 초라고 한 것은 영인본 화엄 5책, p.565, 9행에 석명釋名이다.

있다.

疏

今約本體니 若直觀經文인댄 則住處二字는 總示其體요 廣大以
下는 略顯其相이요 住三世佛家는 結示住處라 今依地論하야 類例
以解인댄 則住處爲總이요 餘皆是別이라 總卽示體니 此云住處라
하니라 十行名行業이요 十向名願이요 十地名願善決定이니 皆當
位體也라 而得名不同者는 何耶아 三賢十聖이 皆以菩提心으로
而爲其體니라 菩提心有三하니 一者는 直心이니 正念眞如法故요
二者는 深心이니 樂修一切의 諸善行故요 三者는 大悲心이니 救護
一切의 苦衆生故라 所念眞如는 亦卽本智니 本覺智故요 後二는
顯是恒沙性德이라 然此三心은 有一必兼餘二어니와 而三賢은 互
有增微하니 十住는 直心增일새 故名爲解니 解爲行願本일새 故首
而明之요 十行은 深心增일새 故名爲行이니 依於前解하야 以起行
故요 十向은 大悲增일새 故名爲願이니 迴前解行하야 願諸衆生이
離苦得樂故요 十地는 三心等證일새 故名決定이니 而大悲爲首일
새 故擧其願이라 是以論云호대 願善決定者는 如初地中에 發菩提
心하나니 卽此本分中願이라하나라 十信은 通信此三이요 等覺은
此三等佛이니 故知菩提心은 是諸位通依니라 今此住位를 名住

---

113 삼중三重은 삼종三種이 아닌지, 즉 1. 약소의約所依, 2. 약본約本, 3. 극성체剋性
體가 아닌지 의심하여 본다.

處者는 若從增勝인댄 則以深般若로 住於眞如하고 卽復由此하야
而爲行願之所住處어니와 若從通說인댄 俱住上三菩提心家故니
라 住處는 梵本에 名爲俱羅라하니 此云家也니 家卽家族이라 是以
舊譯엔 名爲種性이라하니 卽四種性中에 習種性也라 良以此家가
菩薩所居故로 翻名住處라하고 下文에 還就佛家以結이라

지금에는 본체를 잡은 것[114]이니,

만약 바로 경문을 관찰한다면 곧 머무는 곳(住處)이라고 한 두 글자는
모두 십주의 본체를 보인 것이요

광대하다고 한 아래는 간략하게 그 십주의 모습을 나타낸 것이요
삼세에 부처님의 집에 머문다고 한 것은 머무는 곳을 맺어 보인
것이다.

지금에 『십지론』을 의지하여 비류하여 예함으로써 해석한다면 곧
머무는 곳이라 한 것은 총석이 되고, 나머지는 다 별석이 된다.
총석은 곧 그 십주의 자체를 보인 것이니 여기에서 머무는 곳이라
말한 것이다.

십행은 이름이 행업이요,

십회향은 이름이 원願이요,

십지는 이름이 서원을 잘 결정하는 것이니

다 당위當位의 자체이다.

이름을 얻은 것이 같지 아니한 것은 무엇 때문인가.

---

114 원문에 금약본체今約本體란 말은 上 소문疏文의 끝에 있어야 마땅하다.

삼현과[115] 십성이 다 보리심으로써 그 자체를 삼기 때문이다.

보리심에 세 가지가 있나니

첫 번째는 직심이니, 진여의 법을 바로 생각하는 까닭이요

두 번째는 심심이니, 일체 모든 선행을 즐겁게 닦는 까닭이요

세 번째는 대비심이니, 일체 고통 받는 중생들을 구호하는 까닭이다.

생각할 바 진여는 또한 곧 근본 지혜이니, 본각의 지혜인 까닭이요

뒤에 두 가지는 이 항하사 자성의 공덕을 나타낸 것이다.

그러나 이 세 가지 마음은 하나의 마음에 반드시 나머지 두 가지
마음을 겸하고 있거니와, 삼현에는 서로 증승增勝하고 미약함이
있나니[116]

십주는 직심直心이 증승하기에[117] 그런 까닭으로 이름을 십해十解라
하나니

십해가 십행과 서원(十向)의 근본이 되기에 그런 까닭으로 첫머리에
밝힌 것이요

십행은 심심이 증승하기에 그런 까닭으로 이름을 십행이라 하나니
앞에 십해를 의지하여 십행을 일으키는 까닭이요

---

115 연삼然三이라 한 연然 자는 없는 것이 좋다.

116 원문에 삼현호유증미三賢互有增微라고 한 것은, 증增은 증승增勝이고, 미微는
미약微弱이다.

十住는 直心이 增하고 나머지 二心이 微하며,

十行은 深心이 增하고 나머지 二心이 微하며,

十向은 大悲心이 增하고 나머지 二心이 微하다.

117 故故라 한 위에 故 자는 아래 문장으로 미루어 연자衍字이다.

십회향은 대비심이 증승하기에 그런 까닭으로 이름을 서원이라
하나니

앞에 십해와 십행을 돌이켜서 모든 중생이 고통을 떠나 즐거움을
얻기를 서원하는 까닭이요

십지는 세 가지 마음을 똑같이 증득하기에 그런 까닭으로 이름을
잘[118] 결정하는 것이라 하나니

대비로 으뜸을 삼기에 그런 까닭으로 그 서원을 거명[119]한 것이다.

이런 까닭으로 『십지론』[120]에 말하기를 서원을 잘 결정한다고 한
것은 초지 가운데 보리심을 일으킨 것과 같나니, 곧 이 본분 가운데
서원이라 한 것이다.

십신은 모두 이 세 가지 마음을 믿는 것이요

등각은 이 세 가지 마음이 부처님과 같은 것이니,

그런 까닭으로 알아라. 보리심은 이 모든 지위가 함께 의지하는
것이다.

지금에 이 십주위를 머무는 곳이라고 이름한 것은 만약 증승을
좇는다면 곧 깊은 반야로써 저 진여에 머물고 곧 다시 이것을 인유하
여 십행과 서원(十向)이 머무를 바 곳이 되거니와, 만약 통설을 좇는다
면 위[121]에 세 가지 보리심가家에 함께 머무는 까닭이다.

머무는 곳이라고 한 것은 범본에 이름을 구라라 하였으니

---

118 명名 자와 결決 자 사이에 선善 자가 빠졌다. 역시 『잡화기』의 말이다.
119 원문에 거기원擧其願이란, 十地는 名願善決定이라 한 그 願을 말함이다.
120 『십지론十地論』은 제1권이다.
121 十 자는 上 자의 잘못이다.

여기에서 말하면 집(家)이니 집(家)은 곧 가족이다.

이런 까닭으로 구역에는 이름을 종성種性이라 하였으니 곧 네 가지 종성 가운데 습종성習種性이다.

진실로 이 집이 보살이 거주하는 바인 까닭으로 번역하여 이름을 머무는 곳이라 하고, 하문下文에 도리어 불가佛家에 나아가[122] 맺었다.

鈔

直心增일새 故名爲解者는 正念眞如가 是智解故라 三心等證일새 名善決定者는 證理無差故라 而大悲爲首下는 通妨이니 妨云호대 若總三心인댄 何以地體를 名願善決定고 通意可知라 大悲爲首는 卽下經文이라

직심이 증승하기에 이름을 십해라 한다고 한 것은 진여를 바로 생각하는 것이 이 지해(解)인 까닭이다.

세 가지 마음을 똑같이 증득하기에 이름을 잘 결정한다고 한 것은 증득한 이치가 차별이 없는 까닭이다.

대비로 으뜸을 삼는다고 한 아래는 방해함을 통석한 것이니,

방해하여 말하기를 만약 세 가지 마음을 총섭한다면 어찌 십지의 자체를 이름하여 서원을 잘 결정하는 것이라 하는가.

통석한 뜻은 가히 알 수가 있을 것이다.

대비로 으뜸을 삼는다고 한 것은 곧 아래 경문이다.

---

122 불가佛家에 나아간다 운운한 것은 오히려 이 소가의 뜻이라 할 것이다.

疏

別中에 句乃有二나 義乃有三하니 一에 廣大與法界等은 是勝住處라 然地經엔 卽總句가 是於決定이니 不應學彼어다 此中廣大는 卽是勝義요 其法界言은 含於四義하니 一은 正念眞如니 同理法界하야 深無際限하야 勝諸凡夫하며 亦勝二乘의 偏眞理故요 二는 普該菩薩의 無邊行相과 大悲深心이니 同事法界하야 無有邊量하야 勝二乘故요 三者는 三心無礙니 同無礙法界하야 事理融故요 四는 同圓融法界니 一一塵中에 無不具故니라 此與第三은 勝權菩薩이라

별구別句를 해석하는 가운데 구절은 두 구절이 있지만 뜻은 이에 세 가지 뜻이 있나니

첫 번째 광대하여 법계로 더불어 같다고 한 것은 이것은 승주처勝住處[123]이다.

그러나 『십지경』에는 곧[124] 총구總句[125]가 이 결정決定이니 응당 저[126]

---

123 승주처勝住處란, 삼처三處의 하나이니 삼처三處는 一은 승주처勝住處, 二는 인주처因住處, 三은 불겁약주처不怯弱住處이다.

124 즉卽 자는 소본에 경經 자라 하고, 아래 시어是於라 한 어於 자는 전前 자라 하였다고 『잡화기』는 말한다. 그러나 나는 卽 자 위에 經 자를 더 두었고 於 자는 고치지 않고 그대로 두었다. 영인본 화엄에도 卽 자 위에 經 자가 있다.

125 총구總句는, 今經은 住處이고 『십지경十地經』은 총구總句가 決定이다.

126 원문에 彼學의 彼란, 고인古人을 말한다.

를 따라 배우지 말 것이다.

이 가운데 광대하다고 한 것은 곧 이것은 수승하다는 뜻이요

그 법계라고 말한 것은 네 가지 뜻을 포함하고 있나니

첫 번째는 진여를 바로 생각하는 것이니,

곧 이법계理法界와 같아 깊어 끝의 한계가 없어서 모든 범부보다
수승하며 또한 이승이[127] 진리에 치우친 것보다 수승한 까닭이요

두 번째는 널리 보살의 끝없는 행상行相과 대비심과 심심深心을
갖춘 것이니,

사법계事法界와 같아 끝도 한량도 없어서 이승보다 수승한 까닭이요

세 번째는 세 가지 마음이 걸림이 없는 것이니,

무애법계와 같아 사실과 진리가 원융한 까닭이요

네 번째는 원융법계와 같나니,

낱낱 티끌 가운데 갖추지 아니함이 없는 까닭이다.

이 제 네 번째와 더불어 제 세 번째는 권보살보다 수승한 것이다.

鈔

別中에 句乃有二下는 第二에 釋別句라 於初句中에 分成二義하니
謂與法界等하고 與虛空等하니라 是勝住處者는 下論釋云호대 大勝
高廣이 一體異名이라하니 故彼經云호대 廣大如法界라하니라 然地經
下는 彈古니 古人이 亦取下論하야 立其三義하야 而云호대 一은 勝善

___
127 또한 이승이 운운은 아공의 진리에 치우친 것이니 아직 법공을 요달하지
　　못한 까닭이다.

決定이요 二는 因善決定이요 三은 不怯弱善決定이라할새 故今破云
호대 彼中總句가 是決定故로 別句가 爲六決定이어니와 今經總句가
是住處일새 即合別句가 爲三住處니 但取類例어늘 如何 一向學彼리
요 則好學이 太過也니라 此三義理는 應尋下十地經이어다

따로 해석한 가운데 구절은 두 구절이 있다고 한 아래는 제 두
번째 별구別句를 해석한 것이다.
처음 구절 가운데 두 가지 뜻을 나누어 성립하였으니,
말하자면 법계로 더불어 같고 허공계로 더불어 같다는 것이다.
이것은 승주처라고 한 것은 아래 『십지론』에 해석하여 말하기를[128]
크고 수승한 것과 높고 넓은 것이 한 몸이지만 이름이 다르다 하였으
니, 그런 까닭으로 저 『십지경』에 말하기를 광대하여 법계와 같다
하였다.

그러나 『십지경』이라고 한 아래는 고인을 탄핵한 것이니,
고인이 또한 아래 『십지론』을 취하여 세 가지 뜻을 세워 말하기를
첫 번째는 승선결정勝善決定이고, 두 번째는 인선결정因善決定이고,
세 번째는 불겁약선결정不怯弱善決定이다 하였기에 그런 까닭으로
지금에 깨뜨려 말하기를 저 『십지경』 가운데는 총구가 이 결정인

---

128 아래 『십지론』에 해석하여 말하였다고 한 것은 『십지경』에 광대廣大를 표하였
    거늘 승선勝善으로 해석한 것은 무엇 때문인가 하기에 여기에 이 해석이
    있는 것이니, 수자권水字卷 50장, 하下 6행을 볼 것이다. 역시 『잡화기』의
    말이다.

까닭으로 별구가 여섯 가지 결정이 되거니와, 지금에 경은 총구가
이 머무는 곳(住處)이기에 곧 합당이 별구가 세 가지 머무는 곳이
되나니, 다만 유사한 예[129]를 취하였을 뿐이거늘 어떻게 한결같이
저 고인을 따라 배우겠는가. 곧 따라 배우기를 좋아하는 것이 큰
허물이다.
이 세 가지 의리는 응당 아래 『십지경』[130]을 찾아볼 것이다.

疏

二에 虛空等者는 是因住處라 因有二種하니 一은 無常愛果因이
니 是因如虛空하야 依是生色호대 色不盡故요 二는 常果因이니
今是地前일새 故闕此也라 古德又云호대 一一位中에 如空包含
無邊行海하며 又如空周遍하야 非至非不至하며 又如空無礙故라
하니라

두 번째 허공계로 더불어 같다고 한 것은 인주처因住處이다.
인因에 두 가지가 있나니
첫 번째는 무상한 애욕의 과보[131]인이니,

---

129 원문에 유례類例란, 주처住處와 결정決定이 유사하다는 것이다.
130 經 자 아래에 북장경에는 疏 자가 있다.
131 원문에 무상애과無常愛果라 한 것은 화신化身인 까닭으로 무상無常하지만
　　중생衆生의 근기를 따르는 까닭으로 애욕의 과보라 한 것이다. 『잡화기』에
　　무상한 애욕의 과보라고 한 것은 곧 화신의 작용이니, 적당한 근기에 작용하
　　는 까닭이다. 색신으로써 비유한 것은 색신은 생기고 사라지는 것이

이 인은 허공과 같아서 이것을 의지하여 색신을 생기하되 색신이
끝이 없는[132] 까닭이요

두 번째는 영원한 과보[133]인이니,

지금에는 십지 전이기에 그런 까닭으로 이 영원한 인이 빠졌다.

고덕이 또 말하기를 낱낱 지위 가운데 허공과 같이 끝없는 행원의
바다를 포함하였으며,

또 허공과 같이 두루하여 이르름도 없고 이르지 아니함도 없으며
또 허공과 같이 걸림이 없는 까닭이다 하였다.

鈔

今是地前者는 且依行布인댄 未證眞如일새 故로 無常果因이 盡未來
際니라 如空包含無邊行海者는 此三義中에 初一은 事요 次一은 理요
三은 卽無障礙法界라 然이나 類六決定호대 而但有三者는 餘三證如
하야사 方得有故니 謂一은 觀相善이니 云無雜이요 二는 眞實善이니
云不可見이요 三은 大善이니 云普能救護一切衆生이니 皆未證如일
새 故無此三矣니라

있는 까닭이다 하였다.

132 색신이 끝이 없다고 한 것은 화신의 작용이 근기에 응하여 다함이 없음에
비유한 것이다. 수자권水字卷 52장, 상上 9행 이하를 볼 것이다. 역시『잡화
기』의 말이다.

133 영원한 과보는 곧 법신(열반)과 보신(보리)이니 이것은 의지하는 바 허공으로
써 비유한 것이다. 역시『잡화기』의 말이다.

지금에는 십지 전이라고 한 것은 또한 행포문을 의지한다면 아직 진여를 증득하지 못하였기에 그런 까닭으로 무상한 과보인이 미래제까지 다하는[134] 것이다.

허공과 같이 끝없는 행원의 바다를 포함하였다고 한 것은 이 세 가지 뜻[135] 가운데 첫 번째는 사법계요,

다음에는 이법계요,

세 번째는 곧 무장애법계이다.

그러나 여섯 가지 결정에 비류하였으되 다만 세 가지 뜻만 있는 것은 나머지 세 가지 뜻은 진여를 증득하여야 바야흐로 있음을 얻는 까닭이니,

말하자면 첫 번째는 관상선觀相善[136]이니 잡됨이 없음을 말한 것이요

두 번째는 진실선眞實善[137]이니 가히 볼 수 없음을 말한 것이요

세 번째는 대선大善[138]이니 널리 능히 일체중생을 구호하는 것을 말한 것이니,

다 아직 진여를 증득하지 못하였기에[139] 그런 까닭으로 이 세 가지가

---

134 원문에 무상과인無常果因이 진미래제盡未來際라 한 것은 『십지경十地經』 중에 말하기를 구경究竟에 여허공진미래제如虛空盡未來際 운운이라 하니 여허공如虛空은 무상과인無常果因이요 진미래제盡未來際는 상과인常果因이다. 故로 수은 이 地前이기에 지금에는 이 상과인常果因이 없는 것이다.

135 이 세 가지 뜻이란, 소문에서 고덕이 말한 것이니 一에 행원의 바다와 二에 이르고 이르지 아니함이 없는 것과 三에 걸림이 없는 것이다.

136 관상선觀相善은 보는 모습이 선하다는 것이다.

137 진실선眞實善은 진실로 선하다는 것이다.

138 대선大善은 크게 선하다는 것이다.

없는 것이다.

疏

三에 住三世諸佛家는 準論컨대 此名不怯弱住處니 謂菩薩所住
가 卽佛所住일새 故名佛家라하니 進住佛家가 是不怯弱이라 若直
釋經文인댄 卽結示也니 謂向言住處는 何所住耶아 謂住佛家라
佛家는 卽是大菩提心이니 諸佛住此하야 生菩薩故며 眞如悲願
究竟은 唯佛方能住故니라 言三世者는 是讚勝也라

세 번째 삼세에 모든 부처님의 집에 머문다고 한 것은 『십지론』을
의지하건대 이 이름이 불겁약주처不怯弱住處이니,
말하자면 보살이 머무는 처소가 곧 부처님께서 머무시는 처소이기에
그런 까닭으로 이름을 부처님의 집이라 하였으니 부처님의 집에
나아가 머무는 것이 이것이 불겁약주처이다.
만약 경문을 바로 해석한다면 곧 맺어서 보인 것이니,
말하자면 향래에 머무는 곳이라고 말한 것은 어느 곳에 머문다는
것인가.
말하자면 부처님의 집에 머문다는 것이다.
부처님의 집이라고 한 것은 곧 대보리심이니,

---

139 원문에 개미증皆未證이란, 삼현三賢이 다 아직 진여眞如를 증득하지 못하였다
　　는 것이고, 또 십주十住의 一一位 보살菩薩이 모두 다 아직 진여眞如를 증득하
　　지 못하였다는 것이다.

모든 부처님이 여기에 머물러 보살을 출생하는 까닭이며 진여와
자비와 서원의 구경처究竟處는[140] 오직 부처님이라사 바야흐로 능히
머무는 까닭이다.

삼세라고 말한 것은 이것은 수승함을 찬탄한 것이다.

---

140 진여와 자비와 서원의 구경(究竟處)이란, 진여는 곧 진심이며 또한 지심智心이
다. 즉 비悲·지智·원願의 삼보리심을 비록 제위諸位에서 모두 수행하지만
구경에는 오직 부처님만이 머무시는 것이다. 혹 비·지·원"은" 구경"에"
토로 해석할 수도 있다.

經

彼菩薩住를 我今當說호리라

저 보살이 머무는 곳을 내가 지금 마땅히 설하겠습니다.

疏

二에 彼菩薩下는 牒以許說이니 可知라

두 번째 저 보살이라고 한 아래는 첩석[141]하여 설하기를 허락한 것이니
가히 알 수가 있을 것이다.

---

[141] 첩석이란, 앞(영인본 화엄 5책, p.590, 1행)에서 보살이 모든 부처님의 집에
머문다 하고 여기서 다시 보살이 머무는 곳이라 하니 첩석이라 하겠다.

經

諸佛子야 菩薩住가 有十種하니 過去未來現在諸佛이 已說當說
今說하시니라

모든 불자여, 보살이 머무는 곳이 열 가지가 있나니,
과거 미래 현재에 모든 부처님이 이미 설하셨고 당래에 설할 것이고
지금 설하십니다.

疏

三에 諸佛子야 菩薩住가 有十種下는 別陳其名이라 文有三別하니
初는 標數引證이요 二는 依數列名이요 三은 總結顯勝이라 今初니
謂三世佛果가 無不由此十住因成호미 如大王路하야 法爾常規일
새 故同說也니라

세 번째 모든 불자여, 보살이 머무는 곳이 열 가지가 있다고 한
아래는 그 머무는 곳의 이름을 따로 진술한 것이다.
경문에 세 가지로 분별한 것이 있나니
처음에는 머무는 곳의 수를 표하여 이끌어 증거한 것이요
두 번째는 수를 의지하여 머무는 곳의 이름을 열거한 것이요
세 번째는 한꺼번에 맺어 수승함을 나타낸 것이다.

지금은 처음으로, 말하자면 삼세에 불과가 이 십주의 원인을 인유하

여 이루지 아니함이 없는 것이 마치 대왕의 길[142]과 같아서 그 법이 영원한 규칙이기에 그런 까닭으로 삼세에 다 설한다 한 것이다.

---

142 원문에 대왕로大王路라고 한 것은 『서역기西域記』에 말하기를 전륜왕轉輪王이 출세出世함에 대로大路가 있어 넓이가 1유순一由旬이고, 후겁後劫에 대왕大王이 출세出世함에 대로大路도 또한 운운하니, 이것은 상규常規이다. 또 불과佛果가 반드시 십주十住를 인유하여 이루어지는 것이 마치 국왕國王이 출행出行함에 대로大路를 인유하여 출행出行하는 것과 같다. 이것 역시 상규常規이다. 굳이 『서역기西域記』를 인용할 것까지 없지만 참고로 인용하였다.

經

何者爲十고 所謂初發心住와 治地住와 修行住와 生貴住와 具足
方便住와 正心住와 不退住와 童眞住와 王子住와 灌頂住니라

어떤 것이 열 가지가 되는가.
말하자면 초발심주와 치지주와 수행주와 생귀주와 구족방편주와
정심주와 불퇴주와 동진주와 법왕자주와 관정주입니다.

疏

二에 何者下는 依數列名이라 初發心住者는 瓔珞云호대 是上進分
에 善根人이 若一劫二劫에 一恒二恒佛所에 行十信心하야 信三
寶常住와 八萬四千의 般若波羅蜜하야 修一切行과 一切法門하며
乃至始入空界하야 住空性位일새 故名爲住라하니라 依仁王起信
인댄 卽十千劫來에 修信行滿에 入位不退하야 創起大心이라하니
發心卽住일새 名發心住니 三種發心中에 卽信成就發心也니라
二治地者는 謂常隨空心하야 淨八萬四千法門하야 淸淨潔白故니
謂練治心地하야 使悲智增明일새 名治地住니라 三은 巧觀空有하
야 增修正行故요 四는 生佛法家하야 種姓尊貴故요 五는 帶眞隨
俗하야 習無量善巧하야 化無住故요 六은 成就般若일새 故聞讚毁
라도 眞正其心하야 念不動故요 七은 入於無生의 畢竟空性하야
心心이 常行空無相願하고 止觀雙運하야 緣不能壞故요 八은 心不

生倒하야 不起邪魔가 破菩提心故요 九는 從法王敎로 生解하야
當紹佛位故요 十은 從上九住로 觀空하야 得無生心이 最爲上故로
諸佛法水로 灌心頂故니라

두 번째 어떤 것이 열 가지가 되는가라고 한 아래는 수를 의지하여
머무는 곳의 이름을 열거한 것이다.
초발심주라고 한 것은 『영락경』에 말하기를 이 상진분上進分에 선근
인이 혹 한 세월과 두 세월에 일 항하사 부처님의 처소와 이 항하사
부처님의 처소에서 십신의 마음을 행하여 삼보가 상주하는 것과
팔만사천 가지 반야바라밀을 믿어 일체 행과 일체 법문을 닦았으며,
내지 비로소 공의 세계에 들어가 공성空性의 지위에 머물기에 그런
까닭으로 이름을 머문다(住)고 한다 하였다.

『인왕경』과[143] 『기신론』을 의지한다면 곧 십천 세월을 오면서 십신을
수행하여 수행이 원만함에 물러나지 않는 지위에 들어가 비로소
큰 발심을 일으킨다 하였으니,
발심이 곧 머무는(住) 것이기에 발심주라 이름한 것이니 세 가지
발심[144] 가운데 곧 신성취발심이다.

---

143 『인왕경』 운운은 이 『인왕경』과 『기신론』으로써 위에 『영락경』을 상대한다
   면 곧 수행의 더디고 빠름이 다름이 있음을 가히 알 수 있을 것이다. 역시
   『잡화기』의 말이다. 수행의 더디고 빠름이란, 『영락경』에는 일겁, 이겁이라
   하고 『인왕경』과 『기신론』은 십천겁이라 하였다.
144 원문에 삼종발심三種發心이란, 1. 신성취발심信成就發心, 2. 해행발심解行發心,

두 번째 치지주라고 한 것은 말하자면 항상 공심空心을 따라 팔만사천 법문을 청정케 하여 청정하고 결백한 까닭이니,

말하자면 마음의 땅을 단련하고 다스려 자비와 지혜로 하여금 더욱 밝게 하기에 치지주라 이름한 것이다.

세 번째는 공과 유를 선교로 관찰하여 바른 행을 더욱 수행하는 까닭이요

네 번째는 불법의 집에 태어나 종성이 존귀한 까닭이요

다섯 번째는 진제를 차고 속제를 따라 한량없는 선교방편을 닦아 교화하는 것이 머물지 않는 까닭이요

여섯 번째는 반야를 성취하였기에 그런 까닭으로 칭찬하고 헐뜯는[145] 소리를 들을지라도 그 마음을 진실로 바르게 하여 생각이 움직이지 않는 까닭이요

일곱 번째는 생겨남이 없는 필경의 공성空性에 들어가서 마음 마음마다 항상 공과 무상과 무원을 행하고 지止와 관觀을 함께 운행하여 반연이 능히 무너뜨릴 수 없는 까닭이요

여덟 번째는 마음이 전도된 생각을 내지 아니하여 삿된 마군이 보리를 깨뜨리려는 마음을 일으키지 않는 까닭이요

아홉 번째는 법왕의 가르침을 좇아 지혜를 내어 마땅히[146] 부처님의 지위를 잇는 까닭이요

---

3. 증입발심證入發心이다.

145 원문에 찬훼讚毁라는 말 아래에 소본에는 삼보三寶라는 글자가 있다. 역시 『잡화기』의 말이다.

146 當 자는 혹 당래로 해석할 수도 있다.

열 번째는 위에 구주九住로 좇아 공을 관찰하여 생겨남이 없는 마음이 가장 으뜸이 됨을 얻은 까닭으로 모든 부처님의 법수로 마음의 정수리에 부어주는 까닭이다.

鈔

乃至始入空界者는 乃至二字는 中間에 則有所越하니 皆信受行하야 常起信心하야 不生邪見과 十重五逆과 四倒八倒하며 不生難處하고 常値佛法하야 廣多聞慧하며 多求方便하야 始入空界하야 住空性位일새 故名爲住라하고 此後復云호대 空理智心으로 習故佛法의 一切 功德하고 不自造心하야 生一切功德일새 故不名爲地하고 但名爲住라하니라 釋曰學他非自有일새 故名住요 不名地니라 餘可知니라 十皆 彼經이나 二中에 謂練治下는 疏釋이라 三中에 經但云호대 長一切行이라하고 四中云호대 生在佛家하야 種性淸淨이라하고 五中云호대 多習無量善이라하고 六中云호대 成就第六般若라하니라 七中에 止觀下는 疏意라 八九는 全同하니라 十中에 諸佛下는 疏取經意니라

내지 처음 공의 세계에 들어갔다고 한 것은 내지乃至라고 한 두 글자는 중간에 뛰어넘은 바가 있나니,
다 믿고 받아 행하여 항상 신심을 일으켜 사견과 십중죄와 오역죄와 네 가지 전도와 여덟 가지 전도[147]를 일으키지 아니하며 어려운

---

147 원문에 사도四倒와 팔도八倒는 운허耘虛 저, 『불교사전佛敎辭典』, p.357, 895를 참고하라.

곳에 태어나지 않고 항상 불법을 만나 광다하게 지혜를 들으며 광다하게 방편을 구하여 비로소 공의 세계에 들어가 공성의 지위에 머물기에 그런 까닭으로 이름을 머문다(住) 하고,[148] 이 뒤에 다시 말하기를 공의 진리와 지혜의 마음으로 옛날[149]부터 불법의 일체 공덕을 닦아 익혔고 스스로 마음을 지어 일체 공덕을 출생한 것이 아니기에 그런 까닭으로 땅(地)이라 이름하지 않고 다만 이름을 머문다(住) 한 것이다 하였다.

해석하여 말하면 다른 사람에게 배워 자기에게 있지 않기에 그런 까닭으로 머문다(住) 이름하고 땅(地)이라 이름하지 않는 것이다. 나머지는 가히 알 수가 있을 것이다.

열 가지가 다 저 『인왕경』의 말이지만 두 번째 치지주 가운데 말하자면 마음의 땅을 단련하고 다스린다고 한 아래는 소가의 해석이다.

세 번째 가운데 『인왕경』에서는 다만 말하기를 일체 행을 증장한다고만 하였고,

네 번째 가운데 말하기를 부처님의 집에 태어나 종성이 청정하다고만 하였고,

다섯 번째 가운데 말하기를 다분히 한량없는 선행을 닦아 익힌다고만 하였고,

여섯 번째 가운데 말하기를[150] 제 여섯 번째 반야를 성취한다고만

---

148 원문에 고명위주故名爲住라하고란 말은 『영락경』의 말이다. 원문에 차후부운 此後復云 역시 『영락경』의 말이다.

149 고故 자는 고古 자와 같다. 역시 『잡화기』의 말이다.

하였다.

일곱 번째 가운데 지와 관을 함께 운행한다고 한 아래는 소가의 뜻이다.

여덟 번째와 아홉 번째는 『인왕경』과 온전히 같다.

열 번째 가운데 모든 부처님의 법수라고 한 아래는 소가疏家가 『인왕경』의 뜻을 취한 것이다.

疏

然此十住가 得名有三하니 謂四八九十은 從喩爲名이요 第七은 離過受稱이요 餘約功德이라 從其所喩인댄 皆持業釋이요 若從能喩인댄 或依士釋이라

그러나 이 십주가 이름을 얻는 것이 세 가지 뜻이 있나니,
말하자면 네 번째와 여덟 번째와 아홉 번째와 열 번째는 비유를 좇아 이름한 것이요

제 일곱 번째는 허물을 떠난 것으로 이름을 받은 것이요

나머지는 공덕을 잡아 이름한 것이다.

그 비유할 바를 좇는다면 다 지업석이요

만약 능히 비유하는 것을 좇는다면 혹 의사석依士釋[151]이라고도 한다.

---

150 六中의 中 자 아래에 북장경北藏經에는 云 자가 있다.
151 의주석依主釋을 의사석依士釋이라고도 한다.

鈔

然此十住下는 謂於釋名門中에 有總名別名하고 各有得名釋名하니
今皆具足하니라 從其所喩下는 卽是釋名이니 會六釋故라 謂發心卽
住는 爲持業釋이라 若從能喩等者는 喩劣法故니 此一은 卽依主釋中
에 開出이라 然六釋義가 上下多有어니와 今當略出하리라 謂西方釋
名이 有其六種하니 一은 依主요 二는 持業이요 三은 有財요 四는 相違
요 五는 帶數요 六은 隣近이라 以此六釋이 有離合故로 一一具二어니
와 若單一字名인댄 卽非六釋이니 以不得成離合相故니라

그러나 이 십주라고 한 아래는 말하자면 이름을 해석하는 문(釋名門)
가운데 총명과 별명이 있고, 각각 득명得名과 석명釋名이 있나니
지금에는 다 구족하였다.[152]

그 비유할 바를 좇는다고 한 아래는 곧 석명이니
육석六釋[153]을 회통한 까닭이다.
말하자면 발심이 곧 머무는 것[154]이라고 한 것은 지업석이 되는
것이다.
만약 능히 비유하는 것을 좇는다면이라고 한 등은 비유가 법보다

---

152 원문에 금개구족今皆具足이란, 총명總名 중에 득명得名과 석명釋名은 此品初
에 석명釋名과 같고, 별명別名 중에 득명得名과 석명釋名은 今疏와 같다.
153 육석六釋이란, 『불교사전』, p.691, 六合釋을 참조할 것이다.
154 발심이 곧 머무는 것이라고 한 것은 영인본 화엄 5책, p.598, 5행이다.

하열한[155] 까닭이니,

이 한 가지 해석은 곧 의주석 가운데서 개출開出[156]한 것이다.

그러나 육석의 뜻이[157] 상하에 다분히 있거니와 지금에 마땅히 간략하게 설출하겠다.

말하자면 인도에서 이름을 해석하는 것[158]이 그 여섯 가지가 있나니

첫 번째는 의주석이요,

두 번째는 지업석이요,

세 번째는 유재석이요,

네 번째는 상위석이요,

다섯 번째는 대수석이요,

여섯 번째는 인근석이다.

이 여섯 가지 해석이 분리하고 합함[159]이 있는 까닭으로 낱낱이

---

155 원문에 유열법喩劣法이란, 하열한 것을 들어 수승한 것을 나타내는 것은 의사석依士釋이고, 수승한 것을 들어 하열한 것을 나타내는 것은 의주석依主釋이다.

156 원문에 의주석중개출依主釋中開出이라고 한 것은 승렬勝劣을 따라 능소能所를 나누지만 이석二釋이 다 같은 까닭으로 의주석依主釋 중에서 개출開出하였다 한 것이다.

157 그러나 육석의 뜻이라고 한 등은 이 가운데 널리 해석한 것은 『필삭기』 끝에 붙어 있는 바와 같다. 『잡화기』의 말이다.

158 원문에 서방석명西方釋名이라고 한 아래는 『필삭기筆削記』 末에도 또한 있고, 지욱智旭스님이 해석하였다.

159 원문에 이합離合이란, 왕王과 신臣은 離이고 王臣은 合이며, 안眼과 식識은 離이고 眼識은 合이다.

둘을 갖추었거니와 만약 단일 글자로 이름한다면 곧 육석이 아닌 것이니,

분리하고 합하는 모습이 성립함을 얻을 수 없는 까닭이다.

初依主者는 謂所依爲主니 如說眼識에 識依眼起라 卽眼之識일새 故名眼識이니 擧眼之主하야 以表於識이라 亦名依士釋이니 此卽分 取他名이니 如名色識이라 如子取父名은 名爲依主요 若父取子名은 卽名依士니 所依劣故니라 言離合相者는 離는 謂眼者는 是根이요 識者는 了別이며 合은 謂此二를 合名眼識이니 餘五離合도 準此應知 리라 言持業者는 如說藏識에 識者是體요 藏是業用이니 用能顯體하 고 體能持業일새 藏卽識故로 名爲藏識이니 故言持業이라 亦名同依 釋이니 藏取含藏用하고 識取了別用이니 此二가 同一所依일새 故云 同依也라하니라 言有財者는 謂從所有로 以得其名이니 一은 如佛陀 는 此云覺者니 卽有覺之者를 名爲覺者니 此卽分取他名이요 二는 如俱舍는 非對法藏이요 對法藏者는 是本論名이거늘 爲依根本對法 藏造일새 故此亦名對法藏論이니 此全取他名이니 亦名有財釋이라 言相違者는 如說眼及耳等에 各別所詮하야 皆自爲主하고 不相隨順 일새 故曰相違니 爲有及與二言하야 非前二釋이나 義通帶數有財니 라 言帶數者는 以數顯義니 通於三釋이라 如五蘊二諦等은 五卽是蘊 이요 二卽是諦니 此用自爲名이니 卽持業帶數요 如眼等六識은 取自 他爲名이니 卽依主帶數요 如說五逆하야 謂五無間인댄 無間是果일 새 卽因談果니 此全取他名이니 卽有財帶數니라 言隣近者는 從近爲 名이니 如四念住는 以慧爲體니 以慧近念일새 故名念住니 旣是隣近

인댄 不同自爲名일새 無持業義하고 通餘二釋이라 一은 依主隣近이
니 如有人이 近長安住어든 有人問言호대 爲何處住고할새 答云長安
住라하면 此人非長安이나 以近長安일새 故云長安住니 以分取他名
일새 復是依主隣近이라 二는 有財隣近이니 如問何處人고할새 答云
長安이라하면 以全取他處하야 以標人名일새 卽是有財요 以近長安
일새 復名隣近이라 頌曰用自及用他와 自他用俱非와 通二通三種의
如是六種釋이라하니라 然下諸品에 多用本名하야 但云依主持業等
이라하니 可以意得이라

처음에 의주석이라고 한 것은 말하자면 의지할 바가 주主가 되는
것이니,
마치 안식을 설함에 식이 눈을 의지하여 일어나는지라 눈에 즉한
식이기에 그런 까닭으로 안식이라 이름하는 것과 같나니 눈이 주가
됨을 들어 식을 표한 것이다.
또한 이름이 의사석이니, 이것은 곧 부분적으로 다른 것을 취하여
이름한 것이니[160]
색식이라 이름하는 것과 같다.
자식이 아버지를 취하여 이름하는 것과 같은 것은 이름이 의주석이
되고, 아버지가 자식을 취하여 이름하는 것과 같은 것은 곧 이름이
의사석이니

---

160 부분적으로 다른 것을 취하여 이름한 것이라고 한 것은 의주석과 의사석에
   통하는 것이다. 역시 『잡화기』의 말이다.

의지할 바가 하열한[161] 까닭이다.

분리하고 합하는 모습이라고 말한 것은 분리한다고 한 것은 말하자면 눈은 이 근根이요 식은 요별了別이며,

합한다고 한 것은 말하자면 이 두 가지를 합하여 안식이라 이름하는 것이니,

나머지 오리합석五離合釋[162]도 이 의주석을 기준한다면 응당 알 수가 있을 것이다.

지업석이라고 말한 것은 마치 장식藏識을 설함에 식은 자체요 장은 업용이니, 업용은 능히 자체를 나타내고 자체는 능히 업용을 가지기에 장藏이 곧 식識인 까닭으로 이름을 장식이라 하는 것과 같나니 그런 까닭으로 지업석이라 말하는 것이다.

또한 이름이 동의석同依釋이니, 장은 함장含藏의 업용을 취하고 식은 요별의 업용을 취하나니, 이 둘이 의지하는 바[163]가 동일하기에 그런 까닭으로 말하기를 동의석이라 하는 것이다.

유재석이라고 말한 것은 말하자면 있는 바를 좇아 그 이름을 얻는

---

161 의지할 바가 하열하다고 한 것은 안근이 식의 뜻을 얻은 까닭으로 안식을 이름하여 능히 색을 요별하는 식(색식色識)이라 하는 것이다. 역시 『잡화기』의 말이다.

162 오리합석五離合釋이라고 한 것은 一에 의주석依主釋을 제외하니 오리합석五離合釋이다.

163 의지하는 바란, 곧 자증분自證分의 자체이다. 역시 『잡화기』의 말이다.

것이니

첫 번째 불타라고 한 것은 여기에서 말하면 깨달은 사람이니, 곧 깨달음이 있는 사람을 이름하여 깨달은 사람이라 하는 것과 같나니 이것은 곧 부분적으로 다른 것을 취하여 이름한 것이요[164]

두 번째는 『구사론』이라고 한 것은 대법장對法藏이 아니요 대법장이라고 한 것은 본론本論[165]의 이름이거늘, 근본대법장[166]을 의지하여 지었기에 그런 까닭으로 이 『구사론』도 또한 대법장론이라 이름하는 것과 같나니, 이것은 온전히 다른 것을 취하여 이름한 것이니 또한 유재석이라 이름하는 것이다.

상위석이라고 말한 것은 마치 눈과 그리고 귀 등을 설함에 각각 설명하는 바가 달라 모두 다 스스로가 주主가 되고 서로 따르지 않기에 그런 까닭으로 말하기를 상위석이라 하는 것과 같나니, 급여及與라는 두 말[167]이[168] 있어서 앞에 두 가지 해석[169]은 아니지만[170]

---

164 원문에 명위각자名爲覺者니 차즉분취타명此卽分取他名이라고 한 것은, 者란 自己에게 속하지만 覺이란 他에 속하는 까닭으로 분취타명分取他名이라 하는 것이다. 此下에 二는 如俱舍 云云은 전취타명全取他名이다.

165 본론本論이란, 『구사론俱舍論』이다.

166 근본대법장根本對法藏이란, 『대비파사론大毘婆沙論』이다.

167 두 말이란, 眼及耳라는 二言이니 及에 二言을 포함하고 있음을 말한 것이다.

168 급여及與라는 두 말이라고 운운한 것은 혹 말하기를 눈과 그리고 귀(眼及耳)라 한 것과 혹 말하기를 눈과 더불어 귀(眼與耳)라 한 등이 다 간격間隔의 뜻이라 하고, 지욱법사의 약해본略解本에도 또한 이와 같이 말하고 있으나 『필삭기』에는 귀와 그리고 눈(眼及耳)이라 하고, 이에 말하기를 남장경과 북장경이

뜻은 대수석과 유재석에 통하는 것이다.

대수석이라고 말한 것은 수로써 뜻을 나타낸 것이니 세 가지 해석에 통하는 것이다.

마치 오온과 이제 등은 오五가 곧 온蘊이요 이二가 곧 제諦인 것과 같나니, 이것은 업용을 스스로 이름한 것이니 곧 지업석과 대수석이요

마치 눈 등 육식[171]은 자기와 다른 것을 취하여 이름한 것과 같나니, 곧 의주석과 대수석이요

마치 오역죄를 설하여 오무간지옥[172]이라 말한다면 무간지옥은 이 과보이기에 원인에 즉하여 과보를 말한 것과 같나니, 이것은 온전히 다른 것을 취하여 이름한 것이니 곧 유재석과 대수석이다.

인근석이라고 말한 것은 가까운 것을 좇아 이름한 것이니, 마치 사념주四念住는 지혜로써 자체를 삼나니 지혜로써 생각을 가까이 하기에 그런 까닭으로 염주라 이름하는 것과 같나니, 이미 가깝다고

다 착오인 까닭으로 뜻을 좇아 바르게 고친다 하였다.

169 원문에 전이석前二釋이란, 의주석依主釋과 지업석持業釋이다.

170 앞에 두 가지 해석은 아니지만이라고 운운한 것은 혼란함을 가리는 것이니, 앞에 의주석은 대수석과 유재석에 통하고 앞에 지업석도 또한 대수석에 통하는 까닭이다. 역시 『잡화기』의 말이다.

171 自는 안眼이고, 他는 식識이다.

172 오역죄는 원인이고 오무간지옥은 과보이다.

하였다면 스스로 이름함과는 같지 않기에 지업석(持業)의 뜻은 없고
나머지 두 가지 해석에만 통하는 것이다.

첫 번째는 의주석(依主)인 인근석(鄰近)이니, 마치 어떤 사람이
장안 가까이에 머물거든 어떤 사람이 물어 말하기를 어느 곳에
머무는가 함에 답하여 말하기를 장안에 머문다 하면 이 사람은
장안에 머물지 않지만 장안 가까이에 머물기에 그런 까닭으로 말하
기를 장안에 머문다 하는 것과 같나니, 부분적으로 다른 것을 취하여
이름하였기에 다시 이것은 의주석인 인근석이다.

두 번째는 유재석인 인근석이니, 마치 어느 곳에 사람인가 하고
물음에 답하여 말하기를 장안에 사람이다 하면 온전히 다른 곳을
취하여 사람의 이름을 표한 것이기에 곧 이것은 유재석이요, 장안에
가까이 머물기에 다시 인근석이라 이름하는 것이다.

게송[173]에 말하기를
업용의 자기와[174] 그리고 업용의 다른 것과
자기와 다른 것의 업용과 함께 아닌 것과
두 가지에 통하는 것과 세 가지에 통하는[175]

---

173 게송은 육리합석六離合釋 게송이다.

174 업용의 자기라고 한 등은 업용의 자기라고 한 것은 지업석이고, 업용의
   다른 것이라고 한 것은 유재석이고, 자기와 다른 것의 업용이라고 한 것은
   의주석이고, 함께 아니라고 한 것은 상위석이고, 인근석은 두 가지에 통하고,
   대수석은 세 가지에 통하는 것이다. 역시 『잡화기』의 말이다.

175 원문에 구비俱非는 상위석相違釋이고, 통이通二는 대수석과 유재석에 통하고,
   통삼通三은 三釋에 통하는 것이니 영인본 화엄 5책, p.602, 9행이다.

이와 같은 여섯 가지 해석이다 하였다.

그러나 아래 모든 품에 다분히 본명本名[176]을 사용하여 다만 말하기를 의주석과 지업석 등이다 하였으니,

가히 뜻으로써 얻을 것이다.

---

176 본명本名이란 육석六釋이니, 유재석有財釋인 인근석隣近釋과 의주석依主釋인 인근석隣近釋을 상대하여 말한 것이니 가명假名이다.

經

是名菩薩十住니 去來現在의 諸佛所說이니라

이것이 이름이 보살의 십주[177]이니
과거와 미래와 현재의 모든 부처님이 설하시는 바입니다.

疏

三에 是名下는 總結可知라

세 번째 이것이 이름이 보살의 십주라고 한 아래는 한꺼번에 맺는
것이니
가히 알 수가 있을 것이다.

疏

若定位者인댄 略有十義하니 一에 依唯識等인댄 五位之中에 卽當
初位니라 言五位者는 一은 資糧位니 卽是三賢이라 從初發心으로
積習福智가 爲道資糧이며 爲衆生故로 修解脫分善이라 二는 加行
位니 順解脫分이 旣圓滿已에 爲入見道하야 復修加行이니 亦名順
決擇分이라 三은 通達位니 卽是見道니 謂初入地하는 二種見道라

---

177 원문에 시명보살십주是名菩薩十住라고 한 것은 총결總結이고, 거래현재제불
소설去來現在諸佛所說이라고 한 것은 현승顯勝이다.

四는 修習位니 始從初地의 第二住心으로 乃至金剛의 無間心位가
名爲修道라 五는 究竟位니 金剛心後의 解脫道中이 盡未來際토록
皆此位攝이라

만약 지위를 결정한다면 간략하게 열 가지 뜻이 있나니
첫 번째 『유식론』등을 의지한다면 오위五位 가운데 곧 초위初位에
해당한다.
오위라고 말한 것은 첫 번째는 자량위니, 곧 삼현이다.
처음 발심한 것으로 좇아 복덕과 지혜를 쌓고 익히는 것이 도道의
자량이 되며[178] 중생을 위한 까닭으로 해탈분 선을 닦는 것이다.
두 번째는 가행위니,
순해탈분이 이미 원만한 이후에 견도위에 들어가기 위하여 다시
가행을 닦나니 또한 이름이 순결택분이다.
세 번째는 통달위니,
곧 이것은 견도위이니 말하자면 처음 지위에 들어가는[179] 두 가지
견도[180]이다.

---

178 자량이 되며라고 한 것은 자량"이며" 토로써 둘로 본 것이니 영인본 화엄
5책, p.605, 8행을 볼 것이다. 본론에도 둘로 보았다.
179 처음 지위에 들어간다 운운한 것은 소본에는 초지의 입심入心 가운데 두
가지 견도라 하니, 두 가지 견도는 곧 진견도眞見道와 상견도相見道이다.
이상은 『잡화기』의 말이다. 혹 무간도와 해탈도라 하기도 하나 생각해볼
것이다.
180 원문에 이종견도二種見道란, 무간도無間道와 해탈도解脫道이다. 다시 생각해
볼 것이다.

네 번째는 수습위니,

처음 초지의 제이주심第二住心으로 좋아 내지 금강유정[181]의 무간도
심위(無間心位)가 이름이 수도가 되는 것이다.

다섯 번째는 구경위니,

금강유정의 무간도심 뒤 해탈도 가운데가 미래 세상이 다하도록
다 이 지위에 섭속되는 것이다.

鈔

若定位者인댄 略有十義하니 一에 依唯識五位는 卽論第九第十에 總
有五頌호대 位各一頌이니 一은 資糧이요 二는 加行이요 三은 通達이요
四는 修習이요 五는 究竟位라 初에 資糧偈云호대 乃至未起識엔 求住
唯識性이나 於二取隨眠을 猶未能伏滅이라하얏거늘 論曰從發深固
한 大菩提心으로 乃至未起順決擇識엔 求住唯識眞勝義性이니 齊此
는 皆是資糧位攝이라 爲趣無上正等菩提하야 修習種種福智資糧故
며 爲諸有情하야 勤求解脫하나니 由此亦名順解脫分이라하니라 釋曰
謂修福智의 二事資糧하야 益己身之糧用이라 故涅槃에 名爲解脫行
이라하며 行行不違일새 故名爲順이라하니라 分者는 因義支義니 是解
脫因之一分故니라 二에 加行頌云호대 現前立少物하야 謂是唯識性
인댄 以有所得故로 非實住唯識이라하얏거늘 論曰菩薩이 先於初無
數劫에 善備福德智慧資糧하야 順解脫分이 旣圓滿已에 爲入見道하
야 住唯識性하야 復起加行하야 伏除二取라하니라 三에 通達位頌云

---

181 금강유정金剛喩定이란, 천태종에서는 등각위等覺位로 본다.

호대 若時於所緣에 智都無所得인댄 爾時住唯識이리니 離二取相故
라하얏거늘 下論文云호대 加行無間하야 此智生時에 體會眞如일새 名
通達位며 初照理故로 立見道名이라하니라 四에 修習位頌曰호대 無
得不思議가 是出世間智니 捨二麁重故로 便證得轉依라하니 釋曰從
初入地하는 二見道後로 住心已去가 名修習位라 論曰菩薩이 從前見
道起已로 爲斷餘障하야 證得轉依하고 復數修習無分別智라하니라
五에 究竟位頌曰호대 此卽無漏界며 不思議善常이며 安樂解脫身이
며 大牟尼名法이라하니라 此後四位는 至十地品하야 當廣分別하리라
今是三賢之初라 卽初位之初일새 名初位攝이니 則知第四五會도 亦
初位攝이라 十地는 卽是二三四攝이요 第七一會는 是修習이요 餘乃
第五攝이니 具等妙覺故라 下之九義는 雖但釋住나 則已例釋差別
因果니 準思可知니라

만약 지위를 결정한다면 간략하게 열 가지 뜻이 있나니,[182] 첫 번째
『유식론』 등을 의지한다면 오위 가운데라고 한 것은 곧『유식론』
제구권과 제십권에 모두 다섯 게송[183]이 있으되 한 지위마다 각각
한 게송이 있나니
첫 번째는 자량위요,
두 번째는 가행위이요,
세 번째는 통달위요,

---

182 원문에 위자位者라고 한 아래에 약유십의略有十義라는 말이 있는 것이 좋다
　　하겠다. 약정若定부터 오위五位까지 다 인용구引用句이다.
183 원문에 오송五頌은 오위五位에 대한 오송五頌이다.

네 번째는 수습위요,

다섯 번째는 구경위다.

처음 자량위[184] 게송에 말하기를

내지 식을 일으키기 이전에는

유식의 자성에 머물기를 구하지만

이취二取[185]의 수민隨眠을

오히려 능히 절복하여 제멸하지 못하였다 하였거늘,

『유식론』[186]에 말하기를 깊고 견고한[187] 대보리심을 일으킴으로 좇아 내지 순결택식順決擇識을 일으키기 이전에는 유식의 진실한 승의勝義의 자성에 머물기를 구하나니,[188] 이로부터는[189] 다 자량위에 섭속되는 것이다.

무상정등보리에 나아가기 위하여 가지가지 복덕과 지혜의 자량을 닦아 익히는 까닭이며,[190] 모든 유정을 위하여 부지런히 해탈을 구하나니 이것을 인유하여 또한 이름을 순해탈분이라 한다 하였다. 해석하여 말하면 복덕과 지혜[191]의 두 가지 일인 자량[192]을 닦아 자기

---

184 자량위는 미구주未求住이고, 가행위는 구주求住이고, 통달위는 정주正住이다.

185 이취二取는 아집취我執取와 명언취名言取이다.

186 『유식론』이란, 『성유식론』 제구권이다.

187 원문에 심인深因의 因은 固 자의 잘못(誤)이다.

188 원문에 미주유식未住唯識의 未 자는 求 자의 잘못이다. 『잡화기』에는 因 자는 소본에 固 자라 하고, 未 자는 求 자의 잘못이라 하였다.

189 원문에 제차齊此는 자차自此의 뜻이니 곧 齊 자는 自 자의 뜻이다.

190 故 자 아래에 본론本論에는 又 자가 있다.

몸에 자량의 작용을 증익하는 것을 말하는 것이다.

그런 까닭으로[193] 『열반경』에 이름을 해탈행이라 하였으며, 행과 행이 어기지 않기에 그런 까닭으로 이름을 순順이라 하였다.

분分이라고 한 것은 인因의 뜻이며 지支의 뜻이니, 이것은 해탈인因의 한 부분인 까닭이다.

두 번째 가행위 게송에 말하기를
현전에 작은 물건을 세워
이것이 유식의 자성이라 말한다면
얻을 바가 있는 까닭으로
진실로 유식의 자성에 머문 것이 아니다 하였거늘,
『유식론』[194]에 말하기를 보살이 먼저 처음 무수한 세월[195]에 복덕과 지혜의 자량을 잘 갖추어 순해탈분이 이미 원만한 이후에 견도

---

191 복덕(福)은 전5바라밀前五波羅蜜이고, 지혜(智)는 제6지바라밀第六智波羅蜜이다.

192 자량資糧의 糧 자는 혹 연자衍字가 아닌가 싶다. 그렇다면 수복지이사修福智二事하야 자익기신지양용資益己身之糧用이라 할 것이다.

193 원문에 양용고糧用故"며" 토니 대개 자리행을 잡아서는 이름을 자량이라 하나니 보리의 자량이 되는 것이고, 이타행을 잡아서는 이름을 해탈분이라 하나니 해탈의 원인이 되는 까닭이다. 해탈은 곧 열반이다. 원문에 열반涅槃에 명위名爲라 한 것은 『열반경』을 가리킨 것이다. 역시 『잡화기』의 말이다. 그러나 나는 원문에 양용糧用"이라" 고故"로" 토를 달았다.

194 『유식론唯識論』은 『성유식론成唯識論』 제9권이다.

195 원문에 무수겁無數劫이란, 아승지겁이다.

위에 들어가기 위하여 유식의 자성에 머물러 다시 가행加行을 일으
켜[196] 이취二取를 절복하여 제멸한다 하였다.

세 번째 통달위 게송에 말하기를
만약 그때에 반연할 바에
지혜가 도무지 얻을 바가 없다면
그때에 유식의 자성에 머물 것이니
이취의 모습을 떠나는 까닭이다 하였거늘,
아래『유식론』문에 말하기를[197] 가행을 간단없이 하여 이 지혜가
생겨날 때에 진여를 체달하여 알기에 통달위라 이름하며, 처음
진리를 비추어 보는 까닭으로 견도라는 이름을 세웠다 하였다.

네 번째 수습위 게송에 말하기를
얻을 것도 없고 사의할 수도 없는 것이[198]
이 출세간의 지혜이니
두 가지 추중번뇌[199]를 버린 까닭으로
문득 전의轉依[200]함을 얻는다 하였으니,

---

196 원문에 起는 본론本論엔 修 자이다.
197 원문에 하론문운下論文云이라고 한 것은 역시『성유식론成唯識論』제9권이다.
198 원문에 무득부사의無得不思議라고 한 것은 두 가지 해석이 있나니 여자권麗字
    卷 21장에 잘 나타나 있다.
199 원문에 이추중二麤重은 번뇌煩惱와 소지所知이다.
200 전의轉依라 한 轉은 轉所知하야 依菩提요 依는 轉煩惱하야 依涅槃이라.

해석하여 말하면 처음 지위에 들어가는 두 가지 견도[201] 이후로
좇아 초지의 제이주심第二住心 이후가 이름이 수습위인 것이다.
『유식론』에 말하기를[202] 보살이 앞에 견도심을 일으킨 이후로 좇아
나머지 장애를 끊기 위하여 전의轉依를 증득하고, 다시 자주 무분별
지혜를 닦아 익힌다 하였다.

다섯 번째 구경위 게송에 말하기를
이것은 곧 무루의 세계[203]이며
부사의요 선善이요 상常이며
안락이요 해탈신이며
대모니요 이름이 법이다 하였다.
이 뒤에 사위四位[204]는 십지품에 이르러 마땅히 폭넓게 분별하겠다.
지금은 삼현위의 처음 십주위이다. 곧 초위初位[205]의 처음이기에
초위에 섭속한다 이름하는 것이니, 곧 제사회[206]와 제오회[207]도 또한

___

즉 전의라 한 전轉은 소지장을 전하여 보리를 의지하는 것이고, 의依는
번뇌장을 전하여 열반을 의지한다는 것이다.

201 원문에 초입지이견도初入地二見道라고 한 것은 第三에 통달위通達位다. 初地
제이주심第二住心부터 수습위修習位다. 이 말은 소문疏文을 보면 더욱 분명
하다.

202 원문에 논왈論曰은 역시 『성유식론成唯識論』 제9권이다.

203 무루의 세계라고 한 것은, 이 해석은 칭자권稱字卷 55장을 볼 것이다. 역시
『잡화기』의 말이다.

204 사위四位란, 십행十行, 십향十向, 십비十地, 등묘等妙 이각二覺이다.

205 초위初位란, 자량위資糧位이다.

초위에 섭속하는 줄 알아야 할 것이다.

십지[208]는 곧 제 두 번째 가행위와 제 세 번째 통달위와 제 네 번째 수습위에 섭속하는 것이요

제칠회의 한 회는 수습위에 섭속하는 것이요

나머지 회[209]는 이에 제 다섯 번째 구경위에 섭속하는 것이니 등각과 묘각을 갖춘 까닭이다.

아래 아홉 가지 뜻[210]은 비록 다만 주처住處만을 해석한 것이지만 곧 이미 차별인과差別因果[211]를 비례하여[212] 해석하였으니,

---

206 제사회第四會는 야마천궁회夜摩天宮會이니 공덕림보살功德林菩薩이 십행을 설한 것이다.

207 제오회第五會는 도솔천궁회兜率天宮會이니 금강당보살金剛幢菩薩이 십향을 설한 것이다.

208 십지는 제육회第六會인 타화자재천궁회他化自在天宮會이니 금강장보살金剛 藏菩薩이 십지를 설한 것이다.

209 나머지 회라고 한 그 여餘 자는 연자衍字가 아닌가 의심한다. 혹 말하기를 등각이 수습위의 끝에 있는 까닭으로 나머지라 말한다 하였다. 역시 『잡화 기』의 말이다.

210 원문에 하지구의下之九義란, 영인본 화엄 5책, p.607, 8행이 두 번째이니 이후로 아홉 가지 뜻이다.

211 차별인과差別因果는, 一會는 소신인과所信因果요, 二會부터 七會의 여래수호 광명공덕품如來隨好光明功德品까지는 차별인과差別因果니 즉 십신十信·삼현 三賢·십지十地·등묘이각等妙二覺을 설명說明하고 있다. 七會의 마지막 두 품인 보현행품普賢行品과 여래출현품如來出現品은 평등인과平等因果요, 第八 會의 이세간일품離世間一品은 성행인과成行因果요, 第九會의 입법계일품入

이것을 기준하여 생각하면 가히 알 수가 있을 것이다.

疏

二에 依攝論第六에 說有四位인댄 卽當初位之初라 言四位者는
一은 勝解行位니 始從十信으로 終於地前이요 餘三은 見修究竟이
니 同五中後三이라

두 번째 『섭대승론』[213] 제육권에 사위四位가 있다고 설한 것을 의지한
다면 곧 초위의 처음에 해당하는 것이다.
사위라고 말한 것은 첫 번째는 승해행위이니 처음 십신[214]으로 좇아
십지 전에까지 미치는 것이요
나머지 삼위는 견도위와 수도위와 구경위이니 오위 가운데 뒤에
삼위[215]와 같다.

法界一品은 증입인과證入因果이다.

212 곧 이미 차별인과를 비례하여 운운한 것은 말하자면 이 초문 가운데 이미
비례하여 해석한 까닭으로 이 아래는 가히 이것을 기준하여 생각할 것이다.
만약 기준한다면 저 제 두 번째 뜻 가운데 응당 말하기를 사회와 오회는
또한 초위(자량위)에 섭속하고, 육회는 이위(가행위)와 삼위(통달위)에 섭속하
고, 칠회는 삼위(통달위)와 사위(수습위)에 섭속하는 등이다. 역시『잡화기』의
말이다.

213 여기서『섭론攝論』은『무성섭론無性攝論』이다. 오섭론五攝論 참고.(운허,『불
교사전』, p.611)

214 십신十信은 십주十住가 좋다.

215 삼위三位는 유식오위唯識五位 중 제삼통달위第三通達位를 곧 견도見道라 하였

鈔

二에 依攝論第六等者는 卽彼論의 入所知相分中이라 論云호대 何處
能入고 謂卽於彼에 有見似法似義意言은 大乘法相等의 所生起니
勝解行地와 見道修道와 究竟道中에 於一切法이 唯有識性에 隨聞
勝解故며 如理通達故며 治一切障故며 離一切障故라하얏거늘 無性
釋云호대 何處能入者는 問所入境과 及能入位라 謂卽於彼에 有見等
者는 謂於大乘法相等은 是所生決定行相이요 似法似義意言은 能
入於此境界니 能入是用이요 所入境界는 是業是持니라 於此意言은
或能入이 在勝解行地하니 於一切法이 唯識性中에 但隨聽聞하야 生
勝解故라며 或有能入이 在見道中하니 如理通達이 此意言故라하
며 或能入이 在修道中하니 由此修習하야 對治煩惱와 所知障故라하
며 或有能入이 在究竟道中하니 最極淸淨하야 離諸障故라하니 如是
四種은 是能入位라하니라 釋前本論中에 有四節하니 一은 明所入이
요 二에 意言은 爲能入이요 三에 勝解行地下는 明能入位니 四位能入
이요 四에 於一切法이 唯有識下는 出四入之相이라 上釋論中에 已摘
破配는 竟이라

두 번째는『섭대승론』제육권에 사위가 있다고 설한 것을 의지한다
고 한 등은 곧 저『섭대승론』소지所知의 상분相分에 들어간다고
한 가운데 말이다.
논에 말하기를 어느 곳에 능히 들어가는가. 말하자면 곧 저곳에[216]

───────────

기에 뒤에 삼위三位와 같다 한 것이다.

법과 같고 뜻과 같은 의언意言²¹⁷을 봄이 있다고 한 것은 대승법상

216 저곳(於彼)이라고 한 것은 들어갈 바 경계이니 곧 대승법상이 이 들어갈
바 경계이고, 유有 자로부터 소생기所生起라고 한 것에 이르기까지는 능히
들어가는 것을 거론한 것이니, 말하자면 저곳에 그 법과 같고 뜻과 같은
의언을 봄이 있다고 한 것은 이것은 대승법상 등의 생기한 바라고 한 것은
이것은 능히 들어가는 것이 된다는 것이다. 대개 들어가는 것을 잡은 즉
법상이 들어갈 바가 되고 의언이 능히 들어가는 것이 되며, 생기함을 잡은
즉 법상이 능히 생기하는 것이 되고 의언이 생기할 바가 되는 것이다.
그러나 이 문장이 점점 전도하나니 응당 말하기를 저 대승법상의 경계에
이 법상 등의 생기한 바 법과 같고 뜻과 같은 의언이 능히 들어가는 것이
된다 할 것이니, 아래 석론을 상대하면 가히 그 뜻을 볼 것이다. 이 가운데
봄이 있다고 한 것은『섭대승론』에 말하기를 봄이 있다고 한 것은 이식耳識이
함께 있다는 것이다 하였다. 그러한즉 능히 듣는 사람은 봄이 있는 것이다.
법과 같고 뜻과 같다고 한 것은『섭대승론』에 말하기를 법과 같다고 한
것은 계경契經 등을 말하는 것이니『십지경』가운데 말한 등과 같은 것이요,
뜻과 같다고 한 것은 말하자면 저 설명할 바 무아의 자성 등에 저 행상行相과
같이 생기하는 까닭으로 법과 같고 뜻과 같이 생기한다고 말하는 것이다
하였다. 의자意者라 한 자자者字는 언자言字의 잘못이다. 의언意言이라고
한 것은『섭대승론』에 말하기를 언言은 교법을 말하는 것이고 의意는 의식을
말하는 것이라 하니, 곧 의식이 저 교법의 언음言音을 의지하여 분별하는
것이 이 능히 들어가는 것이다. 그런 까닭으로 이 다음 앞의『섭대승론』에
말하기를 저 세존이 저 언음과 안으로 분별하는 것과 이치와 같이 작의作意함
을 의지하여 정견正見이 생기함을 얻나니, 저 분별과 이치와 같이 작의하는
것이 이식耳識을 훈습하며 의식意識을 훈습하는 등이라 하였다. 생처生處라
한 처處 자는 본론(『섭대승론』)에는 기起 자로 되어 있다. 이상은 다『잡화
기』의 말이다. 여기 영인본에는 생기生起로 교정되어 있다.
217 의언意言이라고 한 것은 의意는 의식意識이고, 언言은 교법敎法이다

등의 생기한 바이니,

승해행지勝解行地[218]와 견도지見道地[219]와 수도지와 구경도지 가운데 일체법이 오직 식의 자성만이 있음에 들음을 따라 수승하게 아는 까닭이며, 진리와 같이 통달하는 까닭이며, 일체 장애를 다스리는 까닭이며, 일체 장애를 떠나는 까닭이다 하였거늘,

무성보살이 해석하여 말하기를 어느 곳에 능히 들어가는가 한 것은 들어갈 바 경계와 그리고 능히 들어갈 지위를 물은 것이다.

말하자면 곧 저곳에 법과 같고 뜻과 같은 의언을 봄이 있다고 한 등은 말하자면 대승법상 등이라고 한 것은[220] 이것은 생기한 바 결정된 행상이요

법과 같고 뜻과 같은 의언이라고 한 것은 능히 이 경계에 들어가는[221]

---

218 승해행지勝解行地란, 삼현위三賢位니 곧 자량위資糧位이다.

219 견도지見道地란, 통달위通達位이다.

220 법상 등"에" 의언"이" 능입"이니" 토라고 『잡화기』는 말하나 나는 법상 등"은" 의언"은" 능입어차경계"이니" 토로 보았다.

221 이 경계에 들어간다 운운한 것은 말하자면 이 의언이 이 법상 등의 경계에는 능히 들어가는 것이 되나니 이 작용이고 이 업이다. 사위四位의 사람을 상대하여서는 들어갈 바가 되는 것이니 이 경계이고 이 의지이니, 그런 까닭으로 통달하는 것이 이 의언(영인본 화엄 5책, p.608, 10행)이라 하였다. 영인본 화엄 5책, p.608, 7행에 시입是入이라 한 입入 자는 『섭대승론』 본론에는 업業 자로 되어 있다(영인본 화엄엔 교정이 되어 있다) 능입"은" 시용"이요" 소입"은" 경계"니" 토라. 이상은 『잡화기』의 말이다. 그러나 『잡화기』의 토는 의언"이" 능입"이니" 경계"에" 능입"은" 시용"이요" 소입"은" 경계 "니" 시업시지"라" 하였으나, 현재 번역한 나의 토가 더 여의如意하다 하겠다. 사위四位란, 승해행위와 견도위와 수도위와 구경위이다. 소문에 이미 말하

것이니,

능히 들어가는 것은 이 작용이요 들어갈 바 경계는 이 업이며 이 의지依持이다.

여기에 의언이라고 한 것은 혹 어떤 사람은 능히 들어가는 것[222]이 승해행지에 있나니, 일체법이 오직 식의 자성 가운데 다만 들음을 따라 수승한 지혜를 내는 까닭이다 하였으며

혹 어떤 사람은 능히 들어가는 것이 견도지 가운데 있나니, 진리와 같이 통달하는 것이 이 의언인 까닭이다 하였으며

혹 어떤 사람은 능히 들어가는 것이 수도지 가운데 있나니, 이 닦아 익힘을 인유하여 번뇌장과 소지장을 상대하여 다스리는 까닭이다 하였으며

혹 어떤 사람은 능히 들어가는 것이 구경도 가운데 있나니, 가장 지극히 청정하여 모든 장애를 떠난 까닭이다 하였으니,

이와 같은 네 가지 의언은 능입의 지위(能入位)다[223] 하였다.

앞에 『섭대승론』 본론을 해석[224]하는 가운데[225] 사절四節이 있나니 첫 번째[226]는 소입所入을 밝힌 것이요

였다.

222 여기에 의언이라고 한 것은 이것은 의언이 들어갈 바 경계가 되고, 혹 어떤 사람은 능히 들어가는 것이라고 한 것은 지위를 가리키는 것이다.

223 원문에 시능입위是能入位까지가 무성석無性釋이다.

224 석전釋前의 釋 자 아래에 曰 자가 있으면 좋다.

225 앞에 『섭대승론』 본론을 해석하는 가운데 운운은 초가의 해석이다. 역시 『잡화기』의 말이다.

226 첫 번째란, 영인본 화엄 5책, p.608, 1행에 어느 곳에 능히 들어가는가

두 번째[227] 의언이라고 한 것은 능입能入이 되는 것이요

세 번째[228] 승해행지라고 한 아래는 능입의 지위를 밝힌 것이니 사위四位[229]는 능입이요

네 번째 일체법이 오직 식의 자성만이 있다고 한 아래는 사위에 들어가는 모습을 설출한 것이다.

위[230]에 『무성석론』 가운데 이미 지적하여 깨뜨려 배속한 것은 마친다.

疏

三에 依瑜伽四十七에 說十二住인댄 當其第二之初라 言十二者는 一은 種性住니 謂彼菩薩이 性自仁賢하야 性自成就菩薩功德하며 任持一切佛法種子하며 性離麁垢하야 不能現起上煩惱纏性이라 二는 勝解行住니 謂從初發心으로 乃至未得淸淨意樂히 所有一切菩薩行이 是라 三은 極喜住요 四는 增上戒요 五는 增上心이요 六七八三은 名增上慧나 分成三種하나니 謂六은 覺分相應增上慧住요 七은 諸諦相應增上慧住요 八은 緣起流轉止息相應增上

한 등이다.

227 두 번째란, 영인본 화엄 5책, p.608, 2행이다.

228 세 번째란, 역시 영인본 화엄 5책, p.608, 2행이다.

229 사위四位란, 승해행지勝解行地, 견도見道, 수도修道, 구경究竟이다.

230 위(上)란, 영인본 화엄 5책, p.608, 4행 『無性釋論』云 이하를 말한다. 『무성석론無性釋論』은 곧 『무성섭론性攝論』이다.

慧住라 九는 無相有功用住요 十은 無相無功用住요 十一은 無礙
解住요 十二는 最上菩薩住요 十三은 最上如來住라 言十二住는
就菩薩說이어니와 加後如來하면 爲十三住라 第二는 卽是三賢이
요 第三已去는 如次十地니라

세 번째 『유가론』 사십칠권에 십이주[231] 설한 것을 의지한다면 제이주
의 처음에 해당하는 것이다.

십이주라고 말한 것은 첫 번째는 종성주니,

말하자면 저 보살이 성품이 스스로 인자하여 성품이 스스로 보살의
공덕을 성취하며 일체 불법의 종자를 임지任持하며 성품이 추번뇌의
때를 떠나서 능히 위의 번뇌[232]에 얽힌 자성을 현재 일으키지 않는
것이다.

두 번째는 승해행주니,

말하자면 처음 발심함으로 좇아 이에 청정한 의락을 얻지 못함에
이르기까지 있는 바 일체 보살행이 이것이다.

세 번째는 극희주요

네 번째는 증상계주요

---

231 십이주十二住는 입법계품에도 설출하였으니 입법계품엔 십삼주를 설하였다.
영인본 화엄 14책, p.519에 있다.

232 원문에 상번뇌上煩惱는 추번뇌麤煩惱이다. 위의 번뇌란, 『필삭기』 제3권
59장, 하下 5행에 말하기를 소지번뇌所知煩惱라 하였다. 역시 『잡화기』의
말이다. 또 위의 번뇌란 지말번뇌의 현행現行이니 근본번뇌의 위에 있는
까닭으로 위의 번뇌라 하기도 한다. 또 추번뇌를 위의 번뇌라 하기도 하니
세번뇌의 위에 있기 때문이다.

다섯 번째는 증상심주요

여섯 번째와 일곱 번째와 여덟 번째의 세 가지는 이름이 증상혜주이지만 세 가지로 나누어 성립하나니,

말하자면 여섯 번째는 각분상응증상혜주요

일곱 번째는 제제상응증상혜주요

여덟 번째는 연기유전지식상응증상혜주이다.

아홉 번째는 무상유공용주요

열 번째는 무상무공용주요

열한 번째는 무애해주요

열두 번째는 최상보살주요

열세 번째는 최상여래주이다.

십이주라고 말한 것은 보살에 나아가 설한 것이어니와 뒤에 여래를 더하면 십삼주가 되는 것이다.

제이주는 곧 삼현이요

제삼주 이후는 차례와 같이 십지이다.

鈔

三에 依瑜伽等者는 論云호대 云何十二住等고 嗢陀南云호대 種性과 勝解行과 極喜와 增上戒와 增上心과 三慧와 無相有功用과 無相無功用과 及以無礙解와 最上菩薩住와 最極如來住라하얏거늘 長行釋云호대 謂菩薩種性等은 具列其名이나 而無次第일새 今疏가 依下釋하야 加於次第하고 便引釋文하야 已略釋竟하니라 然彼廣釋中에 皆

先問後答이니 今初로 先有問云호대 云何菩薩種性住며(此問位體)
云何菩薩住며 種性位고(此問能住人) 今疏引答하야 具答二問호대
文有三段하니 初는 答後能住人問이니 謂由性仁賢하야 性能成菩薩
行德호대 不由思擇制約하야 有所防護故니 卽善行人이라 任持等者
는 二에 答前位體問也니 此言猶略거니와 具足論云호대 若諸菩薩種
性인댄 任持一切佛法種子하야 於自體中과 於所依中에 具足有一切
佛法과 一切種子라하니라 釋曰阿賴耶識은 名爲自體요 相續之身은
名爲所依니 未發心前엔 彼自體中에 佛法種子가 爲此住體니라 種性
卽住는 持業釋也라 以其宗中에 立有五性하니 此卽菩薩種性人也니
라 性離麁垢下는 三에 約煩惱輕微하야 重釋能住人也니라 此言亦略
거니와 具足論云호대 又諸菩薩種性住는 性離麁垢하야 不能現起上
煩惱纏이니 由此故로 無造無業거나 或斷善根이라하니라

세 번째 『유가론』사십칠권에 십이주 설한 것을 의지한다고 한
등은 논에 말하기를 어떤 것이 십이주 등인가.
올타남[233]에 말하기를
종성주와
승해행주와
극희주와
증상계주와

---

[233] 올타남嗢陀南이란, 여기서 말하자면 집시集施이니 율자권律字卷 하권 16장,
하下 7행을 볼 것이다. 역시 『잡화기』의 말이다. 올타남은 집시로, 곧 게송偈頌
을 말한다.

증상심주와

삼혜주와

무상유공용주와

무상무공용주와

그리고 무애해주와

최상보살주와

최극여래주이다 하였거늘,

장행문에 해석하여 말하기를 말하자면 보살의 종성주 등이라고 한 것은 그 이름을 갖추어 열거한 것이지만, 그러나 차례가 없기에 지금에 소가가 저『유가론』아래 장행문에 해석[234]한 것을 의지하여 차례를 더하고, 문득 해석한 문장을 인용[235]하여 이미 간략하게 해석하여 마쳤다.

그러나 저『유가론』장행문에 널리 해석한 가운데 다 먼저는 묻고 뒤에는 답한 것이니,

지금은 처음으로 먼저 어떤 사람이 물어 말하기를 어떤 것이 보살의 종성주며(이것은 지위 자체를 물은 것이다) 어떤 것이 보살주며 종성주인가(이것은 능히 머무는 사람을 물은 것이다).

지금 소문에 답을 인용하여 두 가지 물음에 갖추어 답하되 소문에 삼단이 있나니

처음[236]에는 뒤에 능히 머무는 사람을 물은 것에 답한 것이니,

---

234 원문에 하석下釋이란, 저『유가론』下의 광석廣釋을 말한다.

235 원문에 편인석문便引釋文이란, 저『유가론』의 初二位의 석문釋文이다.

236 처음이란, 一段이다.

말하자면 성품이 인자함을 인유하여 성품이 능히[237] 보살의 행덕을 성취하되 사택思擇과 제약制約[238]을 인유하여 막아 보호하는 바가 있는 것이 아닌 까닭이니 곧 선을 행하는 사람이다.

임지한다고 한 등은 두 번째[239] 앞에 지위 자체를 물은 것에 답한 것이니,

이 말은 오히려 생략되었거니와 갖추어 논에 말하기를 만약 모든 보살의 종성이라면 일체 불법과 종자를 임지하여 자체 가운데와 의지하는 바 가운데 일체 불법과 일체 종자를 갖추고 있을 것이다 하였다.

해석하여 말하면 아뢰야식은 이름이 자체가 되고 상속하는 몸은 이름이 의지하는 바가 되나니,

아직 발심하기 전에는 저 자체 가운데 불법과 종자가 이 주체住體가 되는 것이다.

종성이 곧 주住라고 한 것은 지업석이다.

그 유식종 가운데 오성五性[240]이 있음을 세웠으니, 이것은 곧 보살종성의 사람이다.

---

237 능能 자는 본론本論과 소문疏文엔 自 자이다. 『잡화기』도 같다.
238 제약制約이란, 조건이나 규정은 사유하고 간택하고 제어하고 규정함을 인유하여라고 번역해도 좋다.
239 두 번째란, 二段이다.
240 오성五性이란, 중생衆生 자성自性에는 선천적으로 오성五性이 있다. 1. 보살정성菩薩定性, 2. 연각정성緣覺定性, 3. 성문정성聲聞定性, 4. 삼승부정성三乘不定性, 5. 무성유정無性有情이다.

성품이 추번뇌의 때를 떠났다고 한 아래는 세 번째[241] 번뇌의 경미한 것을 잡아서 능히 머무는 사람을 거듭 해석한 것이다.

이 말도 또한 생략되었거니와, 갖추어 논에 말하기를 또 모든 보살종성주는 성품이 추번뇌의 때를 떠나서 능히 위의 번뇌[242]에 얽힌 자성[243]을 현재 일으키지 않나니,

이것을 인유한 까닭으로[244] 무간업을 짓거나 혹 선근을 끊을 것이 없다 하였다.

二에 勝解行住者는 釋文에 具足論也라 彼疏釋云호대 卽以此住는 有漏種現과 及無漏種과 諸善爲體나 而猶未證眞寂之理하고 但印持決定하야 而起諸行일새 故名勝解行이라하니라 三에 極喜住者는

---

241 세 번째란, 三段이다.

242 원문에 상번뇌上煩惱란, 枝末번뇌의 現行이니, 근본번뇌의 위에 있는 까닭으로 上煩惱라 말하는 것이다.

243 전纏 자 아래에 소문에는 성性 자가 있다.

244 이것을 인유한 까닭이라고 운운한 것은 본론(『유가론』)에 말하기를 이 번뇌에 얽힘을 인유한 까닭으로 무간업을 지으며 혹은 선근을 끊는다 하였거니와, 지금에 지을 것이 없다고 한 것은 그 뜻에 말하기를 이 번뇌에 얽힌 자성을 일으키지 아니함을 인유한 까닭으로 무간업을 짓거나 그리고 선근을 끊을 것이 없다는 것이다. 이상은 『잡화기』의 말이다.
유차由此라 한 아래에 일곱 글자(유차고무조무업由此故無造無業)는 본론에는 유차전고조무간업由此纏故造無間業이라 하였으니, 아래 혹단선근或斷善根이라는 말과 연결이 된다. 그러나 지금에 이 문장(유차고무조무업)대로라면 혹단선근이라는 말과 뜻이 통하지 않는다. 따라서 무간업을 짓거나(지을 것도) 혹 선근을 끊을 것이(끊을 것도) 없다고 해석할 것이다.

卽以所得의 無爲有爲와 無漏善等으로 而爲其體하나니 下諸位體도
皆同此體나 但約初得하야 以受別名이니 廣如地品하니라 三卽初地
요 從四로 至十二는 配二地로 至十地니 易故不釋하니라

두 번째 승해행주라고 한 것은 해석한 문장에 갖춘 논문이다.
저 『유가론』 소에 해석하여 말하기를 곧 이 승해행주[245]는 유루의
종자와 현행과 그리고 무루의 종자와 모든 선행으로 자체를 삼지만,
그러나 오히려 진실로 적멸한 진리를 증득하지 못하고 다만 결정성決
定性만을 인지印持하여 모든 행을 일으키기에 그런 까닭으로 이름을
승해행이라 한다 하였다.

세 번째 극희주라고 한 것은 곧 얻을 바 무위와 유위와 무루의
선행 등으로 그 자체를 삼나니,
아래에 모든 지위의 자체도 다 이 자체와 같지만, 다만 처음 얻는
것만을 잡아서 따로 이름[246]을 받은 것이니 폭넓게 설한 것은 십지품
과 같다.
세 번째 극희주는 곧 초지요,
네 번째 증상계주로 좇아 십이주에 이르기까지는 제이지로부터
십지에 이름을 배속한 것이니,
쉬운 까닭으로 해석하지 않는다.

---

245 원문에 차주此住는 승해행주이다.
246 원문에 별명別名은 극희주極喜住이다.

疏

四에 亦依瑜伽와 及顯揚第七인댄 於十三住에 建立七地하니 一은
種性地요 二는 勝解行地요 三은 淨勝意樂地니 卽前三住요 四는
行正行地니 謂從第四로 乃至第九住요 五는 決定地니 卽第十住
요 六은 決定行地니 卽第十一住요 七은 以後二住로 爲到究竟地
니 前六은 唯菩薩이요 第七은 菩薩如來를 雜立爲地니라

네 번째 또한 『유가론』과 그리고 『현양론』제칠권을 의지한다면
십삼주에 칠지를 건립하였으니
첫 번째는 종성지요,
두 번째는 승해행지요,
세 번째는 정승의락지니 곧 앞에 삼주요
네 번째는 행정행지니, 말하자면 제사주로 좇아 내지 제구주요
다섯 번째는 결정지니 곧 제십주요,
여섯 번째는 결정행지니 곧 제십일주요,
일곱 번째는 뒤에 이주로써 도구경지를 삼나니
앞에 육지는 오직 보살뿐이요,
제칠지는 보살과 여래를 섞어 세워 지地를 삼은 것이다.

鈔

四에 亦瑜伽下는 卽四十九論이라 復以類例大同으로 束爲七地하니
一은 約種性이요 二는 約賢位요 三은 初入聖故니 三住가 卽爲三地라

四는 從二地로 至七이니 依聖道修하야 功用行滿일새 故束爲一하니
名行正行地라 五는 以八地無功이 任運增進일새 故名決定이라 六은
以九地에 依無功用하야 起利他行일새 故名決定行이라 七은 因圓果
滿일새 名到究竟地也라

네 번째 또한[247] 『유가론』이라고 한 아래는 곧 사십구론이다.
다시 비류하여 예한 것이 대동한 것으로써 묶어 칠지를 삼았으니
첫 번째는 종성지를 잡은 것이요
두 번째는 삼현위를 잡은 것이요
세 번째는 처음 성위에 들어가는[248] 까닭이니, 삼주가 곧 삼지가
되는 것이다.
네 번째는 이지로 좇아 칠지에 이르는 것이니, 성위聖位의 견도와
수도를 의지하여 공용의 행이 원만하기에 그런 까닭으로 묶어서
하나를 삼았으니 이름이 행정행지이다.
다섯 번째는 팔지에 무공용행이 자연히 증진增進하기에 그런 까닭으
로 이름이 결정지이다.
여섯 번째는 구지에 무공용행을 의지하여 이타행을 일으키기에
그런 까닭으로 이름이 결정행이다.
일곱 번째는 인과가 원만하기에 이름이 도구경지이다.

---

247 亦 자 아래에 依 자가 있어야 하나 단 『유가론』의 권수만 말하는 까닭으로
소가가 의依 자를 뺀 것 같다. 그러나 북장경에는 있다.
248 원문에 초입성初入聖은 초지初地이다.

疏

五에 依仁王下卷에 說十三法師가 各住一位인댄 卽當第一이라
言十三者는 一은 習種性이요 二는 性種性이요 三은 道種性이요
四는 善覺摩訶衍이요 五는 德慧요 六은 明慧요 七은 爾焰이요 八은
勝達이요 九는 常現眞實이요 十은 玄達이요 十一은 等覺이니 卽八
地요 十二는 慧光神變이니 卽當九地요 十三은 相德菩薩이니 義當
十地及等覺이라 而佛은 非十三之數니라

다섯 번째 『인왕경』 하권에 십삼 법사가 각각 한 지위에 머문다고
설한 것을 의지한다면 곧 제일의 습종성에 해당하는 것이다.
십삼이라고 말한 것은 첫 번째는 습종성이요,
두 번째는 성종성이요,
세 번째는 도종성이요,
네 번째는 선각마하연이요,
다섯 번째는 덕혜요,
여섯 번째는 명혜요,
일곱 번째는 이염爾焰이요,
여덟 번째는 승달이요,
아홉 번째는 상현진실이요,
열 번째는 현달이요,
열한 번째는 등각이니 곧 팔지요,
열두 번째는 혜광신변이니 곧 구지에 해당하는 것이요,

열세 번째는 상덕보살이니 뜻이 십지와 그리고 등각[249]에 해당하는
것이다. 그러나 부처는 십삼의 수에 속하지 않는다.

鈔

五에 依仁王等者는 卽奉持品이라 若新經인댄 如次牒十住와 行向十
地之名이어니와 今依舊經일새 名異義同이라 經云호대 大牟尼言하사
대 有修行十三觀門하나니 諸善男子야 爲大法王하야 從習忍으로 至
金剛頂히 皆爲法師하야 依持建立하나니 汝等大衆은 應如佛供養하
야 而供養之호대 應持百億의 天華天香하야 而以奉上이라하시고 下經
에 便牒便釋하시니 其文繁廣하며 亦不列次일새 今略列其名하고 加
以次第하니라 今初니 言一習種性者는 此卽十住라 經云호대 善男子
야 其法師者는 是習種性菩薩이니 若在家婆差와 優婆差와 若出家比
丘와 比丘尼가 修行十善호대 自觀己身의 地水火風空識이 分分不淨
하며 復觀十四根하나니 所謂五情五受와 男女意命等이 有無量罪過
故로 卽發無上菩提心하며 常修三界一切가 念念皆不淨故로 得不
淨忍觀門하야 住在佛家하야 修六和敬하나니라 所謂三業과 同戒와
同見과 同學으로 行八萬四千波羅蜜道等이라하시고 下皆廣釋일새
今但釋難하리라 言善覺者는 卽歡喜地니 初證眞如하야 得無分別智
故라 二地는 戒德淸淨하야 入修慧故라 三地는 聞持하야 發慧光故니
故舊爲明地라하니라 四地는 是焰慧故니 亦云爾焰이며 亦云所知니
燒於所知하야 慧焰增故라 五地는 入眞達俗이 爲難勝故라 六地는

---

249 등각은 十一地이다. 따라서 묘각은 十二地라 하겠다.

般若實智가 常現前故라 七地는 依空涉有가 爲玄達故라 八地는 得
一切法의 如實覺故라 九地는 善慧가 具四十辯하야 普應多會하야
使情非情으로 皆說法故라 十三은 菩薩地盡에 能入佛境故라 言義當
十地等覺者는 仁王엔 不立等覺일새 故云義當이라하니라

다섯 번째 『인왕경』 하권에 십삼 법사가 각각 한 지위에 머문다고
설한 것을 의지한다고 한 등은 곧 봉지품이다.
만약 신경新經이라면 차례와 같이 십주, 십행, 십회향, 십지의 이름을
첩석하였을 것이어니와, 지금에는 구경舊經을 의지하였기에 이름은
다르지만 뜻은 같다.
『인왕경』에 말하기를 대모니가 말씀하시기를 십삼관문을 수행함이
있나니 모든 선남자야, 대법왕이 되고자 하여[250] 인忍[251]을 닦아 익힘
으로 좇아 금강유정에 이르기까지 다 법사가 되어 의지하고 건립하
나니,
그대 등의 대중은 응당 부처님께 공양함과 같이 그 법사를 공양하되
응당 백억 하늘의 꽃과 백억 하늘의 향기를 가져 받들어 올려야
한다 하시고, 하경下經에 곧 첩석하고 곧 첩석하였으니
그 경문이 번잡하고 넓으며 또한 차례대로 열거되지 않았기에 지금
에 그 이름을 간략하게 열거하고 차례를 더하였다.

---

250 법왕'하야' 토를 『잡화기』에는 법왕'하는" 토라 하니 필사자의 잘못이 아닌가
한다.
251 인忍이란, 영인본 화엄 5책, p.616, 말행末行에 『인왕경仁王經』 오인五忍을
참고할 것이다.

지금은 처음으로, 첫 번째는 습종성이라고 말한 것은 이것은 곧 십주이다.

『인왕경』에 말하기를 선남자야, 그 법사는 이 습종성보살이니, 혹 집에 있는 우바새와 우바이와 혹 출가한 비구와 비구니가 십선을 수행하되 스스로 자기 몸에 지, 수, 화, 풍, 공, 식이 분분히 청정하지 못함을 관찰하며

다시 십사근十四根을 관찰하나니,

말하자면 오정五情과 오수五受와 남자와 여자와 뜻과 목숨 등이 한량없는 허물이 있는 까닭으로 곧 무상보리심을 일으키며, 항상 삼계의 일체가 생각 생각이 다 청정하지 못함을 수행하는 까닭으로 부정인관문不淨忍觀門을 얻어서 부처님의 집에 머물러 육화경[252]을 수행하는 것이다.

말하자면 삼업三業[253]을 같이 하는 것과 계율을 같이 하는 것과 견해를 같이 하는 것과 배움을 같이 하는 것으로 팔만사천 바라밀도를 행하는 등이라 하시고, 아래에 다 폭넓게 해석하였기에 지금에는 다만 의심하여 비난하는 것만 해석하겠다.

선각이라고 말한 것은 곧 환희지이니 처음 진여를 증득하여 무분별지혜를 얻은 까닭이다.

제이지는 계의 공덕이 청정하여 수혜修慧에 들어가는 까닭이다.

제삼지는 듣고 받아 가져 지혜의 광명을 일으키는 까닭이니 그런

---

252 육화경六和敬이란, 화동애경和同愛敬의 준말이 화경和敬이다.

253 삼업三業이란, 1. 신자화경身慈和敬, 2. 구자화경口慈和敬, 3. 의자화경意慈和敬이다.

까닭으로 구경에서는 명지明地²⁵⁴라 하였다.

제사지는 염혜지인 까닭이니 또한 이염爾焰이라 말하기도 하며 또한 소지라 말하기도 하나니, 소지장을 태워 지혜의 불꽃이 증승하는 까닭이다.

제오지는 진제에 들어가 속제를 통달하는 것이 그보다 수승하기 어려움이 되는 까닭이다.

제육지는 반야의 진실한 지혜가 항상 앞에 나타나는 까닭이다.

제칠지는 공을 의지하여 유를 건너는 것이 현묘하게 통달함이 되는 까닭이다.

제팔지는 일체법에 여실²⁵⁵한 깨달음을 얻는 까닭이다.

제구지는 좋은 지혜가 사십 가지 변재²⁵⁶를 갖추어 널리 수많은 회에 응하여 유정과 무정으로 하여금 다 법을 설하게 하는 까닭이다.

제십삼지는 보살의 지위가 다함에 능히 부처님의 경계에 들어가는 까닭이다.

뜻이 십지와 등각에 해당한다고 한 것은 『인왕경』에는 등각을 세우지 않았기에 그런 까닭으로 말하기를 뜻이 십지와 등각에 해당한다 하였다.

---

254 제삼지第三地를 구경舊經에서 명지明地라 하였다.

255 식寔 자는 실實 자의 잘못이라고 『잡화기』는 말한다. 그러나 寔도 '진실할 식' 자이니 뜻은 통한다 하겠다.

256 원문에 사십변四十辯은 구지九地를 참고할 것이다.

疏

六에 依仁王上卷의 五忍之中인댄 此當伏忍之下라 言五忍者는
謂伏忍과 信忍과 順忍과 無生忍과 寂滅忍이라 各有上中下하니
如次配三賢十地와 等覺妙覺하니라

여섯 번째『인왕경』상권 오인 가운데를 의지한다면 이것은 복인의
하품에 해당한다.
오인이라고 말한 것은 말하자면 복인과 신인과 순인과 무생인과
적멸인이다.
각각 상·중·하품이 있나니
차례와 같이 삼현과 십지와 등각과 묘각에 배속하였다.

鈔

依仁王等者는 卽敎化品이라 新經은 卽菩薩行品이니 十忍品에 廣明
할새 今當略示하리라 言如次配三賢者는 伏忍下品은 當十住하고 中
品은 當十行하고 上品은 當十迴向일새 故彼經云호대 佛言大王아 五
忍은 是菩薩法이니 謂伏忍上中下와 信忍上中下와(初三地) 順忍上
中下와(四五六地) 無生忍上中下와(七八九地) 寂滅忍上中下가 名爲
諸菩薩의 修般若波羅蜜이라하니라 今以瓔珞에도 亦有五忍호대 寂
滅을 亦分三品하니 中品이 卽當等覺하니라

여섯 번째『인왕경』상권 오인 가운데를 의지한다고 한 등은 곧

교화품이다.

신경은 곧 보살행품이니, 십인품에 폭넓게 밝혔기에 지금에는 마땅히 간략하게 현시하겠다.

차례와 같이 삼현과 십지와 등각과 묘각에 배속하였다고 한 것은 복인伏忍의 하품은 십주에 해당하고, 중품은 십행에 해당하고, 상품은 십회향에 해당하기에 그런 까닭으로 저 『인왕경』에 말하기를 부처님이 말씀하시기를 대왕이여, 오인은 이 보살법이니 말하자면 복인의 상·중·하품과 신인의 상·중·하품과(처음에 삼지이다) 순인의 상·중·하품과(사지·오지·육지이다) 무생인의 상·중·하품과(칠지·팔지·구지이다) 적멸인의 상·중·하품[257]이 이름이 모든 보살이 반야바라밀을 수행하는 것이 된다 하였다.

지금에 『영락경』에도[258] 또한 오인이 있으되 적멸인을 또한 삼품으로 나누었으니 그 중품이 곧 등각에 해당하는 것이다.

---

257 원문에 적멸인상중하寂滅忍上中下는, 적멸인寂滅忍 상중하上中下 삼품三品 가운데 여기는 상하上下 이품二品을 십지十地와 불지佛地에만 배속함으로 적멸인寂滅忍 상하上下라 해야 한다. 적멸인寂滅忍 중품中品은 등각等覺에 해당하기 때문이다. 그러나 상설常說로 말하였다. 상중하上中下의 아래에 작은 주注로 (十地, 佛地)라 함이 좋다.

258 지금에 『영락경』 운운한 것은 『인왕경』에 이미 등각을 열지 아니한 까닭으로 여기에 『영락경』을 인용하여 적멸인 가운데 중품이 등각에 해당함을 증거한 것이다. 역시 『잡화기』의 말이다.

疏

七에 亦依仁王의 五十二位인댄 當其第二라

일곱 번째 또한 『인왕경』의 오십이위를 의지한다면 제이위에 해당하
는 것이다.

鈔

七에 亦仁王等者는 亦卽上品五忍이라 以文云호대 善男子야 初發相
心하야 化恒河沙衆生코자 修行伏忍호대 於三寶中에 生習種性十心
하나니 信心精進心과 念心慧心과 定心施心과 戒心護心과 願心迴向
心이라 是爲菩薩이 能少分化衆生하야 已超過二乘의 一切善地니 一
切諸佛菩薩은 長養十心으로 爲聖胎라하니 釋曰此之十心이 是習
種性中에 爲十住因이니 開因異果일새 故加此十이어니와 剋實인댄
唯五十一이나 開等覺故요 亦通諸經의 有五十二하니라

일곱 번째 또한 『인왕경』의 오십이위를 의지한다고 한 등은 또한
곧 상품259의 오인이다.
『인왕경』문에 말하기를 선남자야, 처음에 상속하는 마음을 일으켜
항하사 중생을 교화하려260 복인을 수행하되 삼보 가운데 습종성의

---

259 상품이란, 교화품이다. 역시 『잡화기』의 말이다.
260 원문에 신항하信恒河 운운한 것은 이미 자성을 믿는 까닭으로 또한 중생이
다 이 자성이 있음을 믿는 것이다. 이상은 『잡화기』의 말이다. 그러나 신信

열 가지 마음을 생기하나니,

신심과 정진심과 염심과 혜심과 정심과 시심과 계심과 호심과 현심과 회향심이다.

이것이 보살이 능히 소분으로 중생을 교화하기 위하여 이미 이승의 일체 선지善地를 초과한 것이니,

일체 모든 부처님과 보살은 열 가지 마음을 장양하는 것으로 성태聖胎를 삼는다 하였다.

해석하여 말하면 이 열 가지 마음이 이 습종성 가운데 십주의 원인이 되나니,

원인이 과보[261]와 다름을 열었기에 그런 까닭으로 이 열 가지 마음을 더하였거니와,[262] 진실에 나아간다면 오직 오십일위뿐이지만 등각을 연[263] 까닭으로 오십이위이고, 또한 모든 경전에 오십이위가 있다고 함에 통하는 것이다.

疏

八에 依瓔珞의 四十二賢聖位인댄 當於下賢十住니 以不立十信은 十信이 攝在十住中故니라

자는 화化 자의 잘못이다.

[261] 과보라고 한 것은 곧 십주이다. 역시 『잡화기』의 말이다.

[262] 이 열 가지 마음을 더하였다고 한 것은, 此十心을 더한 까닭으로 오십이위五十二位라는 것이다.

[263] 원문에 개등각開等覺은 등각等覺을 열어 묘각妙覺으로 나누면 오십이위五十二位이지만, 열지 않고 등각等覺만으로 보면 오십일위五十一位이다.

여덟 번째 『영락경』의 사십이 현성위를 의지한다면 하현下賢[264]인 십주에 해당하나니,
십신을 세우지 아니한 것은 십신이 십주 가운데 함섭되어 있는 까닭이다.

鈔

八에 依瓔珞等者는 但除十信이니 信未成位故라 故彼經云호대 佛告敬首菩薩하사대 汝言호대 義相云何者는 所謂十住十行과 十迴向十地와 無垢地와 妙覺地니 我今當說호리라하니라

여덟 번째 『영락경』의 사십이 현성위를 의지한다고 한 등은 다만 십신十信만을 제외한 것이니, 십신은 아직 지위를 이루지 아니한 까닭이다.
그런 까닭으로 저 『영락경』에 말하기를 부처님이 경수보살에게 이르시기를 그대가 말하되 의상義相[265]이 어떠한가 한 것은 말하자면 십주와 십행과 십회향과 십지와 무구지와 묘각지이니, 내가 지금 마땅히 설하겠다 하였다.

---

264 하현下賢은 십주十住, 중현中賢은 십행十行, 상현上賢은 십향十向이다.
265 의상義相이란, 사십이위의상四十二位義相이다.

疏

九에 依瓔珞의 六種性인댄 亦當第一이라 言六性者는 一은 習種性
이요 二는 性種性이요 三은 道種性이요 四는 聖種性이요 五는 等覺
性이요 六은 妙覺性이라 若依楞伽等인댄 無復地位니라

아홉 번째 『영락경』의 육종성을 의지한다면 또한 제일위에 해당하는
것이다.

육종성이라고 말한 것은 첫 번째는 습종성이요,

두 번째는 성종성性種性이요,

세 번째는 도종성이요,

네 번째는 성종성聖種性이요,

다섯 번째는 등각성이요,

여섯 번째는 묘각성이다.

만약 『능가경』 등을 의지한다면 다시 지위가 없다.

鈔

九에 依瓔珞等者는 卽總收大位하야 爲四하고 後二는 因圓果滿으로
爲二하니 並如十忍品釋하니라 依楞伽等者는 此非立位일새 不別爲
門이나 而欲成五敎일새 故此附出하니 以十門中에 前四是始敎요 次
五終敎요 此楞伽는 當頓敎요 十卽圓敎라 小非大位일새 故略不論하
니라

아홉 번째 『영락경』의 육종성을 의지한다고 한 등은 곧 대승의 지위를 모두 거두어 사위를 삼았고, 뒤에 두 가지[266]는 인과가 원만한 것으로 두 지위를 삼았으니, 모두 십인품에 해석한 것과 같다.

『능가경』 등을 의지한다고 한 것은 이 『능가경』은 지위를 세우지 않았기에 따로 문門을 삼지 않았지만 그러나 오교를 이루고자 하기에 그런 까닭으로 여기에 부가하여 설출하였으니, 십문[267] 가운데 앞에 사문四門은 이 시교요
다음에 오문五門은 종교요
이 『능가경』은 돈교에 해당하는 것이요
제십문은 곧 원교이다.
소승은 대승의 지위가 아니기에 그런 까닭으로 생략하고 논하지 아니하였다.

疏

十에 依此經의 說四十二位인댄 無別資糧과 加行等名이라 然所說位는 依法性효일새 行布圓融이 二俱無礙니 如玄文辯하니라 十信開合은 已見賢首品하니라

열 번째 이 경에 사십이위 설한 것을 의지한다면 따로 자량위와

---

266 원문에 후이後二는 육지六地와 칠지七地이다.
267 십문이란, 영인본 화엄 5책, p.604, 5행에 정위定位의 十義이다.

가행위 등의 이름이 없다.

그러나 설한 바 지위는 법성을 의지하여 세웠기에 행포문과 원용문이 둘이 함께 걸림이 없나니,

『현담』의 문장에서 분별한 것과 같다.

십신을 열고 합한 것은 이미 현수품에서 나타내었다.

鈔

十에 依此經者는 雖言四十二나 以具圓融行布일새 則融前九하야 一經通明거니와 若取差別인댄 卽第二會로 終第七會니라 十信開合者는 指前開成五十二요 合唯四十二니 開合無礙를 此經必具일새 故十門收之니라

열 번째 이 경에 사십이위 설한 것을 의지한다고 한 것은 비록 사십이위를 말하였지만 원용문과 행포문을 갖추었기에 곧 앞에 구문九門을 융합하여 이 한 경에서 통틀어 밝혔거니와, 만약 차별문268을 취한다면 곧 제이회로부터 제칠회에서 마친다.

십신을 열고 합한다고 한 것은 앞에서 열면 오십이위를 이루고 합하면 오직 사십이위뿐이라고 한 것을 가리킨 것이니,

---

268 차별문差別門이란, 곧 행포문行布門이니 오주인과五周因果 중 차별인과差別因果니, 구체적으로 말하면 제이회第二會로부터 제칠회第七會 여래수호품如來隨好品까지다.

열고 합함[269]에 걸림이 없는 것을 이 『화엄경』에는 반드시 갖추고 있기에 그런 까닭으로 십문十門[270]으로 거둔 것이다.

---

[269] 열고 합하는 것이라고 한 것은 앞에 구문九門을 다 가리킨 것이다. 『잡화기』의 말이다.

[270] 십문十門은 곧 십의十義이다.

經

佛子야 云何爲菩薩發心住고

불자여, 어떤 것이 보살의 발심주가 되는가.

疏

第五에 佛子야 云何爲下는 說分이니 卽是行相이라 釋此十住호대 卽爲十段하리니 一一段中에 皆先徵後釋이라 釋中에 皆先明自分이요 後明勝進이라 又前是住位요 後是起行이라 今初는 發心住니 先徵可知라

제 다섯 번째 불자여, 어떤 것이 보살의 발심주가 되는가 한 아래는 설법분이니, 곧 이것은 행상이다.
이 십주를 해석하되 곧 십단으로 하리니,
낱낱 단段 가운데 다 먼저는 물은 것이요 뒤에는 해석한 것이다.
해석한 가운데 다 먼저는 자분행을 밝힌 것이요
뒤에는 승진행을 밝힌 것이다.
또 앞에는 자분의 지위에 머무는 것이요
뒤에는 승진의 행을 일으키는 것이다.

지금은 처음으로 발심주이니, 먼저 물은 것은 가히 알 수가 있을 것이다.

經

此菩薩이 見佛世尊의 形貌端嚴과 色相圓滿과 人所樂見과 難可値遇와 有大威力하며 或見神足하며 或聞記別하며 或聽敎誡하며 或見衆生이 受諸劇苦하며 或聞如來의 廣大佛法하고 發菩提心하야 求一切智니라

이 보살이 부처님 세존의 용모가 단엄한 것과
색상이 원만한 것과
사람들이 즐겁게 보는 바와
가히 만나기 어려운 것과
큰 위신력이 있는 것을 보며,
혹은 신족통을 보며,
혹은 수기를 다르게[271] 하심을 들으며,
혹은 가르쳐 경계하심을 들으며,
혹은 중생이 모든 심한 고통받음을 보며,
혹은 여래의 광대한 불법을 듣고 보리심을 일으켜 일체 지혜를 구하는 것입니다.

---

271 기별記別과 기심記心은 엄격히 다르지만 신통神通을 기별記別로, 교계敎誡를 삼륜三輪으로 보았다. 따라서 소문疏文에 수기授記, 기심記心의 두 가지를 포함하고 있다고 하였다. 곧 기심記心은 억념憶念이라고도 한다.

疏

釋自分中二니 先은 明發心之緣이요 後는 正明緣境發心이라 今初
에 文列十緣이나 義含四因이니 謂信悲智와 及種性也라 見佛世尊
은 是初總相이요 發菩提下는 結前生後요 中間十句는 別顯不同이
니 一은 形貌容儀요 二는 顯色大相이요 三은 具隨好故로 人所樂見
이니 上三은 觀外相也라 四는 時乃一出하고 出便利益일새 故爲難
遇니 此通內外라 五는 十力無畏로 降魔制外니 此明內德이라 六은
神變難思가 卽神足輪이니 此唯外用이라 於上六中에 隨見一事하
야 發生淨信하야 欣心上求호대 此若可修인댄 我定當取리라 七에
聞授記는 含於二義니 一은 聞授記作佛하고 希預其數요 二는 聞
記當事하고 希得此知니 皆記心輪이라 八에 聽敎誡는 知惡可斷하
고 善可進修니 卽敎誡輪이라 上皆信智로 爲因이라 九에 見受苦起
悲心은 未必聞敎라도 以種性內具하야 法爾慈恕니 卽悲因也라
十에 聞廣大法은 謂佛功德이며 義兼法滅에 或傳或護니 因通悲
智와 種性之因이요 義通前十이라 此之十緣이 與賢首品에 所引瑜
伽四緣으로 但開合之異耳니 謂前六은 見佛緣이요 次二는 聞法緣
이요 次一은 見生受苦緣이요 後一은 卽見法滅也라 後에 結前生後
者는 唯證菩提라야 方成前事니 結前也요 求一切智는 生後니 緣
難得法하야 而發心也라

자분을 해석하는 가운데 두 가지가 있나니

먼저는 발심의 인연을 밝힌 것이요

뒤에는 바로 경계를 반연하여 발심한 것을 밝힌 것이다.

지금은 처음으로 경문에 열 가지 인연을 열거하였지만 뜻은 네 가지 인연에 포함되어 있나니,

말하자면 믿음의 인연과 대비의 인연과 지혜의 인연과 그리고 종성의 인연이다.[272]

부처님 세존의 용모가 단엄한 등을 본다고 한 것은 이것은 처음에 총상이요

보리심을 일으킨다고 한 아래는 앞에 말을 맺고 뒤에 말을 생기하는 것이다.

중간에 열 구절은 같지 아니함을 따로 나타낸 것이니

첫 번째는 용모가 용의容儀[273]한 것이요

두 번째는 색상이 큰 것을 나타낸 것이요

세 번째는 수호신隨好身을 갖춘 까닭으로 사람들이 즐겁게 보는 바이니,

위에 세 구절은 밖에 모습을 관찰한 것이다.

네 번째는 때가 되면 이에 한 번 출현하고 출현함에 문득 이익케 하기에 그런 까닭으로 만나기 어렵다[274] 한 것이니,

---

272 원문에 信은 上八緣이고, 悲는 第九緣이고, 智는 第十緣이고, 종성種性은 通前十緣이니 種性은 본유종성本有種性이다.

273 용의容儀는 의식에 맞는 태도이다.

274 원문에 난우難遇는 諸佛甚難値하야 億劫時一遇니, 즉 모든 부처님은 매우

이것은 안과 밖의 모습에 통하는 것이다.

다섯 번째는 십력과 사무소외로 마군을 항복받고 외도를 제복하는 것이니,

이것은 안에 덕성을 밝힌 것이다.

여섯 번째는 신통변화의 사의하기 어려운 것이 곧 신족륜이니, 이것은 오직 밖에 작용만을 밝힌 것이다.

이상의 여섯 구절 가운데 하나의 일을 봄을 따라 청정한 믿음을 발생하여 기쁜 마음으로 위로 구하되 이것을 만약 가히 수행한다면 내가 결정코 마땅히 취득할 것이다 하는 것이다.

일곱 번째 수기를 듣는다고 한 것은 두 가지 뜻을 포함하고 있나니 첫 번째는 부처가 된다고 수기함을 듣고 그 수數에 참예[275]하기를 희망하는 것이요,

두 번째는 당래에 일을 기억함을 듣고 이 지해知解를 얻기를 희망하는 것이니 다 기심륜이다.

여덟 번째 가르쳐 경계하심을 듣는다고 한 것은 악을 가히 끊고 선을 가히 나아가 닦을 줄 아는 것이니 곧 교계륜이다.

이상은 다 믿음과 지혜로 인연을 삼은 것이다.

아홉 번째 고통받는 것을 보고 자비심을 일으키는 것은 반드시 가르침을 듣지 아니할지라도 종성이 안으로 구족되어 법여시 자비로 용서하는 것이니 곧 대비의 인연이다.

만나기 어려워 억겁 시간에 한번이나 만날까 한 뜻이다.

275 참예參預는 참여參與와 같다.

열 번째 광대한 불법을 듣는다고 한 것은 말하자면 부처님의 공덕이며, 뜻은 법이 사라지려고 함에 혹은 전하기도 하고 혹은 보호하기도 한다는 것을 겸하였으니,

인연은 대비와 지혜와 종성의 인연에 통하고[276], 뜻은 앞의 열 가지 인연에 통하는 것이다.

이 열 가지 인연이 현수품에 인용한 바『유가론』의 네 가지 인연으로 더불어 다만 열고 합하는 것이 다를 뿐이니,

말하자면 앞에 여섯 가지 인연은『유가론』에 부처님을 보는 인연이라 한 것이요

다음에 두 가지 인연은『유가론』에 법을 듣는 인연이라 한 것이요

다음에 한 가지 인연은『유가론』에 중생이 고통을 받는 것을 보는 인연이라 한 것이요

뒤에 한[277] 인연은 곧『유가론』에 법이 사라짐을 보는 인연이라 한 것이다.

뒤에 앞에 말을 맺고 뒤에 말을 생기한다고 한 것은 오직 보리를

---

276 인연은 대비와 지혜에 통한다고 한 것은 부처님의 공덕을 듣고 수행하는 것으로는 지혜이고, 법이 장차 사라지려고 함을 보고 보호하는 것으로는 대비인 까닭이다. 역시『잡화기』의 말이다.

또 제십第十 가운데 혹 전하기도 하고 혹 보호하기도 하는 것이 이 지인智因이지만 불법이 사라지려고 할 때 중생이 고통을 받는 까닭으로 자비로 고통에서 구제하는 것이다. 따라서 그 인연이 자비(대비)와 지혜에 통한다는 것이다.

277 後 자 아래에 一 자가 있음이 좋다.

증득하여야 바야흐로 앞에 열 가지 인연의 일을 이룬다는 것이니,
앞에 말을 맺는 것이요
일체 지혜를 구한다고 한 것은 뒤에 말을 생기하는 것이니,
얻기 어려운 법을 인연하여 마음을 일으킨다[278] 한 것이다.

---

278 얻기 어려운 운운한 것은, 바로 다음 줄에 연십종난득법緣十種難得法하야
이발어심而發於心이라 한 경문經文이다.

經

此菩薩이 緣十種難得法하야 而發於心하나니 何者爲十고 所謂
是處非處智와 善惡業報智와 諸根勝劣智와 種種解差別智와 種
種界差別智와 一切至處道智와 諸禪解脫三昧智와 宿命無礙
智와 天眼無礙智와 三世漏普盡智니 是爲十이니라

이 보살[279]이[280] 열 가지 얻기 어려운 법을 인연하여 마음을 일으키
나니

어떤 것이 열 가지가 되는가.[281]

말하자면[282] 옳은 곳과 그른 곳을 아는 지혜와

선과 악의 업보를 아는 지혜와

모든 근기가 수승하고 하열함을 아는 지혜와

가지가지 지해가 차별함을 아는 지혜와

가지가지 세계가 차별함을 아는 지혜와

일체 처소에 이르는 길을 아는 지혜와

모든 선정과 해탈과 삼매를 아는 지혜와

숙명이 걸림이 없음을 아는 지혜와

천안이 걸림이 없음을 아는 지혜와

---

279 원문에 차보살此菩薩이란, 발심주보살發心住菩薩이다.

280 원문에 차보살此菩薩 이하는 標이다.

281 원문에 하자위십何者爲十은 徵이다.

282 원문에 소위所謂 이하는 列名이다.

삼세에 번뇌의 흐름이 널리 다함을 아는 지혜이니,
이것이 열 가지가 되는[283] 것입니다.

疏

第二에 此菩薩下는 正明緣境發心이니 前言求一切智는 十種智
力이 卽一切智라 文有標徵과 列名結數하니 而義見初品하고 大同
初地의 爲得十力故等하니라 又此十力은 於一實智에 而開爲十이
니 化生事足하며 義含悲智일새 故略擧之언정 非不緣佛의 餘之功
德이라

제 두 번째 이 보살이라고 한 아래는 바로 경계를 인연하여 발심하는
것을 밝힌 것이니,
앞[284]에서 일체 지혜를 구한다고 말한 것은 여기에 열 가지 지혜의
힘이 곧 앞에 일체 지혜인 것이다.

경문에 한꺼번에 표하고 묻고 이름을 열거하고 그 수를 맺은 것이
있나니,
뜻은 처음 세주묘엄품에 나타난 것과 같고 크게는 초지에 십력을
얻기 위한 까닭이라 한 등[285]과 같다.

---

283 원문에 시위십是爲十은 結數이다.
284 앞이란, 영인본 화엄 5책, p.621, 5행이다.
285 등等이란, 위득불지고爲得佛智故 운운을 등취하는 것이다.

또 이 십력은 하나의 진실한 지혜에서 열어서 열 가지를 삼은 것이니,
중생을 교화하는 일이 만족하며 뜻이 대비와 지혜를 포함하였기에
그런 까닭으로 간략하게 그 열 가지 지혜의 힘을 열거하였을지언정
부처님의 나머지 공덕을 인연하지 아니한 것은 아니다.

鈔

大同初地의 爲得十力故等은 即彼住分中에 當爲何義하야 彼有十
句고 總云爲得佛智故며 爲得十力故며 爲得大無畏等이니 十力은
乃是別中一句라 雖廣略有異나 然皆求佛果일새 故云大同이라하니
라 又此十力下는 通妨이니 妨云호대 若言大同인댄 那唯一別句耶아
答意云호대 旣言大同인댄 何妨多異리요 顯於初賢이 劣初地故며 又
以十力이 攝義寬長故로 略擧此一이니 如十力章하니라 故非不緣餘
나 蓋文略耳니 是以下偈에 廣斯十力과 及餘諸義가 皆初發心하니라

크게는 초지에 십력을 얻기 위한 까닭이라고 한 등과 같다고 한
것은 곧 저 초지 주분住分 가운데 마땅히 무슨 뜻을 위하여[286] 저
십구가 있는가.
총구總句에 말하기를 부처님의 지혜를 얻기 위한 까닭이며
십력을 얻기 위한 까닭이며

---

286 원문에 위하의爲何義라고 한 것은 곧 초지 주분 가운데 과목의 이름이다.
   역시 『잡화기』의 말이다. 그렇다면 무슨 뜻을 위함인가 한 것에 해당한다.
   저기에 십구가 있으니 라고 해석할 것이다.

대무외를 얻기 위한 까닭이다 한 등이니,

십력은 이에 별구別句 가운데 한 구절이다.

비록 폭넓게 설하고 간략하게 설하는 것이 차이가 있지만 그러나 다 불과를 구하기에 그런 까닭으로 크게는 같다고 하였다.

또 이 십력이라고 한 아래는 방해함을 통석한 것이니,

방해하여 말하기를 만약 크게는 같다[287]고 하였다면 어찌 오직 하나의 별구別句[288]뿐인가.

답한 뜻에 말하기를 이미 크게는 같다고 말하였다면[289] 어찌 많은 차이가 방해롭겠는가.

초현初賢[290]이 초지보다 하열함을 나타내는 까닭이며, 또[291] 십력이 섭수한 뜻이 넓고 큰 까닭으로 생략하고 이 하나[292]만을 열거한 것이니,

십력장十力章[293]과 같다.

그런 까닭으로 나머지 공덕을 인연하지 아니한 것은 아니지만 대개

---

287 원문에 대동大同이란, 다동多同의 뜻이니, 이미 초지와 다동多同하다면 운운이다.

288 별구別句는 곧 십력구十力句이다.

289 이미 크게는 같다고 말하였다면 운운은 소문 밖의 통석이다. 역시 『잡화기』의 말이다.

290 초현初賢은 십주十住이다.

291 원문에 우이又以라고 한 아래는 疏中의 답答이다.

292 원문에 此一이란, 십력十力이다.

293 십력장十力章은 영인본 화엄 5책, p.715, 8행 아래(下) 十頌이다.

문장이 생략되었으니, 이런 까닭으로 아래 게송[294]에 이 십력과 그리
고 나머지 모든 뜻이 다 초발심이라고 폭넓게 설하였다.

---

294 아래 게송이란, 영인본 화엄 5책, p.717, 8행 이하 十頌이니 같은 책 p.717,
   8행 소문疏文에 初十頌은 연십력발심緣十力發心이니 일송일력一頌一力이라
   하였다.

經

佛子야 此菩薩이 應勸學十法이니 何者爲十고 所謂勤供養佛과
樂住生死와 主導世間하야 令除惡業과 以勝妙法으로 常行敎誨
와 歎無上法과 學佛功德과 生諸佛前하야 恒蒙攝受와 方便演說
寂靜三昧와 讚歎遠離生死輪廻와 爲苦衆生하야 作歸依處니라

불자여, 이 보살이 응당 열 가지 법을 권하여 배우게 할지니,
어떤 것이 열 가지가 되는가.
말하자면 부지런히 부처님께 공양하는 것과
생사에 머물기를 좋아하는 것과
세간을 주도하여 하여금 악업을 제멸하게 하는 것과
수승하고 묘한 법으로써 항상 가르침을 행하는 것과
더 이상 없는 법을 찬탄하는 것과
부처님의 공덕을 배우는 것과
모든 부처님 앞에 태어나서 항상 섭수함을 입는 것과
방편으로 적정삼매를 연설하는 것과
생사의 윤회를 멀리 떠남을 찬탄하는 것과
고통받는 중생을 위하여 귀의처를 짓는 것입니다.

疏

第二는 勝進이라 文分爲三하리니 初總標요 次徵列이요 後徵釋이
라 今初니 謂欲求勝位인댄 應自勸勵하고 亦勸他學이라 列中有十

이나 不出悲智니라 供佛爲總이니 通財及法이요 下九爲別이니 行
下九事가 眞供養故니라 一에 樂住生死는 大悲爲首故니 智了其
空하야 無所懼故요 二는 爲主導除惡이요 三은 卽能導理敎之法이
요 四는 示果令欣이니 卽敎之所至요 五는 學佛德行하야 以爲能至
요 六은 成德依緣일새 故生佛前이요 七은 寂前上求下化之紛動이
요 八은 寂必遠離生死輪迴요 九는 不失悲故로 常爲物依라 亦是
總結前義니 諸所施爲가 皆爲衆生하야 大悲增上故니라

제 두 번째는 승진이다.
경문을 나누어 세 가지로 하리니
처음에는 한꺼번에 표한 것이요
다음에는 묻고 이름을 열거한 것이요
뒤[295]에는 묻고 해석한 것이다.

지금은 처음으로 말하자면 수승한 지위를 구하고자 한다면 응당
스스로 힘쓰기를 권하고 또한 다른 사람에게 권하여 배우게 하는
것이다.
열거한 가운데 열 가지가 있지만 대비와 지혜를 벗어나지 않는다.
부처님께 공양한다고 한 것은 총구가 되나니 재시와 법시에 통하고,
아래 아홉 구절은 별구가 되나니 아래 아홉 가지 사실을 행하는
것이 참으로 공양하는 까닭이다.

---

295 뒤라고 한 것은 영인본 화엄 5책, p.628, 9행이다.

첫 번째 생사에 머물기를 좋아한다고 한 것은 대비로 으뜸을 삼는 까닭이니, 지혜로 그 생사가 공한 줄 알아 두려워하는 바가 없는 까닭이요

두 번째는 주도하여²⁹⁶ 악업을 제멸하는 까닭이요

세 번째는 곧 능히 이교理敎의 법에 인도하는 것이요

네 번째는 불과를 보여 하여금 기쁘게 하는 것이니 곧 가르침이 이르는 곳이요

다섯 번째는 부처님의 덕행을 배워 능히 이르게 하는 것이요

여섯 번째는 공덕을 이룸에 인연을 의지하기에 그런 까닭으로 부처님 앞에 태어나는 것이요

일곱 번째는 앞에 위로 보리를 구하고 아래로 중생을 교화한다²⁹⁷는 분동紛動을 고요히 하는 것이요

여덟 번째는 고요하면 반드시 생사의 윤회를 멀리 떠나는 것이요

아홉 번째는 대비를 잃지 아니한 까닭으로 항상 중생의 의지가 되는 것이다.

또한 앞의 뜻을 모두 맺는 것이니

모든 시여한 바가 다 중생을 위하여 대비를 증상한 까닭이다.

---

296 이주二住라 한 주住 자는 소본에는 없다. 여기 영인본은 이미 교정되어 없다.

297 원문에 전상구하화前上求下化라고 한 것은 앞에 一·二·三은 下化이고, 나머지는 다 上求이다.

疏

問이라 八엔 遠離生死라하고 初엔 令樂住라하니 此云何通고 略有
三意하니 一은 勸物遠離나 自處無厭이요 二는 要自無縛하야사
方能攝物이요 三은 卽智之悲일새 故樂住生死하고 卽悲之智일새
故遠離輪迴니라 故瑜伽云호대 菩薩이 厭離生死가 過於二乘百
千萬倍라하니 非不厭也니라 斯則不斷生死하고 而入涅槃하며 不
動眞際하고 常隨流轉이나 成不住道니라

묻겠다.

여덟 번째는 생사를 멀리 떠난다고 하고 처음에는 하여금 생사에
머물기를 좋아한다고 하였으니, 이것을 어떻게 통석해야 하는가.
간략하게 세 가지 뜻이 있나니

첫 번째는 중생에게 권하여 멀리 떠나게 하지만 자기의 처소[298]를
싫어하지 않는 것이요[299]

두 번째는 스스로 얽힘이 없음을 구하여야 바야흐로 능히 중생을
섭수하는 것이요

세 번째는 지혜에 즉한 대비이기에 그런 까닭으로 생사에 머물기를
좋아하고, 대비에 즉한 지혜이기에[300] 그런 까닭으로 윤회를 멀리

---

298 원문에 자처自處는 생사生死의 처소이다.

299 원문에 권물원리勸物遠離는 다른 사람으로 하여금 스스로 이익케 하는 것이고,
자처무염自處無厭은 스스로 다른 사람을 이익케 하고자 하는 것이다.

300 智 자 아래에 故 자가 있음이 좋다.

떠나는 것이다.

그런 까닭으로『유가론』에 말하기를 보살이 생사를 싫어하여 떠난
것이 이승보다 백천만 배를 지났다 하였으니,

싫어하지 아니함이 없다는 것이다.

이것은 곧 생사를 끊지 않고 열반에 들어가며, 진제眞際에서 움직이
지 않고 항상 생사를 따라 유전하지만 어떤 길[301]에도 머물지 아니함
을 이루는 것이다.

鈔

略有三意는 初는 約二利說이요 二는 約利他요 三은 約悲智니 悲는
明利他요 智는 約自利어니와 如實義者인댄 自他皆具니라 如悲濟九
類에 智了無生하야사 而可度者는 卽一向利他니라 有悲無智면 卽墮
愛見하고 有智無悲면 卽滯二乘하리니 無智면 不能觀空하고 無悲면
不能起行은 多約自利니 故與初別이라 然이나 前釋樂住生死는 具悲
智二意요 今爲對遠離義일새 故但擧悲니라 故瑜伽下는 引文證顯이
라 引瑜伽하야 證厭離義는 恐有誤解니 謂唯二乘이 有厭離故요 闇引
二經하야 雙證二義는 一은 卽淨名舍利弗章이니 已如前引하니라 二
에 不動眞際는 卽大品意와 及智論文이라 成不住道者는 上釋은 是俱
住義니 由俱不住일새 故能雙住니라 由不住生死일새 故能住涅槃하
고 由不住涅槃일새 故能住生死等이니 前已廣說하니라

---

301 길(道)이란, 생사도生死道와 열반도涅槃道이다.

간략하게 세 가지 뜻이 있다고 한 것은 처음에는 자리와 이타를 잡아 설한 것이요

두 번째는 이타만을 잡아 설한 것이요

세 번째는 대비와 지혜를 잡아 설한 것이니

대비는 이타를 밝힌 것이요[302] 지혜는 자리를 잡아 설한 것이어니와 여실한 뜻이라면 자리와 이타를 다 구족하여야 하는 것이다.

대비로 구류중생[303]을 제도함에 지혜로 무생을 요달하여야 가히 제도할 수 있다고 한 것과 같은 것은 곧 한결같이 이타[304]뿐이다.

대비만 있고 지혜가 없다면 곧 애견愛見에 떨어지고 지혜만 있고 대비가 없다면 곧 이승에 막힐 것이니, 지혜가 없다면 능히 공을 관찰할 수 없고 대비가 없다면 능히 행을 일으킬 수 없다고 한 것은 다분히 자리[305]를 잡은 것이니,

---

302 대비는 이타를 밝힌 것이다 운운한 것은 제 세 번째 뜻과 처음에 뜻을 혼람(濫)할까 염려한 까닭으로 가리는 것이니, 그 가리는 뜻에 말하기를 만약 대비와 지혜를 각각 두 가지 이익에 배속한다면 곧 처음에 뜻과 같거니와, 지금에는 이미 진실을 잡은 까닭으로 두 가지 이익에 다 대비와 지혜를 갖추고 있나니, 그런 까닭으로 처음에 뜻과는 같지 않는 것이다. 그 가운데 처음에는 이타 가운데 대비와 지혜를 갖추고 있는 것을 밝히고, 지혜만 있고 대비가 없다면(영인본 화엄 5책, p.627, 2행)이라고 한 아래는 자리 가운데 대비와 지혜를 갖추고 있는 것을 밝힌 것이다. 역시 『잡화기』의 말이다.

303 구류중생이란, 태胎, 란卵, 습濕, 화化, 유색有色, 무색無色, 유상有想, 무상無想, 비유상비무상非有想非無想이다.

304 1. 利他.

305 2. 自利.

그런 까닭으로 처음[306]으로 더불어 다른 것이다.

그러나 앞에 생사에 머물기를 좋아한다고 해석한 것은 대비와 지혜의 두 가지 뜻을 갖춘 것이요

지금에는 멀리 떠났다는 뜻을 상대하기에 그런 까닭으로 다만 대비만을 거론한 것이다.

그런 까닭으로 『유가론』이라고 한 아래는 논문을 인용하여 증거하여 나타낸 것이다.

『유가론』을 인용하여 싫어하여 떠난다는 뜻을 증거한 것은 오해가 있을까 염려한 것이니, 말하자면 오직 이승만이 싫어하여 떠남이 있는 까닭이요

그윽이 두 경전[307]을 인용하여 함께 두 가지 뜻을 증거한 것은 첫 번째는 곧 『정명경』 사리불장이니, 이미 앞에서 인용한 것과 같다. 두 번째 진제를 움직이지 않았다고 한 것은 곧 『대품반야』의 뜻과 그리고 『지도론』의 문장이다.

어떤 길에도 머물지 아니함을 이룬다고 한 것은 이상에 해석은 함께 머문다[308]는 뜻이니,

함께 머물지 않는다고 함을 인유하기에 그런 까닭으로 능히 함께 머문다고 한 것이다.

---

306 원문에 初란, 초약이리설初約二利說이다.

307 원문에 이경二經이란, 『정명경淨名經』과 『대품반야大品般若』이다.

308 원문에 구주俱住란, 생사生死에도 머물고 열반涅槃에도 머문다는 것이다.

생사에 머물지 아니함을 인유하기에 그런 까닭으로 능히 열반에
머물고, 열반에 머물지 아니함을 인유하기에 그런 까닭으로 능히
생사에 머문다 한 등이니,
앞에서 이미 폭넓게 설하였다.

疏

又初에 旣樂住生死인댄 六에 復云何生諸佛前고할새 亦有三義하
니 一은 爲誘物故요 二는 求攝物之方故요 三은 悲智無礙故라 又
十藏엔 約實智契捨일새 聞諸佛土하고도 不願往生거니와 此엔 約
權智不壞事일새 故生諸佛土하니라

또 처음에 이미 생사에 머물기를 좋아하였다면 여섯 번째 다시
어떻게 모든 부처님 앞에 태어났다 하는가 하기에, 또한 세 가지
뜻이 있나니
첫 번째는 중생을 유인하기 위한 까닭이요
두 번째는 중생을 섭수하는 방편을 구하는 까닭이요
세 번째는 대비와 지혜가 걸림이 없는 까닭이다.

또 십무진장품에는 진실지가 희사喜捨에 계합함을[309] 잡았기에 모든

---

309 희사喜捨에 계합한다고 한 것은 희사의 진리에 계합하는 것이니, 등자권騰字卷
    초8장 경문에 말하기를 만약 법이 있지 아니하면 가히 버리지 아니할 수
    없는 것이다 하였다. 또 소본에는 계契 자가 기棄 자로 되어 있다. 역시

불국토를 듣고도 그곳에 가서 태어나기를 원하지 않거니와, 여기에서는 방편지[310]가 사실을 무너뜨리지 아니함을 잡았기에 그런 까닭으로 모든 불국토에 태어나기를 원하는 것이다.

鈔

又初下는 更有一問答호대 亦具三意하니 一은 自不要生은 爲引衆生하야 令修淨土因故요 二는 如人不善於水나 見子墮水하고 若便入者인댄 自他俱沒하리니 應求船筏하야 而濟度之요 三은 悲故樂住하고 智故往生이라 下通十藏難은 約權實智說하니라

또 처음이라고 한 아래는 다시 한 가지 묻고 답한 것이 있으되 또한 세 가지 뜻을 갖추었나니
첫 번째는 스스로 중생을 구하지 않는 것은 중생을 유인하여 하여금 정토에 태어날 인연을 닦게 하기 위한 까닭이요
두 번째는 어떤 사람이 물에 잘 능하지 않지만 자식이 물에 빠진 것을 보고 만약 문득 물에 들어간다면 자기도 다른 사람도 함께 빠질 것이니, 응당 배와 뗏목을 구하여 그 사람을 건지는 것과 같은 것이요
세 번째는 대비가 있는 까닭으로 생사에 머물기를 좋아하고, 지혜가 있는 까닭으로 모든 불국토에 태어나는 것이다.

『잡화기』의 말이다.
310 權 자 아래에 智 자가 있어야 한다.

아래에 십무진장품에 대하여 비난한 것을 통석한 것은 방편지와
진실지를 잡아서 설한 것이다.

經

何以故요 欲令菩薩로 於佛法中에 心轉增廣케하며 有所聞法인
댄 卽自開解하고 不由他敎故니라

무슨 까닭인가 하면 보살로 하여금 불법 가운데 마음이 전전히
증승하고 광대케 하며,
들을 바 법이 있다면 곧 스스로 열어 알고 다른 사람의 가르침을
인유하지 않게 하고자 하는 까닭입니다.

疏

三에 何以下는 徵釋이니 何須學此리요 令得通別의 二種益故니라
別은 謂增勝廣大니 此之別益은 皆希後位니라 準下頌文인댄 亦令
不退轉이라하니라 有所聞下는 諸位通益이니 以解從內發일새 故
不由他라하니라 他有三種하니 一은 他人이요 二者는 心外요 三者
는 性外라 自解亦三이니 一者는 熏習成性일새 故能自解요 二는
了唯心이요 三은 了唯性이라 故下云호대 知一切法이 卽心自性이
라하니라 若爾인댄 云何復言호대 有所聞耶아 謂汎爾聞故며 或自
披尋이니 聞乃約法이요 開悟約義라 必不假人이 委曲指授일새 故
不由他라하니 究竟에 則是佛無師智니라 下諸位中에도 並同此釋
하니라 有云호대 從自種生일새 云不由他라하니 但是初意라 何足
可尙이리요 又引下文의 雖知諸法하야 悟不由師나 然求善知識을

無有厭足도 亦非此意니 彼據雙行이요 此約自悟故니라

세 번째 무슨 까닭인가 한 아래는 묻고 해석한 것이니,
어찌하여 반드시 이것을 배워야 하는가.
하여금 통별通別의 두 가지 이익을 얻게 하려는 까닭이다.
별익別益이라고 한 것은 말하자면 더욱 수승하고 광대한 것이니,
이 별익은 다 뒤에 지위를 희망하는 것이다.
아래 게송[311]의 문장을 기준한다면 하여금 물러나지 않게 한다 하였다.

들을 바 법이 있다고 한 아래는 모든 지위의 통익通益이니,
아는 것이 안으로 좇아 일어나기에 그런 까닭으로 다른 사람의
가르침을 인유하지 않는다 하였다.
다른 사람의 가르침에 세 종류가 있나니[312]
첫 번째는 다른 사람의 가르침이요
두 번째는 마음 밖에 가르침이요
세 번째는 자성 밖에 가르침이다.
스스로 아는 것도 또한 세 종류가 있나니[313]

---

311 아래 게송이란, 영인본 화엄 5책, p.724, 말행末行 이하 게송이다.
312 원문에 타유삼종他有三種의 본의本義는, 즉 다른 사람의 가르침을 인유하지
  않는 것이요, 마음 밖에 가르침을 인유하지 않는 것이요, 자성 밖에 가르침을
  인유하지 않는 것이라는 것이다.
313 스스로 아는 것도 또한 세 종류가 있다고 한 것은 이 가운데 처음에 뜻은
  자가自家(스스로)가 열어 아는 것이고, 뒤에 두 가지 뜻은 자기 마음(두 번째)과
  자기 성품(세 번째)을 열어 아는 것이니, 마음은 유정에 국한하고 성품은

첫 번째는 훈습이 자성을 이루기에 그런 까닭으로 능히 스스로 아는 것이요

두 번째는 오직 마음임을 아는 것이요

세 번째는 오직 자성임을 아는 것이다.

그런 까닭으로 아래에 말하기를 일체법이 곧 마음의 자성인줄 알아야 한다 하였다.

만약 그렇다면[314] 어떻게 다시 말하기를 들을 바 법이 있다 하는가.

말하자면 널리 듣는 까닭이며 혹은 스스로 헤쳐 찾는 것이니, 듣는다고 한 것은 이에 법을 잡은 것이요 열어 안다[315]고 한 것은 뜻을 잡은 것이다.

반드시 다른 사람이 자세히 지도하여 줌을 가자하지 않기에 그런 까닭으로 다른 사람의 가르침을 인유하지 않는다 하였으니, 구경에 곧 이것은 부처님의 무사無師 지혜인 것이다.

아래 모든 지위 가운데도 모두 여기에서 해석한 것과 같다.

어떤 사람이 말하기를 자기의 종성을 좇아 생기하기에 다른 사람의 가르침을 인유하지 않는다 말하였으니,

다만 이것은 처음에 뜻일 뿐이다. 어찌 족히 옳다고 숭상하겠는가.

또 아래 경문에[316] 비록 모든 법을 알아 깨닫는 것이 스승을 인유하지

무정에도 통하는 것이다. 이상은 『잡화기』의 말이다.

314 만약 그렇다면이라고 한 것은 처음에 뜻을 잡아 비난한 것이니, 다른 사람의 가르침을 인유하지 않는다고 한 것이 들을 바 법이 있다고 한 것으로 더불어 서로 어기는 까닭이다. 역시 『잡화기』의 말이다.

315 원문에 개오開悟는 경문經文엔 개해開解라 하였다.

는 않지만 그러나 선지식을 구하기를 싫어하거나 만족함이 없이
한다 한 것을 인용하여 증거한 것도 또한 이 뜻이 아니니,
저기에서는 두 가지 행을 의거한 것이요
여기에서는 스스로 깨달아 아는 것만 잡은 까닭이다.

鈔

自解亦三者는 次第對上이니 謂一은 由內性成故로 不隨他人이요 二
는 了唯心故로 不心外取法이요 三은 由了性故로 如性外에 一法亦無
니라

스스로 아는 것도 또한 세 종류가 있다고 한 것은 차례로 위에
다른 사람의 가르침을 상대한 것이니,
말하자면 첫 번째는 안으로 자성이 이루어짐을 인유한 까닭으로
다른 사람의 가르침을 따르지 않는 것이요
두 번째는 오직 마음임을 아는 까닭으로 마음 밖에 법을 취하지
않는 것이요
세 번째는 오직 자성임을 앎을 인유한 까닭으로 저 자성 밖에 한
법도 또한 없는 것이다.

---

316 또 아래 경문에 운운한 것은 저(어떤 사람)가 이하에 쌍행雙行이라는 문장으로
써 응당 이 비난을 통석한 것이라 하기에 그런 까닭으로 배척하여 말하기를
또한 이 뜻이 아니다 한 것이다. 역시 『잡화기』의 말이다.

經

佛子야 云何爲菩薩治地住고

불자여, 어떤 것이 보살의 치지주가 되는가.

疏

第二는 治地住라 於中에 亦二니 先徵可知라

제 두 번째는 치지주이다.
그 가운데 또한 두 가지가 있나니
먼저 물은 것은 가히 알 수가 있을 것이다.

經

此菩薩이 於諸衆生에 發十種心하나니 何者爲十고 所謂利益心
과 大悲心과 安樂心과 安住心과 憐愍心과 攝受心과 守護心과
同己心과 師心과 導師心이니 是爲十이니라

이 보살이[317] 모든 중생에게 열 가지 마음을 일으키나니,
어떤 것이 열 가지가 되는가.
말하자면 이익케 하는 마음과
대비의 마음과
안락케 하는 마음과
안주케 하는 마음과
어여삐 여기는 마음과
섭수하는 마음과
수호하는 마음[318]과
자기와 같은 마음과
스승과 같은 마음과
인도하는 스승[319]과 같은 마음이니,
이것이 열 가지가 되는 것입니다.

---

317 원문에 차보살此菩薩 운운은 입법계入法界에 인용하였으니, 영인본 14책,
   p.516, 말행末行에 있다.
318 원문에 수호심守護心은 영인본 화엄 5책, p.727, 2행 게송에는 수호중생심守護
   衆生心이라 하였다.
319 원문에 도사導師는, 여기서는 부처님이다.

疏

二釋中에 自分內에 文有四別하니 一標요 二徵이요 三列이요 四結이라 下諸自分도 皆倣此知니라 列中十心은 有其二義하니 一은 於一一衆生에 各起十心이요 二는 爲辨差別하야 對八種衆生이니 一은 於怨衆生에 非直不念加報라 亦乃授與利益이요 二는 於貧苦衆生에 欲令遠離일새 故起悲心이요 三은 於危懼無樂衆生에 令得樂具不盡이요 四는 於惡行衆生에 令安住善行이요 五는 於得樂衆生에 以矜愍心으로 不令放逸이요 六은 於外道의 未發心者를 攝令正信發心이요 七은 已發心同行者를 守令不退요 八은 於一切攝菩提願衆生을 取如己身이라 於此開二니 謂於大乘道에 集進趣者면 推之如師하며 集具足功德者면 敬之如佛하니라 此十은 大同第二地의 集義中釋하니 以斯十心으로 治自心地니라

두 번째 해석하는 가운데 자분 안에 경문이 네 가지 다른 것이 있나니
첫 번째는 한꺼번에 표한 것이요
두 번째는 물은 것이요
세 번째는 이름을 열거한 것이요
네 번째는 맺는 것이다.
아래에 모든 지위에 자분도 다 이것을 본받으면 알 수가 있을 것이다.

이름을 열거한 가운데 열 가지 마음은 그 두 가지 뜻이 있나니

첫 번째는 낱낱 중생에게 각각 열 가지 마음을 일으키는 것이요
두 번째는 차별을 분별하기 위하여 여덟 가지 중생을 상대한 것이니
첫 번째는 원수 같은 중생에게 바로 가보加報를 생각하지 아니할
뿐만 아니라 또한 이에 이익을 주는 것이요
두 번째는 가난으로 괴로워하는 중생에게 하여금 멀리 떠나게 하고
자 하기에 그런 까닭으로 대비심을 일으키는 것이요
세 번째는 두려워 즐거움이 없는 중생에게 하여금 즐거움의 기구를
얻어 다함이 없게 하는 것이요
네 번째는 나쁜 행동을 하는 중생에게 하여금 편안히 머물러 좋은
행동을 하게 하는 것이요
다섯 번째는 즐거움을 얻은 중생에게 어여삐 여기는 마음으로 하여
금 방일하지 않게 하는 것이요
여섯 번째는 외도의 아직 발심하지 아니한 자를 섭수하여 하여금
바로 믿어 발심케 하는 것이요
일곱 번째는 이미 발심하여 함께 수행하는 자를 수호하여 하여금
물러나지 않게 하는 것이요
여덟 번째는 일체 깨달음의 서원을 섭수하는 중생을 취하여 자기
몸과 같이 하는 것이다.
여기에 두 가지로 열어서 말하나니,
말하자면[320] 대승의 도에 나아가는 사람이 모이면 그 사람을 받들기를

---

[320] 위謂 자와 어於 자 사이에 소본에는 일一 자가 있고, 승대乘大라는 글자는
앞뒤로 바꾸어 대승이라고 되어 있다. 『잡화기』의 말이다. 그렇다면 첫
번째는 저 대승의 도에 나아가는 사람이 모이면이라고 해석할 것이다.

스승과[321] 같이 하며

공덕이 구족한 사람이 모이면 그 사람을 공경하기를 부처님과 같이[322]
하는 것이다

이 열 가지 마음은 제이지의 집의集義 가운데 해석한 것과 크게
같나니,

이 열 가지 마음으로써 자기의 심지心地를 다스리는 것이다.

---

321 『잡화기』엔 사師 자 아래에 이二 자가 있다.

322 원문에 여불如佛은 제십第十에 도사導師이다.

經

佛子야 此菩薩이 應勸學十法이니 何者爲十고 所謂誦習多聞과
虛閑寂靜과 近善知識과 發言和悅과 語必知時와 心無怯怖와
了達於義와 如法修行과 遠離愚迷와 安住不動이니라

불자여,[323] 이 보살이 응당 열 가지 법을 권하여 배우게 할 것이니,
어떤 것이 열 가지가 되는가.
말하자면 외우고 익히고 많이 들은 것과
한가하여 적정한 것과
선지식을 친근한 것과
말을 하는 것이 화평하고 기쁘게 하는 것과
말을 함에 반드시 때를 아는 것과
마음에 두려운 것이 없는 것과
뜻을 요달하는 것과
여법하게 수행하는 것과
어리석고 미혹함을 멀리 떠나는 것과
편안히 머물러 움직이지 않는 것입니다.

---

323 불자佛子 운운은 입법계품入法界品에서 인용하였으니 영인본 화엄 14책,
   p.530에 있다.

疏

二에 勝進에도 亦三이라 列中十法이 有通有別하니 通相可知라
別依展轉이니 一은 總求多聞하야 爲二利行依요 二는 聞已閑靜思
修요 三은 聞必依友요 四는 於友求請호대 言必和悅이요 五는 問不
非時요 六은 不怖深法에 而不能受하고 不怯行法에 而不能行이요
七은 以思慧力으로 解達深義언정 非但多聞하고 於義不了요 八은
如說修行이니 涅槃經說호대 親近善知識하야 聽聞正法하고 繫念
思惟하야 如說修行이 是大涅槃의 近因緣故라하니 今展爲十이라
九는 成行伏惑일새 故離愚迷요 十은 觀智照理하야 決定究竟일새
故安住不動이라하니라

두 번째 승진에도 또한 세 가지[324]가 있다.

이름을 열거한 가운데 열 가지 법이 통상通相[325]이 있고 별상이 있나
니,[326] 통상은 가히 알 수가 있을 것이다.

별상은 전전[327]히 해석함을 의지하나니

첫 번째는 모두 다문을 구하여 자리와 이타행의 의지가 되는 것이요

두 번째는 들어 마치고 한가하게 고요히 사유하여 수행하는 것이요

---

324 원문에 역삼亦三이란, 標, 徵, 列이다.

325 통상通相이란, 현재現在 권학십법勸學十法대로 해석한 것이다.

326 통상通相이 있고 별상이 있다고 한 것은 통상은 각각이 한 행이 곧 이
통행通行인 것이고, 별상은 아래 아홉 가지가 다 다문多聞을 의지하여 전전히
생기한 즉 다만 이 다문의 한 행만이 곧 이 별행인 것이다.

327 전전이란, 반복, 되풀이의 뜻이다.

세 번째는 듣고 반드시 선지식을 의지하는 것이요

네 번째는 선지식을 구하고 청하되 말을 하는 것이 반드시 화평하고 기쁘게 하는 것이요

다섯 번째는 묻는 것을 때가 아니면 하지 않는 것이요

여섯 번째는 법이 깊음에 능히 받지 못할까 두려워하지 않고 법을 행함에 능히 행하지 못할까 겁내지 않는 것이요

일곱 번째는 사혜思慧의 힘으로써 깊은 뜻을 알아 요달하려 할지언정 다만[328] 많이 듣고 저 의리를 알지 못하려 하지 않는 것이요

여덟 번째는 설한 것과 같이 수행하는 것이니,

『열반경』에 말하기를 선지식을 친근하여 정법을 듣고 생각을 묶어 사유하여 설한 것과 같이 수행하는 것이 이것이 대열반을 친근하는 인연인 까닭이다 하였으니,

지금에는 전전으로써 열 가지 법을 삼았다.

아홉 번째는 수행을 이루어 번뇌를 절복하였기에 그런 까닭으로 어리석고 미혹함을 떠났다 한 것이요

열 번째는 관찰하는 지혜로 진리를 비추어 결정코 구경까지 갔기에 그런 까닭으로 편안히 머물러 움직이지 않는다 하였다.

鈔

非但多聞하고 於義不了者는 卽涅槃經高貴德王品云호대 寧願少聞하고 多解義理언정 不願多聞하고 於義不了라하니라

---

328 원문에 비단非但 운운은 사유思惟하고 수행修行하지 않아서 모른다는 것이다.

다만 많이 듣고 저 의리를 알지 못하려 하지 않는다고 한 것은
곧『열반경』고귀덕왕보살품에 말하기를 차라리 조금 듣고 의리를
많이 알기를 원할지언정, 많이 듣고 의리를 알지 못하기를 원치
않는다 하였다.

經

何以故요 欲令菩薩로 於諸衆生에 增長大悲케하며 有所聞法인
댄 卽自開解하고 不由他敎故니라

무슨 까닭인가 하면 보살로 하여금 모든 중생에게 대비를 증장케
하며,
들을 바 법이 있다면 곧 스스로 열어 알고 다른 사람의 가르침을
인유하지 않게 하고자 하는 까닭입니다.

疏

三은 徵釋이라 所以修者는 上十은 多約智니 以智導悲하야 令轉增
也니라 通益可知라

세 번째는 묻고 해석한 것이다.
그런 까닭으로 수행하는 사람은 위에 열 가지 법은 다분히 지혜를
잡은 것이니,
지혜로써 대비를 인도하여 하여금 전전히 증장케 할 것이다.
통익通益[329]은 가히 알 수가 있을 것이다.

---

[329] 통익通益이란, 두 가지 이익인 통익과 별익 가운데 통익이니 영인본 화엄
5책, p.629, 1행에 이미 현시하였다.

영인본 5책 成字卷之二

대방광불화엄경수소연의초 제십육권의 사권

大方廣佛華嚴經隨疏演義鈔 第十六卷之四卷

우진국 삼장사문 실차난타 번역
청량산 대화엄사 사문 징관 찬술
대한민국 조계종 사문 수진 현토역주

經

佛子야 云何爲菩薩修行住고

불자여, 어떤 것이 보살의 수행주가 되는가.

疏

第三은 修行住라

제 세 번째는 수행주이다.

此菩薩이 以十種行으로 觀一切法하나니 何等爲十고 所謂觀一切法無常과 一切法苦와 一切法空과 一切法無我와 一切法無作과 一切法無味와 一切法不如名과 一切法無處所와 一切法離分別과 一切法無堅實이니 是爲十이니라

이 보살이 열 가지 행으로써 일체법을 관찰하나니
어떤 등이 열 가지가 되는가.
말하자면 일체법이 무상한 것과
일체법이 괴로운 것과
일체법이 공한 것과
일체법이 내가 없는 것과
일체법이 조작이 없는 것과
일체법이 즐거운 맛이 없는 것과
일체법이 명체名體와 같지 않는 것과
일체법이 처소가 없는 것과
일체법이 분별을 떠난 것과
일체법이 견실함이 없는 것을 관찰하는 것이니,
이것이 열 가지가 되는 것입니다.

소

釋中에 先明自分이니 是護煩惱行이요 後明勝進이니 是護小乘行

이라 前中에 然此十無常이 大同三地하니 彼論具釋호대 引中邊釋
은 已見問明거니와 旣文義包含일새 略擧一兩하리라 論云호대 命
行不住가 總名無常이라하니 此總句也라 然復有二하니 一者는 念
念無常이요 二者는 一期無常이라 於何無常고 依五盛陰이라 逼迫
相故로 苦也니 瑜伽三十四云호대 由無常行이 作意爲先하야 趣入
苦行하며 由苦無所得行하야 趣入空行하며 空故不自在하고 由不
自在하야 趣入無我라하니 此四는 卽苦下의 四行相也니라 五에
無作者는 但緣有故니 由念念無常일새 故無造作이라 由皆苦故로
無有樂味어늘 但於下苦中에 橫生樂想이니 卽一切世間에 不可
樂想이라 以彼空故로 萬法無體하야 物無當名之實이라 以無我故
로 無有處所하야 非在色中과 乃至識中하니라 無分別者는 觀能取
也요 無堅實者는 觀所取也니라

해석하는 가운데 먼저는 자분을 밝힌 것이니,
이것은 번뇌를 막는 행이요
뒤에는 승진을 밝힌 것이니,
이것은 소승을 막는 행이다.
앞의 자분 가운데 그러나 이 열 가지 무상한[330] 것이 크게는 삼지와
같나니,
저 『십지론』[331]에 갖추어 해석하되 『중변론』을 인용하여 해석한

---

330 이 열 가지 무상이라고 한 것은 상섭문相攝門을 잡은 까닭이다. 역시 『잡화
기』의 말이다.

것은 이미 문명품에 나타내었거니와 이미 경문에 뜻이 포함되었기에 간략하게 한두 가지만 거론하겠다.

『십지론』에 말하기를 명행命行이 머물지 않는 것이 모두 무상이라 이름한다 하였으니, 이것은 총구總句이다.

그러나 다시 두 가지가 있나니

첫 번째는 생각 생각이 무상한 것이요

두 번째는 일기一期가 무상한 것이다.

무엇이[332] 무상한가. 오성음을 의지하는 것이다.

또 핍박하는[333] 모습인 까닭으로 괴로운 것이니

『유가론』삼십사권에 말하기를 무상행이 뜻을 지어 우선함을 인유하여 고행苦行에 취입하며

괴로움의[334] 얻을 바 없는 행을 인유하여 공행空行에 취입하며 공한 까닭으로[335] 자재하지 못하고 자재하지 못함을 인유하여 무아에 취입한다 하였으니,

이 네 가지는 곧 일체법이 괴로움(苦)이라고 한 아래[336]의 네 가지 행상[337]이다.[338]

---

331 원문에 피론彼論은 第三地中이다.

332 무엇이 운운은 무상을 말하는 것이다.

333 또 핍박하는 운운은 고를 말하는 것이니 경문에 제이구이다.

334 괴로움 운운은 경문에 제삼구에 비견한다.

335 공한 까닭으로 운운은 경문에 제사구에 비견한다.

336 원문에 고하苦下라고 말한 것은 이미 一에 무상無常은 설하였기에 하는 말이다.

337 원문에 사행상四行相은 1. 일체법고一切法苦, 2. 일체법공一切法空, 3. 일체법

다섯 번째 일체법이 조작이 없다고 한 것은 다만 인연으로 있을
뿐인 까닭이니,
생각 생각이 무상함을 인유[339]하기에 그런 까닭으로 조작이 없는
것이다.
다 괴로움(苦)을 인유한 까닭으로[340] 즐거운 맛이 없거늘 다만 하고下
苦 가운데 옆으로 즐거운 생각을 내나니,
곧 일체 세간에 가히 즐거워 생각을 낼 것이 없는 것이다.
저 모든 것이 공한 까닭으로[341] 만법이 자체가 없어서 만물이 그
이름에 마땅한 실체가 없는 것이다.
무아인 까닭으로[342] 처소가 없어서 색 가운데도 내지 식 가운데도
있지 않는 것이다.
일체법이 분별이 없다고 한 것은 능취를 관찰하는 것이요
일체법이 견실함이 없다고 한 것은 소취를 관찰하는 것이다.

무아一切法無我, 4. 일체법무작一切法無作이다.

338 일체법이 괴로움(苦)이라고 한 아래의 네 가지 행상이라고 한 것은 저 『유가
론』 34권을 검증하여 보니 곧 사제四諦 아래에 각각 네 가지 행상이 있으되
지금에 이것은 일체법이 괴로움이라고 한 아래의 네 가지 행상이다. 역시
『잡화기』의 말이다.

339 원문에 유염염무상由念念無常이라고 한 것은 찰나생멸刹那生滅이다. 일기一
期의 무상無常은 오음상五陰相을 의지하여 생生을 좇아 사死에 이른다.

340 원문에 유개고由皆苦 이하는 일체법무미一切法無味이다.

341 원문에 이피공고以彼空故 이하는 일체법불여명一切法不如名이다.

342 원문에 이무아以無我 이하는 일체법무처소一切法無處所이다.

鈔

論云下는 命行은 卽無常體요 不住는 卽無常義라 經에 無作下四句는
從上四句하야 次第而生이니 由無常하야 成無作하고 由苦하야 成無
味하고 由空하야 成無體하고 由無我하야 成無處니라 後二句는 雙結
離二取也니라 卽一切下는 卽智論第二十六에 十想之一也니라 言十
想者는 一은 無常이요 二는 苦요 三은 無我요 四는 食不淨이요 五는
一切世間에 不可樂이요 六은 死요 七은 不淨이요 八은 斷이요 九는
離요 十은 盡想이라

『십지론』에 말하였다고 한 아래는 명행이라고 한 것은 곧 무상의
자체요
머물지 않는다고 한 것은 곧 무상의 뜻이다.
경에 일체법이 조작이 없다고 한 아래에 네 구절은 위에 네 구절을
좇아 차례로 생기한 것이니,
무상을 인유하여 무작을 이루고
괴로움(苦)을 인유하여 즐거운 맛이 없음을 이루고
공을 인유하여 명체名體가 없음을 이루고
무아를 인유하여 처소가 없음을 이루는 것이다.

뒤에 두 구절[343]은 이취二取[344] 떠남을 함께 맺는 것이다.

---

343 뒤에 두 구절(後二句)이란, 무분별無分別과 무견실無堅實이다.
344 이취二取란, 능취能取와 소취所取이다.

곧 일체 세간이라고 한 아래는 곧 『지도론』제이십육권에서 말한
십상十想의 하나이다.

십상이라고 말한 것은 첫 번째는 무상하다고 생각하는 것이요,

두 번째는 고라고 생각하는 것이요,

세 번째는 무아라고 생각하는 것이요,

네 번째는 음식이 부정하다고 생각하는 것이요,

다섯 번째는 일체 세간에 가히 즐길만한 것이 없다고 생각하는
것이요,

여섯 번째는 죽는다고 생각하는 것이요,

일곱 번째는 부정하다고 생각하는 것이요,

여덟 번째는 끊어진다고 생각하는 것이요,

아홉 번째는 떠난다고 생각하는 것이요,

열 번째는 다한다고 생각하는 것이다.

疏

問이라 涅槃에 比丘가 作無常想하니 佛呵倒惑거늘 云何入住에
作無常觀고 答이라 彼但得名하고 不得其義하니 以無常等으로 該
涅槃故라 故佛呵之어니와 今但說生死일새 故無有失이니라

묻겠다.
『열반경』에 비구가 무상하다는 생각을 지으니 부처님이 거꾸로
미혹한 것이다[345] 꾸짖었거늘, 어떻게 십주에 들어감에 무상관을

짓는가.

답하겠다.

저기에서는 다만 이름[346]만 얻고 그 뜻을 얻지 못하였으니 무상 등으로써 열반을 갖춘 까닭이다. 그런 까닭으로 부처님이 그 비구를 꾸짖었거니와, 지금에는 다만 생사만을 설하였기에[347] 그런 까닭으로 허물이 없는 것이다.

鈔

問涅槃下는 第二에 依涅槃의 常無常對解라 於中二니 先은 問答生 起니 哀歎品中에 三修比丘가 讚無常等想中文也라 比丘가 白佛言호 대 世尊이시여 快說無常苦空無我니다 世尊이시여 一切衆跡中에 象 跡爲上이니 是無常想도 亦復如是하야 於諸想中에 最爲第一이니다 若有精勤修習之者인댄 能除一切欲界欲愛等이라하며 又如秋耕爲 勝等이라하니라 又說無我하니 佛便讚其하사대 善修無我라하야시거늘 比丘答言호대 我等은 不但修無我想이라 亦更修習其餘諸想이니 謂 苦想과 無常想과 無我想이라하니라 略不說空일새 故云三修라하니라 又引醉人喩하니 下取意引하리라 譬如醉人이 見日月轉하야 衆生亦 爾하야 無常計常이라하야늘 佛言하사대 向引醉人은 但知其文하고 未

---

345 원문에 도혹倒惑이란, 무상無常이 아니라 상常이라고 질타하는 것이다.
346 이름(名)이란, 무상관無常觀의 이름이다.
347 원문에 금단설생사今但說生死란, 今十住엔 다만 생사生死가 무상無常한 줄 관찰함만 설했다는 것이다.

知其義니 謂醉人은 見日月轉이나 日月은 實不曾轉하며 涅槃眞常거
늘 而謂無常等이나 涅槃等은 實不無常等이라하니라 謂依如來의 法
門次第인댄 初因外道가 橫計邪常일새 故說無常이 諸觀中最라하얏
거늘 二乘不曉하고 謾該佛地라할새 雙林極唱하야 則常等區分하니라

묻겠다. 『열반경』이라고 한 아래는 제 두 번째 『열반경』에 상과
무상을 상대하여 해석한 것을 의지한 것이다.
그 가운데 두 가지가 있나니
먼저는 문답으로 생기한 것이니, 『열반경』 애탄품 가운데 삼수三修[348]
비구가 무상하다는 등의 생각을 찬탄한 가운데 문장이다.
비구가 부처님께 여쭈어 말하기를 세존이시여, 무상과 고와 공과
무아를 명쾌하게 설하셨나이다.
세존이시여, 일체 수많은 발자취 가운데 코끼리의 발자취가 최상이
되나니,
이 무상하다는 생각도 또한 다시 이와 같아서 모든 생각 가운데
가장 제일이 되는 것입니다.
만약 정근하여 닦아 익히는 사람이 있다면 능히 일체 욕계에 애욕을
제멸할 것입니다 한 등이라 하였으며,
또 가을에 경작하는 것이[349] 가장 수승함이 되는 것과 같습니다

---

348 삼수三修란, 불교사전엔 무상수無常修·비락수非樂修·무아수無我修 또는 상수
常修·낙수樂修·아수我修라 하였으나, 여기에서는 고苦·무상無常·무아無我
라 하고 공空을 제외하였다.
349 가을에 경작한다고 한 것은 응당 가물 때에 경작한다는 뜻을 취한 것이다.

한 등이라 하였다.

또 무아를 설하니 부처님이 문득 그에게 무아를 잘 닦아라 찬탄하시
거늘, 비구가 답하여 말하기를 우리 등은 다만 무아라는 생각만
닦는 것이 아니라 또한 다시 그 나머지 모든 생각도 닦아 익히나니,
말하자면 고라는 생각과 무상하다는 생각과 무아라는 생각입니다
하였다.

공이라는 생각을 생략하고 설하지 아니하였기에 그런 까닭으로
말하기를 삼수三修라 하였다.

또 취한 사람의 비유를 인용하였으니 아래에 그 뜻만을 취하여
인용하겠다.

비유하자면 마치 취한 사람이 해와 달이 회전함을 보는 것과 같아서
중생도 또한 그러하여 무상한 것을 영원하다고 계고합니다 하거늘,
부처님이 말씀하시기를 향래에 취한 사람을 인용한 것은 다만 그
문장만 알고 아직 그 뜻을 알지 못한 것이니,

말하자면 취한 사람은 해와 달이 회전함을 보지만 해와 달은 진실로
일찍이 회전한 적이 없으며,

열반은 참으로 영원하거늘 무상한 등이라 말하지만 열반 등은 진실
로 무상한 등이 아니다 하였다.

말하자면 여래가 법문하신 차례를 의지한다면 처음에 외도가 옆으로
잘못 상常을 계교하기에 그런 까닭으로 말씀하시기를 무상관이
모든 관법 가운데 최고라 하였거늘, 이승들이 알지 못하고 불지를

역시 『잡화기』의 말이다.

갖추었다고 교만하기에 쌍림에서 극창極唱[350]하여 곧 상常 등을 구분
하였다.

疏

又無常者는 未會法身故요 苦者는 未得涅槃故요 空者는 無善有
故요 無我者는 未得八自在故라 則前四句는 自說生死요 次에 無
作等四는 自說涅槃이니 常故無作이요 樂故無味요 我故不如名이
요 淨故無處所니라 然이나 二理不偏이나 照與之符가 猶懸鏡高堂
에 萬像斯鑑하니라

또 무상하다고 한 것은 아직 법신을 알지 못한 까닭이요
고라고 한 것은 아직 열반을 얻지 못한 까닭이요
공하다고 한 것은 선유善有[351]가 없는 까닭이요
무아라고 한 것은 아직 팔자재八自在[352]를 얻지 못한 까닭이다.
곧 앞에 네 구절은[353] 스스로 생사를 설한 것이요
다음에 무작 등 네 구절은 스스로 열반을 설한 것이니
영원(常)한 까닭으로 조작이 없고,

---

350 원문에 쌍림극창雙林極唱이란, 쌍림에서 열반에 들기 직전 『열반경』을 설하시
면서 상常과 무상無常 등을 잘 구분하여 설하였다는 것이니 외도들은 고苦·공
空·무상無常·무아無我, 상常·락樂·아我·정淨을 반대로 본다.
351 선유善有란, 영인본 화엄 5책, p.640, 8행에 정淨의 뜻으로 해석하였다.
352 팔자재八自在란, 鈔에 설출說出하였다.
353 원문에 즉전사구則前四句라고 한 아래는 제이석第二釋이다.

즐거운 까닭으로 즐거운 맛이 없고,

나인 까닭으로 명체와 같지 않고,

청정한 까닭으로 처소가 없는 것이다.

그러나 두 가지 진리[354]가 치우치지 않지만 비추어 그것으로 더불어 부합하게[355] 하는 것이 비유하자면 거울을 고당高堂에 닮에[356] 만 가지 형상이 여기에 비치는 것과 같다.

鈔

又無常者下는 二에 依經正解니 躡前問答일새 故致又言이라 上以無常으로 該於涅槃이라하고 今以未會涅槃은 則不該矣니 由生死中에 有無常等하야 則顯法身是常과 涅槃是樂과 善有不空과 自在有我니라 八自在我者는 一은 能作小요 二는 能作大요 三은 能作輕이요 四는 能作自在요 五는 能作主요 六은 能遠到요 七者는 動地요 八은 隨意所欲하야 盡能作得이니 廣如大論과 及涅槃經說하니라 然以法身은 性出自古하야 體無變異일새 偏語其常이요 涅槃은 寂滅일새 故爲眞樂이라 然空亦不淨이니 是有爲故니라 故涅槃云호대 淨者는 諸佛菩薩正法이니 名爲善有요 如來者는 卽是我義라하니라 然이나 別說則爾어니와 若如實言인댄 涅槃은 卽具四德이라 故二十七經云호대 所言空者는 不見空與不空이니 智者는 見空及與不空과 常與無常과 苦之

---

354 두 가지 진리(二理)란, 진제眞諦인 열반涅槃과 속제俗諦인 생사生死이다.
355 원문에 조여지부照與之符는 곧 중도中道를 나타낸 것이다.
356 원문에 유현猶懸 이하는 중도中道의 뜻을 유현喩現한 것이다.

與樂과 我與無我니라 空者는 一切生死요 不空者는 謂大涅槃이며
乃至無我者는 所謂生死요 我者는 謂大涅槃이라하니라 釋曰其乃至
字는 中間越二니 若具說云인댄 無常者는 所謂生死요 常者는 謂大涅
槃이며 苦者는 所謂生死요 樂者는 謂大涅槃이라 故一經中에 廣說호
대 生死는 無常樂我淨이요 涅槃은 有常樂我淨이라하니 則知涅槃은
必具四德이라 則前四句下는 分判經文이니 上第一釋은 十句皆無常
이요 今第二釋은 具常無常이라 常故無作者는 造作이 是無常因이니
以有所作爲일새 故名有爲니 有爲是無常이요 無所作爲일새 故名無
爲니 無爲는 卽是常也니라 有味皆苦니 三界之樂이어니와 於下苦中
에 橫生樂想일새 故無味가 爲寂滅樂也니라 如於名字인댄 則不自在
니 謂小如小名인댄 不卽成大어니 安名自在리요 若有處所인댄 則非
淸淨이니 淨은 無淨相하야사 方眞淨故니라

또 무상하다고 한 것이라고 한 아래는 두 번째 지금에 경을 의지하여
바로 해석한 것이니,
앞[357]에 묻고 답한 것을 밟아서 설하였기에 그런 까닭으로 또(又)라는
말을 이루는 것이다.
위[358]에서는 무상으로써 열반을 갖추었다 하였고 지금에 아직 열반을
알지 못한다고[359] 한 것은 곧 열반을 갖추지 못한 것이니,

---

357 앞(前)이란, 영인본 화엄 5책, p.637, 9행이다.
358 위(上)란, 영인본 화엄 5책, p.637, 9행이다.
359 아직 열반을 알지 못한다고 한 것은, 엄격하게는 아직 법신을 알지 못하고
    아직 열반을 얻지 못한다고 해야 한다. 소문에 이미 그렇게 말하였다.

생사 가운데 무상 등이 있음을 인유하여 곧 법신이 영원한 것과 열반이 즐거운 것과 선유가 공하지 아니한 것과 자재가 내가 있는 것을 나타낸 것이다.

팔자재라고 한 것은[360] 첫 번째는 능히 작은 것을 짓는 것이요,
두 번째는 능히 큰 것을 짓는 것이요,
세 번째는 능히 가벼운 것을 짓는 것이요,
네 번째는 능히 자재함을 짓는 것[361]이요,
다섯 번째는 능히 주인을 짓는 것이요,
여섯 번째는 능히 멀리 이르는 것이요,
일곱 번째는 땅을 움직이는 것이요,
여덟 번째는 마음에 하고자 하는 바를 따라서 다 능히 얻을 것을 짓는 것이니
폭넓게 설한 것은 『대론大論』[362]과 그리고 『열반경』에서 설한 것과 같다.
그러나 법신은 자성이 고래로부터 나와서 자체가 변하여 바뀐 적이 없기에 치우쳐 그것이 영원[363]하다 말한 것이요,

---

360 팔자재라고 한 것은, 그 팔자재의 해석은 『대법수』 31권 1장을 볼 것이다. 역시 『잡화기』의 말이다.

361 네 번째는 능히 자재함을 짓는다고 한 것은 비록 수많은 유형의 몸을 나타내지만 항상 한 국토에 거처하여 자재로 걸림이 없다는 것이다. 역시 『잡화기』의 말이다.

362 『대론大論』은 『유가론瑜伽論』이다.

열반은 적멸寂滅하기에 그런 까닭으로 진실한 즐거움[364]이라 하는
것이다.

그러나 공도 또한 청정[365]한 것이 아니니 이것은 유위인 까닭이다.
그런 까닭으로 『열반경』에 말하기를 청정(淨)하다고 한 것은 모든
불보살의 정법이니 이름이 선유有가 되는 것이요

여래라고 한 것은 곧 이것은 나(我)의 뜻이다 하였다.

그러나 따로 설한 것이라면 곧 그러하거니와 만약 여실하게 말한다
면 열반은 곧 네 가지 덕을 갖추었다.

그런 까닭으로 열반 이십칠경에 말하기를 말한 바 공이라고 한
것[366]은 공과 더불어 불공을 보지 못한 것이니,

지혜로운 사람은 공과 그리고 불공과 상과 더불어 무상과 고와
더불어 낙과 아와 더불어 무아를 본다.

공이라고 한 것은 일체 생사요, 불공이라고 한 것은 대열반을 말하는
것이며, 내지 무아라고 한 것은 생사를 말하는 것이요, 아라고 한
것은 대열반을 말하는 것이다 하였다.

해석하여 말하면 그 내지라는 글자는 중간에 두 가지를 뛰어넘었나
니, 만약 갖추어 설하여 말한다면 무상이라고 한 것은 생사를 말하는
것이요, 상이라고 한 것은 대열반을 말하는 것이며,

---

363 常.

364 樂.

365 淨.

366 말한 바 공이라고 한 것은, 공은 이 제일의공이니 공과 불공을 보지 못한
것으로써 공을 삼는 까닭이다. 역시 『잡화기』의 말이다.

고라고 한 것은 생사를 말하는 것이요, 낙이라고 한 것은 대열반을 말하는 것이다.

그런 까닭으로『열반경』한 권 전체 가운데 폭넓게 설하기를 생사는 상락아정이 없는 것이요 열반은 상락아정이 있는 것이다 하였으니 곧 열반은 반드시 사덕을 갖춘 줄 알 수 있을 것이다.

곧 앞에 네 구절이라고 한 아래는 경문을 나누어 판명한 것이니 위에 제일 첫 번째 해석은 열 구절이 다 무상을 해석한 것이요 지금에 제 두 번째 해석은 상과 무상을 갖추어 해석한 것이다.

영원한 까닭으로 조작이 없다고 한 것은 조작이 무상의 원인이니 작위할 바가 있기에 그런 까닭으로 유위라 이름하는 것이니 유위는 무상이요 작위할 바가 없기에 그런 까닭으로 무위라 이름하는 것이니 무위는 곧 상常인 것이다.

즐거운 맛이 있는 것은 다 괴로움(苦)이니, 삼계의 즐거움이거니와 하고下苦 가운데 옆으로 즐거운 생각을 내기에 그런 까닭으로 즐거운 맛이 없는 것이 적멸의 즐거움(樂)이 되는 것이다.

명자名字와 같다면 곧 자재하지 못한 것이니, 말하자면 작은 것을 작다고 이름할 것 같으면 곧 큰 것을 이룰 수 없거니 어찌 자재하다 이름하겠는가.

만약 처소가 있다면 곧 청정한 것이 아니니 청정하다는 것은 청정한 모습마저 없어야 바야흐로 진실한 청정인 까닭이다.

然二理下는 結歎前八이니 謂常無常等이 總爲二理나 皆不偏也니라
明常無常과 我無我等이 皆不相離는 此爲所證이요 照與之符는 卽是
能證이라 然其此上은 本卽生公의 常住義中이니 彼云호대 夫泥洹은
本有일새 不可爲無요 三界는 本無今有며 已有還無일새 故不可爲有
니라 泥洹은 以不生滅로 爲實諦요 三界는 以生滅로 爲眞諦니 二理不
偏이 名中道義니라 彼에 有問云호대 常與無常이 二理相反거늘 云何
而爲中道의 不偏之理耶아 答이라 二理雖殊나 理自相資니 何者고
因乖常故로 有三界無常하고 因解無常之實性故로 成常智니라 所以
로 經引二鳥가 義旨在此니 二理不偏이나 照與之符가 猶懸鏡高堂에
萬像斯鑑矣라하니라 釋曰懸鏡高堂은 卽無心虛照요 萬像斯鑑은 則
不揀姸媸이라 故以絶常無常之淨心으로 照常無常之圓理니라 若依
此釋인댄 則一切法言이 前四는 自屬有爲니라 故涅槃云호대 一切法
者는 名爲生死요 非一切法者는 謂佛法僧과 及正解脫이라하며 又云
我觀諸行이 悉皆無常이라 云何知耶아 以因緣故니라 若一切法이 從
緣生者인댄 則知無常이니 是諸外道는 無有一法도 不從緣生일새 是
故無常이라하거니와 如來는 虛空佛性은 不從因緣일새 是故爲常이라
하니라 今後四句에 亦云호대 一切法者는 性淨涅槃이 不離一切爲無
爲故니 旣有區分인댄 則翻八倒하야 成八行矣리라

그러나 두 가지 진리라고 한 아래는 앞에 여덟 구절을 맺는 것이니,
말하자면 상과 무상 등이 모두 두 가지 진리가 되지만 다 치우치지
않는 것이다.
상과 무상과 아와 무아 등이 다 서로 떠나지 아니함을 밝힌 것은

이것은 소증所證이 되는 것이요

비추어 그것으로 더불어 부합하게 하는 것은 곧 이것은 능증이 되는 것이다.

그러나 이 위에 말은 본래 곧 도생의 상주常住한다[367]는 뜻 가운데 말이니,

저[368] 『열반경의소』 가운데 말하기를 대저 열반은 본래 있는 것이기에 가히 없다고 할 수 없는 것이요, 삼계는 본래 없는 것이지만 지금에 있으며 이미 있었지만 도리어 없어지기에 그런 까닭으로 가히 있다고 할 수 없는 것이다.

열반은 생멸하지 않는 것으로써 진제를 삼고, 삼계는 생멸하는 것으로써 진제를 삼나니 두 가지 진리[369]가 치우치지 않는 것이 이름이 중도의 뜻이다.

저 『열반경의소』에 어떤 사람이 물어 말하기를 상과 더불어 무상이 두 가지 진리가 서로 반대되거늘 어떻게 중도의 치우치지 않는 진리가 되겠는가.

답하겠다.

두 가지 진리가 비록 다르지만 진리는 각자 서로 도우나니 무슨 까닭인가.

---

367 상주常住는, 열반涅槃은 상주常住한다는 것이니 곧 도생道生의 『열반경의소涅槃經義疏』 가운데 말(言)이다.

368 원문에 피彼란, 『열반경의소』 가운데 열반 상주의 뜻이다.

369 두 가지 진리(二理)란, 진제와 속제니 진제眞諦는 열반涅槃이요, 속제俗諦는 생사生死(滅)이다.

괴상乖常[370]을 인유한 까닭으로 삼계의 무상이 있고 무상의 실성을 앎을 인유한 까닭으로 영원한 지혜(常智)를 이루는 것이다.

그런 까닭으로 경에 두 마리 새를 인용한 것이 뜻이 여기에 있는 것이니,

두 가지 진리가 치우치지 않지만 비추어 그것으로 더불어 부합하게 하는 것이 비유하자면 거울을 고당에 닮에 만 가지 형상이 여기에 비치는 것과 같다 하였다.

해석하여 말하면 거울을 고당에 달았다고 한 것은 곧 무심으로 비우고 비추는 것이요

만 가지 형상이 여기에 비친다고 한 것은 곧 예쁘고 추한 것을 가리지 않는 것이다.

그런 까닭으로 상과 무상을 끊은 청정한 마음으로써 상과 무상의 원만한 진리를 비추는 것이다.

만약 이 도생의 해석[371]을 의지한다면 곧 지금 경에 일체법이라는 말이 앞에 네 구절은 스스로 유위에 속하는 것이다.

그런 까닭으로 『열반경』에 말하기를 일체법이라고 하는 것은 이름이 생사가 되고, 일체법이 아니라고 하는 것은 말하자면 불법승과 그리고 바른 해탈이다 하였으며,

또 말하기를 나는 모든 행이 다 무상한 줄 관찰한다. 어떻게 아는가. 인연인 까닭이다.

---

370 괴상乖常이란, 유상有常이다.

371 원문에 此釋이란, 도생道生의 『열반경의소涅槃經義疏』이다. 『잡화기』에는 위에 『열반경』의 인용문을 모두 가리키는 것이라 하였다.

만약 일체법이 인연으로 좇아 생기하였다고 한다면 곧 무상한 줄
알아야 할 것이니,

이 모든 외도外道는 한 법도 인연으로 좇아 생기하지 아니한 적이
없기에 이런 까닭으로 무상하다 하거니와 여래는[372] 허공 같은 불성은
인연으로 좇아 생기하지 아니하였기에 이런 까닭으로 영원(常)하다
하였다.

지금 경의 뒤[373]에 네 구절에[374] 또한 말하기를 일체법이라고 한 것은
성정열반性淨涅槃이 일체 유위와 무위를 떠나지 아니한 까닭이니,
이미 구분이 있었다면 곧 팔도八倒를 번복하여 팔행을 이루어야
할 것이다.

疏

又初四句는 則因緣生滅이 是無常義等이요 次四는 則不生不滅
이 是無常義니 推生滅無在일새 故云無作이라하니라 五受陰洞達
하야 空無所起가 是苦義니 因起有苦어니와 起卽無起일새 故無味

---

372 여래 운운은 여래"와" 허공"과" 불성"은" 토이다. 이상은 『잡화기』의 토이나
나는 여래"는" 허공"한" 불성"은" 토로 번역하였다.

373 지금 경의 뒤에 네 구절이란, 일체법무작一切法無作 아래 네 구절(四句)이다.

374 지금 경의 뒤에 네 구절이라고 운운한 것은, 그 뜻에 말하기를 이미 위에
네 구절이 이 유위의 청정인 까닭으로 일체라 말하였거니와 아래 네 구절은
이 열반의 무위이다. 응당 일체라 말하지 말아야 할 것이지만 다만 성정열반
이 저 유위와 무위에 통하는 까닭으로 또한 일체라고 말함을 얻는 것이다.
역시 『잡화기』의 말이다.

也라하니라 諸法畢竟에 無所有가 是空義니 人法二空하고 空亦空
故라 故不如名이라하니라 於我無我가 而不二가 是無我義니 諸佛
或說我하며 或說於無我하나 諸法實相中엔 無我無非我일새 故無
處所라하니라

또 처음에 네 구절은 곧 인연으로 생멸하는 것이 이것이 무상의
뜻인 등이요

다음에 네 구절은 곧 불생불멸하는 것이 이것이 무상의 뜻이니
생멸이 없다고 한 것을 가리기에[375] 그런 까닭으로 말하기를 무작이라
하였다.

다섯 가지 수음受陰[376]이 통달하여 공해서 일어날 바가 없는 것이
이것이 고苦의 뜻이니,

일어남을 인하여 괴로움(苦)이 있는 것이어니와 일어남에 곧 일어난
적이 없기에 그런 까닭으로 즐거움의 맛이 없다 하였다.

모든 법이 필경에 있는 바가 없는 것이 이것이 공의 뜻이니,

사람과 법이 둘 다 공하고 공하다고 하는 것도 또한 공한 까닭이다.

그런 까닭으로 명체와 같지 않다 하였다.

아我와 무아無我가 둘이 없는 것이 이것이 무아의 뜻이니,

모든 부처님이 혹은 아를 설하시며 혹은 무아를 설하시지만 모든
법의 실상 가운데는 아도 없고 비아非我도 없기에 그런 까닭으로

---

375 추推는 여기서는 추택推擇이니 가린다는 뜻이다.

376 다섯 가지 수음(五受陰)은 오취온五取蘊이니 수受는 취取의 뜻(義)이다. 그
   뜻은 무생멸無生滅로 고苦의 뜻을 바라보는 한 차원 높은 뜻이다.

처소가 없다 하였다.

鈔

又初四句等者는 第三에 傍淨名經하야 約生滅無生滅釋이니 唯就無常하야 明義니라 於中有二하니 先正解라 初四는 卽因緣生滅等者는 等取逼迫爲苦義와 不淨爲空義와 不自在爲無我義니라 次四句者는 言含總別하니 總則該後四句요 別則初句無作이 是無常義니라 旣無造作인댄 則無生滅이니 此卽淨名의 迦旃延章이라 迦旃延이 白佛言호대 憶念호니 昔者世尊이 爲諸比丘하사 略說法要어늘 我卽於後에 敷演其義하야 謂無常義와 苦義와 空義와 無我義와 寂滅義라할새 時維摩詰이 來謂我言호대 唯나 迦旃延이여 無以生滅心行으로 說實相法하라 迦旃延이여 諸法畢竟에 不生不滅이 是無常義요 五受陰洞達하야 空無所起가 是苦義요 諸法畢竟에 無所有가 是空義요 於我無我가 而不二가 是無我義요 法本不生일새 今則無滅이 是寂滅義라하니라 釋曰今疏文中에 全已用之니 但觀所引인댄 自分主客하리라 生公이 釋諸法畢竟에 不生不滅이 是無常義云호대 無常者는 以事滅驗之인댄 終苟有滅이리니 始無然乎아 始若果然인댄 則生非定矣요 生不定生인댄 滅孰定哉아 生滅이 旣其不定인댄 眞體가 復何在哉아 推無在之爲理컨댄 是諸法實義니 實은 以不生不滅로 爲義어니 豈非無常之所存乎아 故云不生不滅이 是無常義라하니 此則正就生滅하야 推之컨댄 卽無生滅耳니라 又無常者는 乃明常之爲無常이니 則所以無無常也니 故不生滅이 是無常義라하니라

또 처음에 네 구절이라고 한 등은 제 세 번째 『정명경』을 옆으로
의지하여[377] 생멸과 무생멸을 잡아 해석한 것이니,
오직 무상에만 나아가 뜻을 밝힌 것이다.
그 가운데 두 가지가 있나니
먼저는 바로 해석한 것이다.

처음에 네 구절은 곧 인연으로 생멸하는 것이라고 한 등은 핍박이
고가 되는 뜻과 부정이 공이 되는 뜻과 자재하지 못하는 것이 무아가
되는 뜻을 등취한 것이다.
다음에 네 구절이라고 한 것은 이 한 구절[378]이 말이 총과 별을
포함하였으니
총명은 곧 뒤에 네 구절을 갖춘 것이요
별설은 곧 처음 구절에 무작이 이 무상의 뜻이다.[379]
이미 조작이 없다고 한다면 곧 생멸이 없을 것이니 이것은 곧 『정명
경』 가전연장[380]의 말이다.

---

377 원문에 방정명경傍淨名經이라고 한 것은, 今經은 생멸무상生滅無常과 불생멸무
상不生滅無常을 갖추고 있으나, 저『정명경淨名經』은 다만 불생멸무상不生滅
無常만 있는 까닭으로 옆(傍)으로 의지한다 하고 바로 의지(正依)한다 말하지
아니한 것이다.
378 이 한 구절이라고 한 것은 소疏 중에 불생불멸不生不滅, 시무상의是無常義라
한 것이다.
379 원문에 총즉해후사구總則該後四句라고 한 것은 상섭문相攝門을 잡은 것이니,
곧 뒤에 네 구절(後四句)이 다 무상無常인 까닭이요, 별즉別則 운운은 분상문分
相門을 잡은 것이니, 무상無常·고苦 등에 각각 배속한 것이다.

가전연이 부처님께 여쭈어 말하기를 생각해 보니 옛날에 세존이 모든 비구를 위하여 간략하게 법의 요체를 설하시거늘, 저가 곧 그 뒤에 그 뜻을 부연하여 말하기를 무상의 뜻과 고의 뜻과 공의 뜻과 무아의 뜻과 적멸의 뜻이라 한대, 그때에 유마힐이 와서 나에게 일러 말하기를 옳기는 하지만 가전연이여, 생멸하는 심행으로써 실상의 법을 설하지 말 것입니다.

가전연이여, 모든 법이 필경에 불생불멸하는 것이 이것이 무상의 뜻이요,

다섯 가지 수음이 통달하여 공해서 일어날 바가 없는 것이 이것이 고의 뜻이요

모든 법이 필경에 있는 바가 없는 것이 이것이 공의 뜻이요

아와 무아가 둘이 없는 것이 이것이 무아의 뜻이요

법이 본래 난 적이 없기에 지금에 곧 사라진 적이 없는 것이 이것이 적멸의 뜻입니다 하였다.

해석하여 말하면 지금 소문 가운데 온전히 이미 이것을 인용하였으니, 다만 인용한 바만 관찰한다면 스스로 주객을 나누어야 할 것이다.

도생법사가 모든 법이 필경에 불생불멸하는 것이 이것이 무상의 뜻이라고 한 것을 해석하여 말하기를, 무상이라고 한 것은 사실이 사라지는 것으로써 증험한다면 끝이 진실로 사라짐이 있을 것이니

---

380 『정명경淨名經』은 제삼第三에 제자품弟子品이다. 본문은 '佛告摩訶迦旃延하사대 汝行詣維摩詰問疾하라 迦旃延白佛言호대 世尊이시여 我不堪任詣彼問疾이니다 所以者何오 憶念昔者 云云'이라 하였다. 이 말은 이미 앞에서 인용한 바 있다.

시작인들 그렇지 않겠는가.[381]

시작이 만약 과연 그렇다면 곧 생겨나는 것이 결정코 생겨나는 것이 아닐 것이요

생겨나는 것이 결정코 생겨나는 것이 아니라고 한다면 사라지는 것인들 어찌 결정코 사라지겠는가.

생멸하는 것이 이미 결정코 생멸하는 것이 아니라고 한다면 진실한 자체[382]가 다시 어느 곳에 있겠는가.

없는 것으로써 진리를 삼는 것을 추궁한다면 이것은 모든 법의 진실한 뜻이니, 진실한 것은 불생불멸로써 뜻을 삼거니 어찌 무상으로 있는 바가 아니겠는가.[383]

그런 까닭으로 말하기를 불생불멸하는 것이 이것이 무상의 뜻이다 하였으니,

이것은 곧 바로 생멸에 나아가서 추궁한다면 곧 생멸이 없다는 뜻일 뿐이다.

또 무상이라고[384] 한 것은 이에 상常의 무상이 됨을 밝힌 것이니,

---

381 시작인들 그렇지 않겠는가 한 것은 시작도 또한 사라짐이 있다는 것을 말하는 것이다. 역시 『잡화기』의 말이다.

382 진실한 자체라고 한 것은 곧 저 생멸하는 자체이다. 역시 『잡화기』의 말이다.

383 어찌 무상으로 있는 바가 아니겠는가 한 것은 무상은 곧 바로 위에 제법이라는 글자이고, 있는 바가 아니겠는가 한 것은 곧 바로 위에 실의라는 글자가 저 가운데 있는 것이다. 역시 『잡화기』의 말이다.

384 또 무상이라 운운한 것은 위에 불생불멸이 이 생멸무상의 진실한 뜻이니, 진실한 것은 불생불멸로써 뜻을 삼는 까닭이다. 지금에는 곧 저 상常이 없는 까닭으로 무상이라 말하는 것이니, 이 불생불멸 가운데는 저 변계소집의

곧 그런 까닭으로 상常이 없다는 것조차 없다는 것이니 그런 까닭으로 불생불멸하는 것이 이것이 무상의 뜻이다 하였다.

五受陰者는 受者는 取也니 謂煩惱業因이 能招此陰일새 故名受陰이라 因起有苦下는 釋疏就經이니 謂從緣起故로 起則無起니라 故生公云호대 夫苦之爲事가 會所成也니 會所成者가 豈得有哉아 是以로 言五受陰空이 是苦義라하니 五受陰은 苦之宗也니라 無常은 推生及滅컨댄 事不在一하며 又通在有漏無漏일새 故言諸法이라하니라 苦는 卽體是無일새 義起於內하며 又得無漏者는 不以失受致苦일새 故唯受陰而已也니라 洞達者는 無常은 以據終驗之일새 云畢竟耳요 苦는 以空爲其體일새 故洞達也니라 無所起者는 無常은 明無本之變일새 理在於生이요 苦는 言假會之法일새 所以配起也니라 今經云호대 一切者는 各少分一切며 又含餘義일새 故云一切라하니라 諸法畢竟者는 經也니 人法二空하고 空亦復空이라 故不如名者는 疏會就經也니 生公云호대 惑者는 皆以諸法으로 爲我之有也어니와 理旣爲苦인댄 則事不從己요 己苟不從인댄 則非我所保요 保之非我인댄 彼必非有也요 有是有矣어니 而曰非有인댄 無則無也어니 豈可有哉아 此爲無有無無하야 究竟都盡이니 乃所以爲空義也니라 中論云호대 諸佛說空法은 爲離諸有見이니 若復見有空인댄 諸佛所不化라하니 故畢竟空耳라하니라 於我無我者는 生公云호대 旣理不從我爲空인댄 豈有我能制之哉아 則無我矣니라 無我는 本無生死中我요 非不有佛性

상常과 무상無常의 상常이 없음을 말하는 것이다. 역시 『잡화기』의 말이다.

我也라하니 解曰此卽無我法中에 有眞我일새 故不二也니라 諸佛下
는 引中論이니 則二雙非也니라 實相之中엔 二義俱寂하야 非有無我
與我二也어니 實相之中에 豈有處所리요

다섯 가지 수음[385]이라고 한 것은 수受라고 한 것은 취取의 뜻이니,
말하자면 번뇌의 업인이 능히 이 다섯 가지 수음을 초래하기에
그런 까닭으로 수음이라 이름하는 것이다.
일어남을 인하여 괴로움이 있다고 한 아래는 소가가 해석하여[386]
경에 나아간 것이니,
말하자면 인연을 좇아 일어나는 까닭으로 일어남에 곧 일어난 적이
없는 것이다.
그런 까닭으로 도생법사가 말하기를 대저 괴로움(苦)의 일이 되는
것이 인연이 모여서 이루어진 바이니,
인연이 모여서 이루어진 바가 어찌 있음을 얻겠는가. 이런 까닭으로
말하기를 다섯 가지 수음이 공한 것이 이것이 고의 뜻이다 하였으니
다섯 가지 수음은 고의 으뜸이다.[387]

---

385 다섯 가지 수음(五受陰)이라고 한 것은 소문疏文이다. 『사기私記』에는 오수음
   五受陰은 수음受陰 중 고苦 등 오수五受가 있는 까닭으로 오수음五受陰이라
   한다 하였다.
386 원문에 석소釋疏라 한 疏는 생공生公(道生)의 『의소義疏』이다. 『사기私記』엔
   석소釋疏는 소석疏釋이라 해야 한다고 말하였다. 즉 疏釋就經, 소가疏家가
   저 경(彼經)을 해석하여 今經에 나아간 것이라 하였다. 『잡화기』도 석소釋疏
   는 소석疏釋이라 하였다.
387 원문에 오수음고지종五受陰苦之宗이라고 한 것은 낙樂 등 오수五受가 있지만

무상은[388] 생기하는 것과 그리고 사라지는 것을 추궁한다면 그 사실이
하나에 있지 아니하며[389]
또 유루와 무루가 모두 다 있기에 그런 까닭으로 말하기를 모든
법이라[390] 하였다.
고苦는 곧 자체가 없는 것이기에 뜻이 안에서 일어나며[391, 392]
또 무루를 얻은 사람은 실수失受[393]로써 괴로움을 이루지 않기에[394]
그런 까닭으로 오직 수음이라고 하였을 뿐이다.

다 고苦의 으뜸이다.
388 무상은 운운한 것은 여기에 제이구로써 위에 제일구를 상대하여 다름을
가린 것이다. 그 사실이 하나에 있지 않다고 한 것은 안과 밖에 통하고
또 유루와 무루의 오온에 통함을 말하는 것이다. 역시 『잡화기』의 말이다.
389 원문에 사부재일事不在一이라고 한 것은 무상無常의 일이 많다는 것이다.
390 무루고無漏故"라" 언제법고言諸法苦"는" 吐로 볼 수도 있다.
391 뜻이 안에서 일어난다 운운한 것은 다만 안에 있는 것만 말한 것이요,
또 무루를 얻은 사람이라고 한 아래는 또 안에도 또 다만 무루의 오온이
있다는 것이다. 역시 『잡화기』의 말이다.
392 원문에 의기어내義起於內란, 뜻(義)이 안(內身)에서 생기生起하여 외경外境을
통하지 않는 까닭이다.
393 실수失受는 오수음을 잃는다는 뜻이다.
394 실수失受로써 괴로움을 이루지 않는다 운운한 것은 무루의 오온을 얻은
사람은 이미 그 오수음을 잃은 까닭으로 다시 괴로움을 이루지 않나니,
분명히 알아라. 괴로움이라고 한 것은 오직 이 유루의 오온일 뿐이다. 오수음
은 이 유루의 오온이니, 이미 번뇌의 업인으로써 초래함을 얻은 것을 말하는
까닭이다. 역시 『잡화기』의 말이다.

통달이라고 한 것은 무상은 끝을 의거하여 증험하기에 필경이라
말한 것이요

고는 공으로써 그 자체를 삼기에 그런 까닭으로 통달이라 한 것이다.

일어날 바가 없다고 한 것은 무상은 근본이 없는 변화를 밝힌 것이기
에 진리가 생기함에 있는 것이요

고는 거짓으로 모인 법을 말한 것이기에 그런 까닭으로 생기함에
배속한 것이다.

지금 경에 말하기를 일체라고 한 것은 각각 소분의 일체[395]이며
또 나머지 뜻을 포함하기에[396] 그런 까닭으로 말하기를 일체라 하
였다.

모든 법이 필경이라고 한 것은 『유마경』의 말이니,

---

[395] 각각 소분의 일체라고 한 것은 이 『화엄경』에 일체법이 즐거운 맛이 없다(영인
본 화엄 5책, p.635, 8행)는 구절이 이미 저 오수음이 이 고의 뜻이라는 구절에
해당한다면 곧 여기에도 또한 오직 오수법만 취함에 해당하는 까닭이다.
각각이라고 말한 것은 앞의 사구四句 가운데 일체법이 고라는 구절도 또한
그러한 까닭이다. 역시 『잡화기』의 말이다.

[396] 또 나머지 뜻을 포함하기에 운운한 것은 여기 제 세 번째 해석 가운데
비록 이 구절로써 고에 배속하고, 나머지 세 가지 해석 가운데는 반드시
고에 배속하지 않는다 할지라도 가히 그 뜻을 얻을 수 있기에 통석하여
말하기를 일체라 한 것이니, 반드시 오직 오음만 취한 것이 아니다. 역시
『잡화기』의 말이다.

사람과 법이 둘 다 공하고 공하다고 하는 것도 또 다시[397] 공한 것이다.

그런 까닭으로 명체와 같지 않다고 한 것은 소가가 회석하여 경에 나아간 것이니,

도생법사가 말하기를 미혹한 사람은 다 모든 법으로써 내가 있음을 삼거니와, 진리가 이미 고라고 하였다면[398] 곧 사실이 자기를 좇지 않을 것이요

자기를 진실로 좇지 않는다면 곧 나라고 한 것은 보존할 바가 아니요, 보존하는 것이 내가 아니라고 한다면 저것은 반드시 있는 것이 아닐 것이요,

있는 것은 있는 것이어니 있지 않다고 말한다면 없는 것은 곧 없는 것이어니 어찌 가히 있겠는가.

이것은 유도 없고 무도 없어서 구경에 모두 다함이 되는 것이니 이에 공의 뜻이 되는 까닭이다.

『중론』[399]에 말하기를

모든 부처님이 공법을 설하신 것은

모든 유견을 떠나게 하기 위한 것이니,

---

397 소疏에는 復 자가 없다.

398 진리가 이미 고라고 하였다면 운운한 것은 앞에 고의 뜻을 밟아 해석한 것이니, 진리라고 한 것은 사실에 대한 진리이다. 아래(영인본 화엄 5책, p.648, 6행) 이미 진리라(旣理) 한 글자는 여기서 말한 것과 같다. 다 『잡화기』의 말이다.

399 『중론』은 도생법사道生法師의 말 가운데 인용한 것이다.

만약 다시 공법이 있음을 본다면
모든 부처님이 교화할 바가 아니다 하였으니
그런 까닭으로 필경에 공함이 된다 하였다.

아와 무아라고[400] 한 것은 도생법사가 말하기를 이미 진리가[401] 내가
공함이 된다고 함을 좇지 않는다면 어찌 나를 능히 제어할 것이
있겠는가. 곧 내가 없는 것이다.
무아라고 하는 것은 본래 생사 가운데 내가 없다는 것이요 불성
가운데 내가 있지 않다고 한 것은 아니다 하였으니,
해석하여 말하면 이것은 곧 내가 없는 법 가운데 참다운 내가 있다는
것이기에 그런 까닭으로 둘이 없는 것이다.
모든 부처님이라고 한 아래는 『중론』을 인용한 것이니,
곧 두 가지가 함께 아니라는 것이다.
실상 가운데는 두 가지 뜻이 함께 고요하여 무아와 더불어 아의
두 가지가 없거니 실상 가운데 어찌 처소가 있겠는가.

疏

故菴提遮經說호대 不生不滅이 是無常義요 生滅이 却是常義等
이라하니라

---

400 원문에 어아무아於我無我라고 한 것은 소문疏文이다.
401 이미 진리가 운운한 것은 또한 앞에 공의 뜻을 밟아 해석한 것이니, 이미
   나를 좇지 않는 까닭으로 공하다는 것이다. 역시 『잡화기』의 말이다.

그런 까닭으로 『암제차경』에[402] 말하기를 불생불멸하는 것이 이것이
무상의 뜻이요,
생멸하는 것이 도리어 이것이 상의 뜻이다 한 등이라 하였다.

鈔

故菴提遮經下는 則生滅不生滅을 交絡而釋이라 故彼經中에 文殊
師利言호대 若知諸法이 畢竟生滅하야 變易無定이 如幻相하야 而能
隨其所宜하야 有所說者인댄 是爲常義니 以諸法生이나 而不自得生
하며 滅이나 而不自得滅故니라 云何無常고 謂若知諸法이 畢竟不生
不滅이나 隨如是相하야 而能隨其所宜하야 而有所說인댄 是無常義
니 以諸法自在하야 變易無定으로 明不自得이라 隨如是知者는 說爲
無常義也라하니라 釋曰此意는 正顯性相交徹하야 二義相成이니 生
滅相盡에 無常卽常일새 故不生不滅이 是無常義요 隨緣變易에 常卽
無常일새 卽生滅이 是常義也니라 又性卽相故로 不生不滅이 是無常
義요 相卽性故로 生滅이 是常義니 互奪則雙非요 互成則雙立이니
雙樹中間에 入涅槃者가 卽斯意矣니라 雙非之義는 次下當釋호리라

그런 까닭으로 『암제차경』이라고 한 아래는[403] 곧 생멸과 불생멸을

서로 섞어 해석한 것이다.

그런 까닭으로 저『암제차경』가운데 문수사리보살이 말하기를
만약 모든 법이 필경에 생멸하여 변역하는 것을 결정할 수 없는
것이 환상과 같은 줄 알아 능히 그 마땅한 바를 따라 설할 바가[404]
있다면 이것이 상常의 뜻이 되는 것이니,

모든 법이 생기하지만 스스로 생기함을 얻을 수 없으며 사라지지만
스스로 사라짐을 얻을 수 없는 까닭이다.

어떤 것이 무상한 것인가.

말하자면 만약 모든 법이 필경에 불생불멸하지만 이와 같은 모습을
따르는 줄 알아 능히 그 마땅한 바를 따라 설할 바가 있다면 이것이
무상의 뜻이 되는 것이니,

모든 법이 자재하여 변역하는 것을 결정할 수 없는 것으로써 스스로
얻을 수 없는 것을 밝힌 것이다.

이와 같이 앎을 따르는 사람은 무상의 뜻이 되는 것을 설할 것이다
하였다.

해석하여 말하면 이 뜻은 바로 자성과 모습이 서로 사무쳐[405] 두

---

404 그 마땅한 바를 따라 설할 바라 운운한 것은 근기의 마땅함을 상대하여
　　설한다면 생기하고 사라지는 것도 또한 항상함(常)이 됨을 말한 것이니,
　　아래도 또한 이것을 비례할 것이다. 또 무상을 알았지만 그 편의함을 따라
　　상의 뜻을 말한 것이니, 아래도 또한 이것을 비례할 것이다. 역시『잡화기』의
　　말이다.

405 자성과 모습이 서로 사무친다 운운한 것은 함께 거론한 것이다. 생멸상이
　　다한다고 한 아래는 먼저 상성相成의 뜻을 밝힌 것이니, 그 가운데 먼저는
　　그 까닭을 거론하고 그런 까닭으로 불생불멸이라고 한 아래는 경문에 나아가

가지 뜻이 서로 성립함을 나타낸 것이니,

생멸상이 다함에 무상이 곧 상常이기에 그런 까닭으로 불생불멸하는
것이 이것이 무상의 뜻이요

인연을 따라 변역함에 상이 곧 무상이기에 곧 생멸하는 것이 이것이
상의 뜻이다.

또 자성이 곧 모습인 까닭으로[406] 불생불멸하는 것이 이것이 무상의
뜻이요

모습이 곧 자성인 까닭으로 생멸하는 것이 이것이 상의 뜻이니,
서로 빼앗는다면 곧 함께 아닌 것이요

서로 이룬다면 곧 함께 성립한 것이니,

두 나무 중간에서 열반에 드신 것이 곧 이 뜻이다.

함께 아니라고 한 뜻은 이 다음 아래[407]에서 마땅히 해석하겠다.

疏

瑜伽四十六云호대 云何菩薩이 觀一切行이 皆是無常고 謂觀一

말한 것이니 곧 경문 가운데 후단의 뜻이고, 인연 따라 변역한다고 한 것은
먼저는 그 까닭을 거론하고 곧 생멸이라고 한 아래는 경문에 나아가 말한
것이니 곧 경문 가운데 전단의 뜻이다. 이상은 『잡화기』의 말이다. 후단이란
운하무상이라 한 이하이고 전단이란 운하무상 이전이다. 즉 상과 무상의
차이이다. 경이란 『암제차경』이다.

406 또 자성이 곧 모습이라고 한 아래는 뒤에 서로 사무치는 뜻을 밝힌 것이다.
역시 『잡화기』의 말이다.

407 원문에 차하次下란, 영인본 화엄 5책, p.651, 말행末行이다.

切行의 言說自性이 於一切時에 常無所有하야 如是諸行을 常不可得이니 若得斯意인댄 則入中道라하나니라

『유가론』 사십육권에 말하기를 어떤 것이 보살이 일체행이 다 무상한 줄 관찰하는 것인가.
말하자면 일체행의 언설자성이 일체 시에 항상 있는 바가 없어서 이와 같은 모든 행을[408] 항상 가히 얻을 수 없는 줄 관찰할 것이니 만약 이 뜻을 얻는다면 곧 중도에 들어갈 것이다 하였다.

鈔

瑜伽四十六下는 引大論하야 證前不生不滅이 是無常義니 正順前經이며 亦卽是生公의 常之爲無는 乃所以無無常故로 卽不生不滅矣라하니 卽諸行而不可得일새 故入中道의 非常非無常也니라

『유가론』 사십육권이라고 한 아래는 『유가대론』을 인용하여 앞에 불생불멸하는 것이 이것이 무상의 뜻임을 증거한 것이니,
바로 앞에 경[409]을 수순하는 것이며 또한 곧 이것은[410] 도생법사가

---

408 이와 같은 모든 행 운운한 것은 이 위에는 모든 행이 항상 있는 것이 아니라는 것이고, 이 아래는 무상의 상常도 또한 없다는 것이다. 혹 이 위에나 이 아래가 함께 항상 있는 것이 아니라 하고 모든 행(諸行)이라는 글자가 무상이 아니다 하니, 문장에 있어서는 비록 편리한 것 같으나 그 뜻을 증거함에는 성립되지 않는 것이다. 역시 『잡화기』의 말이다.
409 원문에 전경前經이란, 『암제차경』이다.

상常이 무상이 되는 것은 이에 무상도 없는 바인 까닭으로 곧 불생불
멸이라 한 것이니,
곧 모든 행을 가히 얻을 수 없기에[411] 그런 까닭으로 중도인 상도
아니고 무상도 아닌 곳에 들어가는 것이다.

疏

若依辨中邊論의 約三性說인댄 則初後二性은 不生不滅이 是無
常義요 依他起性은 則生滅이 是無常義等이라

만약 『변중변론』에 삼성三性을 잡아 설한 것을 의지한다면 곧 처음과
뒤의 이성二性은 불생불멸하는 것이 이것이 무상의 뜻이요
의타기성은 곧 생멸하는 것이 이것이 무상의 뜻이다 한 등이다.

鈔

若依辨中邊論下는 則雙證前生滅과 不生滅이 皆無常義니 而各有
所囑은 可知라 遠公이 釋淨名經에 多用中邊論意는 意取圓成實性하
야 釋不生滅이 是無常義니라 故云實相理窮이 名爲畢竟이요 體寂無
爲가 名不生不滅이니 此不生不滅이 是彼無常의 眞實性故로 名無常

410 바로 앞에 경을 수순한다고 한 것은 곧 도생법사가 처음 해석한 것이다.
'또한 곧 이것은'이라 한 아래는 도생법사가 뒤에 해석한 뜻이다.
411 원문에 즉제행이불가득卽諸行而不可得이란 卽諸行故로 비상非常이고, 不可
得故로 비무상非無常이니 非常非無常이 곧 중도中道이다.

義라하니라 餘例此知니라 則初後者는 遍計는 無可生滅故요 圓成은
體常湛然故라

만약 『변중변론』에 삼성을 잡아 설한 것을 의지한다고 한 아래는
곧 앞에 생멸하는 것과 불생불멸하는 것이 다 무상의 뜻임을 함께
증거한 것이니, 각각 소속이 있는[412] 것은 가히 알 수가 있을 것이다.
혜원慧遠법사가 『정명경』을 해석함에 『중변론』의 뜻을 많이 인용한
것은 그 뜻이 원성실성을 취하여 불생불멸하는 것이 이것이 무상의
뜻임을 해석한 것이다.
그런 까닭으로 말하기를 실상의 진리를 궁진하는 것이 이름이 필경
이 되는 것이요
자체가 적멸한 무위가 이름이 불생불멸이 되는 것이니,
이것은 불생불멸하는 것이 저 무상의[413] 진실한 자성[414]인 까닭으로
무상의 뜻이라 이름한다 하였다.
나머지는 여기에 비례하면 가히 알 수가 있을 것이다.[415]

---

412 원문에 각유소속各有所囑이란, 원성圓成과 변계徧計는 불생불멸不生不滅이
　　무상의無常義요, 의타依他는 생멸生滅이 무상의無常義라 한 등이다.
413 저 무상이라 운운한 것은 도생법사의 뒤에 해석과 바로 같다 하겠다. 바로
　　아래 여기에 비례하면 가히 알 수 있을 것이라고 한 것은 뒤에 삼구의
　　뜻을 해석한 것은 여기에 비례하면 가히 알 수 있을 것이라는 것이다.
　　상래의 모든 해석은 황자권黃字卷 초6장과 그리고 『회현기』 16권 23장을
　　볼 것이다. 역시 『잡화기』의 말이다.
414 원문에 피무상진실성彼無常眞實性이란, 곧 위에 성즉상性卽相이라 한 뜻과
　　같다.

곧 처음과 뒤라고 한 것은 변계소집은 가히 생멸할 것이 없는 까닭
이요
원성실성은 자체가 항상 담연한 까닭이다.

疏

又無作者는 非常非無常故요 無味者는 非苦非樂故요 不如名者
는 非空非不空이니 言不及故요 無處所者는 非我非無我니 不在
生死와 及涅槃故요 無分別者는 念想無故요 無堅實者는 實與不
實이 相待有故니라

또 조작이 없다고 한 것은 상도 아니고 무상도 아닌 까닭이요
즐거운 맛이 없다고 한 것은 고도 아니고 낙도 아닌 까닭이요
명체와 같지 않다고 한 것은 공도 아니고 불공도 아닌 것이니 말이
미칠 수 없는 까닭이요
처소가 없다고 한 것은 아我도 아니고 무아도 아닌 것이니 생사와
그리고 열반이 있지 않는 까닭이요
분별이 없다고 한 것은 생각이 없는 까닭이요
견실함이 없다고 한 것은 진실함과 더불어 진실하지 아니함이 서로
기다려서 있는 까닭이다.

---

415 원문에 여예차지餘例此知란, 나머지 두 가지 자성(二性)은 변계編計와 원성圓成
이다.

鈔

又無作下는 第四에 取涅槃雙非하야 釋也라 亦有二意하니 一者는 實相之中에 二邊斯寂이 如向所引中論云호대 諸法實相中엔 無我無非我라하니 亦應云호대 諸法實相中엔 無常無無常하며 諸法實相中엔 無苦無樂하며 無淨不淨하며 無空不空이라하리라 以破常故로 說於無常이언정 非謂有無常이요 破無常故로 說常이언정 非謂有於常也니라 二者는 非常者는 性徹相故요 非無常者는 相徹性故等이니 思之니라 無分別下는 上來四重은 但解前八이요 此下二句는 通遺能所니 歷上四重에 皆用此二니라 如第一重은 不分別無常이니 無常은 無堅實也요 第二重은 不分別常無常이니 常與無常이 俱無堅實이니 常無堅者는 離常相故요 第三重은 不分別無生無常과 生滅無常義니 無實例知니라 第四重은 亦不作雙非分別이니 未免戱論故니라 旣離四句雙非인댄 亦無堅實이니 亦同淨名의 法本不生일새 今則無滅이 是寂滅義라하니라 上對四句에 且引前四어니와 今具五矣니라

또 조작이 없다고 한 아래는 제 네 번째 열반은 함께 아니라는 것을 취하여 해석한 것이다.

또한 두 가지 뜻이 있나니

첫 번째는 실상 가운데 이변二邊이 이에 고요한 것이 마치 향래向來[416]

---

416 향래向來란, 영인본 화엄 5책, p.644, 7행, 『中論』觀法品에 具云호대 諸佛或說我하고 或說於無我나 諸法實相中엔 無我無非我니라 諸法實相者는 心行言語斷이며 無生亦無滅이니 寂滅如涅槃이라하니라. 이미 해석하였으니 다시

에 인용한 바 『중론』에 말하기를 모든 법의 실상 가운데는 아도 없고 비아도 없다고 한 것과 같나니,

또한 응당히 말하기를 모든 법의 실상 가운데는 상도 없고 무상도 없으며

모든 법의 실상 가운데는 고도 없고 낙도 없으며

청정함도 없고 부정함도 없으며

공도 없고 불공도 없다고 해야 할 것이다.

상을 깨뜨리는 까닭으로 무상을 설하였을지언정 무상이 있음을 말한 것이 아니요,

무상을 깨뜨리는 까닭으로 상을 설하였을지언정 상이 있음을 말한 것은 아니다.

두 번째는 상도 아니라고 한 것은 자성이 모습을 사무치는 까닭이요 무상도 아니라고 한 것은 모습이 자성을 사무치는 까닭인 등[417]이니 생각할 것이다.

분별이 없다고 한 아래는 상래에 사중四重으로 해석한 것은 다만 앞에 여덟 구절만 해석한 것이요

이 아래에 두 구절[418]은 능·소를 모두 보내는 것이니,

위에 사중으로 해석함을 지나옴에 다 이 두 구절을 사용하였다.

저 제일중의 해석은 무상을 분별하지 않는 것이니, 무상은 견실함이

해석하지 않고 원문만 수록하였다.

417 등等이란, 비고비락非苦非樂 등을 등취等取한 것이다.

418 원문에 차하이구次下二句는 무분별無分別과 무견실無堅實이다.

없는 것이요

제이중의 해석은 상과 무상을 분별하지 않는 것이니, 상과 더불어 무상이 함께 견실함이 없는 것이니 상이 견실함이 없는 것은 상常의 모습을 떠난 까닭이요

제삼중의 해석은 무생의 무상과 생멸의[419] 무상한 뜻을 분별하지 않는 것이니, 견실함이 없다는 것은 비례하면 알 수가 있을 것이다.[420]

제사중의 해석은 또한 함께 아니라는 분별도 짓지 않는 것이니, 희론을 면할 수 없는 까닭이다.

이미 사구四句가 함께 아니라고 한 것을 떠났다면 또한 견실함이 없는 것이니, 역시[421] 『정명경』에 법이 본래 생기한 적이 없기에 지금에 곧 사라질 것도 없는 것이 이것이 적멸의 뜻이라 한 것과 같다.

위에서 사구四句를[422] 배대함에 또한 앞에 사구四句[423]를 인용하였거

---

419 滅 자 아래에 無 자가 있어야 한다.

420 원문에 무실예지無實例知는 무실無實의 무상無常과 실상實常의 뜻을 분별하지 않는다는 것이다.

421 역시 운운은 생각이 없고 견실함도 없는 것이 이것이 적멸의 뜻인 까닭이다. 역시 『잡화기』의 말이다.

422 위에서 사구四句 운운은 제삼중의 해석 가운데를 가리킨 것이다. 『잡화기』의 말이다.

423 앞(前)에 사구四句란, 영인본 화엄 5책, p.645, 8행에 인용한 『정명경淨名經』이 니 이미 무상無常 등 오구五句를 인용하였지만, 여기에는 제오구第五句 적멸의寂滅義만 인용한 까닭으로 앞(前)엔 사구四句가 있었기에 오구를 구족하였다(具五) 한 것이다.

니와 지금에는 오구五句를 구족하였다.

上來所說의 無常之義를 並已具足이나 特由此義가 常所聞故로 更引古來의 一兩師釋호리라 肇公云호대 畢竟者는 決定之辭也니 小乘은 觀法에 以生滅로 爲無常義어니와 大乘之士는 以不生滅로 爲無常義니 無常名同이나 而幽致殊絶이라 其道虛徹일새 故非常情之所能測이니 妙得其旨는 其唯淨名乎인저 遣常故言無常이언정 非謂有無常이니 無常常無일새 故云畢竟에 不生不滅이 是無常義라하니라 釋曰斯則美麗나 理但一重이니 前已含有니라 大乘法師云호대 小乘은 以生滅로 爲無常하고 謂不生滅하야 爲常일새 故今折彼호대 汝見有不生滅로 爲常者인댄 此常還是無常일새 故云不生不滅이 是無常義라하니라 釋曰此則破其見常之心이나 而有二失하니 一者는 彼但說無常하고 曾不說常거니 何得以無常으로 折彼常耶아 二者는 彼未知常거니 何得言不生不滅이 是常義耶아 故非經意니라 下四句도 大例同此하니라 然疏上에 四重解釋은 理無所遺나 尙通實敎어니와 若華嚴宗인댄 一切法이 趣無常일새 無常이 攝法無遺하야 義理無盡하야사 方眞無常이니 總收諸義하야 以爲一致가 皆是此宗에 一義所收니라 無常旣爾인댄 餘句例然하니라

상래에 설한 바 무상의 뜻을 모두 이미 구족하였지만 다만 이 뜻이

___

오구五句는 무상無常, 고苦, 공空, 무아無我, 적멸寂滅이다. 『잡화기』는 지금에 오구를 구족하였다고 한 것은 이미 앞에 사구가 있었고 여기에 일구가 있는 까닭으로 오구를 구족하였다고 말하는 것이라 한다 하였다.

보통 듣는 바를 인유한 까닭으로 다시 고래에 한두 스님[424]의 해석을
인용하겠다.

승조법사가 말하기를 필경이라고 한 것은 결정하는 말이니,
소승은 법을 관찰함에 생멸하는 것으로써 무상의 뜻을 삼거니와
대승의 사람은 불생불멸하는 것으로써 무상의 뜻을 삼나니 무상이라
는 이름은 같지만 깊은 이치는 절대로 다른 것이다.

그 도道가 비어 사무치기에 그런 까닭으로 보통 사람은 능히 측량할
바가 아니니, 그 뜻을 신묘하게 얻은 사람은 오직 정명거사뿐이다.

상常을 보내는 까닭으로 무상을 말하였을지언정 무상이 있음을
말한 것이 아니니,

무상이 영원히 없기에 그런 까닭으로 말하기를 필경에 불생불멸하는
것이 이것이 무상의 뜻이다 하였다.

해석하여 말하면 이 말은 곧 아름답고 좋지만 의리義理가 다만[425]
일중一重뿐이니 앞에 이미 포함하고 있었다.

대승법사[426]가 말하기를 소승은 생멸하는 것으로써 무상을 삼고
불생불멸하는 것을 일러 상常을 삼기에 그런 까닭으로 지금에 저

---

424 한두 스님이란, 승조법사와 대승법사이다.
425 의리義理가 다만 운운한 것은 위에 불생불멸하는 것이 무상의 뜻이라고
   한 가운데 스스로 수많은 해석이 있으되, 그러나 여기서 다만 무상이라고만
   말한 것은 무상의 한 뜻(一意)뿐인 때문이다. 하물며 앞에 도생법사의 뒤의
   해석 가운데 이미 이 해석을 포함하고 있는 것이겠는가. 역시 『잡화기』의
   말이다.
426 대승법사는 규기법사이다.

소승을 꺾어 꾸짖되, 그대가 불생불멸하는 것으로 상常을 삼을 것이 있음을 본다면 이 상도 도리어 무상이기에 그런 까닭으로 말하기를 불생불멸하는 것이 이것이 무상의 뜻이다 하였다.

해석하여 말하면 이것은 곧 그가 상常으로 보는 마음을 깨뜨린 것이지만 두 가지 허물이 있나니

첫 번째는 저는 다만 무상만을 설하고 일찍이 상을 설하지 아니하였거니 어찌 무상으로써 저가 말한 상常을 꺾어 꾸짖음을 얻겠는가.

두 번째는 저는 아직 상을 알지 못하였거니 어찌 불생불멸하는 것이 이것이 상의 뜻이라 말함을 얻겠는가.

그런 까닭으로 지금 경의 뜻이 아니다.[427]

아래 사구四句[428]도 크게는 비례하면 여기와 같다.

그러나 소상疏上에서 사중으로 해석한 것은 의리가 유실한 바가 없지만 오히려 실교에 통하거니와[429] 만약 화엄종이라면 일체법이 무상에 나아가기에 무상이 모든 법을 섭수하여 유실함이 없어서

---

427 원문에 비경의非經義라고 한 것은 『정명경淨名經』의 뜻이고, 금경今經의 뜻이 아니라는 것이다.

428 아래 사구四句라고 한 것은 오구 가운데 다만 무상이라는 구절만 인용하여 해석한 까닭으로 말한 것이다. 역시 『잡화기』의 말이다. 다시 말하면 제일구에 일체법 무상을 해석하였으니 제이구에 일체법 고와 제삼구에 일체법 공과 제사구에 일체법 무아와 제오구에 일체법 무작을 아래 사구라 말하는 것이라 하겠다.

429 오히려 실교에 통한다고 한 것은 위에 사중四重의 해석이 다 종교에 통하지만 제사중의 처음에 뜻은 곧 돈교에 해당하는 까닭이다. 역시 『잡화기』의 말이다.

의리義理가 다함이 없어야 바야흐로 진실한 무상이라 할 것이니,
모든 의리를 다 섭수하여 한 이치를 삼는 것이 다 이 화엄종에서
한 의리로 섭수하는 바이다.

무상이 이미 그러하다면 나머지 구절[430]도 예가 그러한 것이다.

---

430 나머지 구절이란, 제이구第二句부터 제십구第十句까지 아홉 구(九句)이다.

經

佛子야 此菩薩이 應勸學十法이니 何者爲十고 所謂觀察衆生界
와 法界와 世界하며 觀察地界와 水界와 火界와 風界하며 觀察欲
界와 色界와 無色界니라

불자여, 이 보살이 응당 열 가지 법을 권하여 배우게 할 것이니[431]
어떤 것이 열 가지가 되는가.
말하자면 중생계와 법계와 세계를 관찰하며
지계와 수계와 화계와 풍계를 관찰하며
욕계와 색계와 무색계를 관찰하는 것입니다.

疏

後勝進中엔 是護小乘行이라 小乘은 不求種智하며 不欲廣知故니
라 十中初三은 是作佛事處니 衆生是所度요 法界是能度요 世界
是度處니라

뒤에 승진 가운데는 이 소승을 막는 행이다.
소승은 일체종지를 구하지 아니하며 널리 알고자 하지도 않는 까닭
이다.

---

431 원문에 불자佛子야 차보살此菩薩이 응권학십법應勸學十法 운운은 영인본
화엄 14책, p.541에 인용하였다.

열 가지 가운데 처음에 세 가지는 불사를 짓는 곳이니,

중생은 제도할 바요

법계는 능히 제도하는 곳이요

세계는 제도할 곳이다.

鈔

二에 勝進者는 此皆十地論立이니 下當廣釋하리라 大意云컨댄 觀無
常等하야 煩惱不生이 名護煩惱行이니 不同凡夫하고 觀察諸界하야
破邪顯正하야 不墮小乘이 名護小乘行이라

두 번째[432] 승진이라고 한 것은 이것은 다 『십지론』에서 성립한
것이니 아래에 마땅히 폭넓게 해석하겠다.
큰 뜻을 말하자면 무상 등을 관찰하여 번뇌가 생기지 않게 하는
것이 이름이 번뇌를 막는 행이니 범부와 같지 않고, 모든 세계를
관찰하여 사도를 깨뜨리고 정도를 나타내어 소승에 떨어지지 않게
하는 것이 이름이 소승을 막는 행이다.

疏

次四界는 是起見處니 外道計大하야 爲諸法本하고 小乘計大하야
爲諸色因하며 又成身之體하니라

---

432 원문에 二 자는 소문에는 후後 자이다.

다음에 네 가지 세계[433]는 소견을 일으키는 곳이니
외도는 사대를 계교하여 모든 법의 근본을 삼고, 소승은 사대를
계교하여 모든 색의 원인을 삼으며 또 몸을 이루는 자체를 삼는다.

鈔

次四界者는 總標也라 外道計大하야 爲諸法本者는 外道는 有計地爲
物本하니 依地生故요 或事於水하니 水能淨故요 或事於火하니 火成
熟故요 或事於風하니 風成壞故니 廣如別說하니라 小乘計大하야 爲
諸色因者는 地水火風은 卽是能造요 色香味觸은 以爲所造니 色香
非一일새 已名爲諸어든 況若形若顯과 五境五根에 諸色非一이랴 皆
大所造也니 如薩婆多宗하야 此說總造니라 若楞伽第二인댄 大慧說
호대 四大種이 云何造色고 謂津潤한 妄想大種은 生內外水界하고
堪能한 妄想大種은 生內外火界하고 飄動하는 妄想大種은 生內外風
界하고 斷截色하는 妄想大種은 生內外地界와 色及虛空하나니 俱計
著邪諦하야 五陰이 集四大하야 造色生이라하니라 彼疏解云호대 謂見
有津潤한 妄想大種이 熏成種子하며 從此種子하야 而生內外水界하
나니 餘三例然이라하니 但加經엔 見有字耳니라 然火能成熟일새 故曰
堪能이라하고 地有形段과 及體堅住나 面可斷截일새 故云斷截이라하
니라 疏言호대 又成身之體者는 淨名云호대 四大合故로 假名爲身이
나 四大無主일새 身亦無我等이라하니라

---

433 원문에 次四界란, 지地·수水·화火·풍계風界이다.

다음에 네 가지 세계라고 한 것은 한꺼번에 표한 것이다.

외도는 사대를 계교하여 모든 법의 근본을 삼는다고 한 것은 외도는
땅을 계교하여 만물의 근본을 삼는 것이 있나니 땅을 의지하여
만물이 생기하는 까닭이요,

혹은 물을 섬기나니 물이 능히 만물을 청정하게 하는 까닭이요,

혹은 불을 섬기나니 불이 능히 만물을 성숙케 하는 까닭이요,

혹은 바람을 섬기나니 바람이 만물을 이루기도 무너뜨리기도 하는
까닭이니,

폭넓게 설한 것은 따로 설한 것과 같다.

소승은 사대를 계교하여 모든 색의 원인을 삼는다고 한 것은 지·수·
화·풍은 곧 능히 짓는 것이요 색·향·미·촉은 지을 바가 되는 것이니,
색·향이 하나가 아니기에 이미 이름을 모든 색이라 하였거든 하물며
형색形色[434]과 현색顯色[435]과 오경과 오근에 모든 색이 하나가 아닌
것이겠는가. 다 사대로 지은 바이니, 살바다종과 같아서 이것은
총조總造를 설한 것이다.

만약 『능가경』 제이권이라면[436] 대혜가 말하기를[437] 사대종四大種이

---

434 형색形色이란, 눈으로 보고 몸으로 느끼는 물질. 장長·단短·방方·원圓·고高·
　　하下·정正·부정不正 등 여덟 종(八種)이다.

435 현색顯色이란, 나타나 볼 수 있는 물질. 청靑·황黃·적赤·백白·구름·연기·안
　　개·그림자·햇빛·밝음·어둠 등 열두 종(十二種)이 있다. 앞(前)에 청靑·황黃
　　등 네 종(四種)은 본색本色이고, 뒤(後)에 여덟 종(八種)은 본색으로부터 나온
　　차별색이다.

어떻게 색을 짓는가.

말하자면 윤택한 망상의 대종大種은 안과 밖의 수계水界를 생기하고,

감당함에 능한 망상의 대종은 안과 밖의 화계火界를 생기하고,

표류하여 움직이는 망상의 대종은 안과 밖의 풍계風界를 생기하고,

색을 끊는[438] 망상의 대종은 안과 밖의 지계地界와 색과 그리고 허공을

생기하나니[439]

함께 삿된 진리를 계교하고 집착하여 오음이 사대四大를 모아 색을

지어 생기한다 하였다.

---

436 원문에 약능가若楞伽 운운은 별조別造이다. 따라서 上에 총조總造는 此 별조別
    造를 상대한 것이다. 총조總造는 사대四大가 모든 색을 짓는다는 뜻이다.

437 교정본엔 說 자가 彼 자이니 대혜大慧야, 저 사대종四大種이 어떻게 색色을
    짓는가라고 번역할 것이다.

438 절색截色의 色 자는 연자衍字가 아닌지 의심한다.

439 지계地界와 색과 그리고 허공을 생기한다 운운한 것은 저 『능가경』이
    다음 뒤의 경문에 저 사음四陰은 색이 아니니 말하자면 수·상·행·식이다.
    대혜야, 색이라고 한 것은 사대四大와 그리고 색을 짓는 것이 각각 다른
    것이다. 대혜야, 무색無色의 사수四數가 있는 것이 허공과 같은 것이 아니니,
    비유하자면 허공이 수상數相을 지니는 것과 같다 하였거늘, 혹 어떤 사람이
    저 『능가경』의 소문을 보는 사람이 말하기를 색과 더불어 허공이 함께
    없는데 다만 외도가 허망하게 집착할 뿐이다 하였다. 삿된 진리를 계교하고
    집착한다고 한 것은 사대가 불생함을 말하는 것이다 하였다. 저 『능가경』
    이권 소문 27장을 볼 것이다. 역시 『잡화기』의 말이다. 『잡화기』의 토는
    지계地界"이니" 허공虛空"은" 사제邪諦"로" 집취集聚(집集 자 아래 취聚 자가
    있어야 한다)"하며" 조색造色"이라" 하였으니, 해석하면 지계를 생기하나니
    색과 그리고 허공은 함께 삿된 진리를 계교하고 집착함으로 오음을 모으며
    사대의 조색造色이 생기한다 할 것이다.

저『능가경』소문에 해석하여 말하기를 말하자면 윤택한 망상의
대종이 종자를 훈습하여 이루며,
이 종자를 좇아서 안과 밖의 수계를 생기함이 있음을 보나니
나머지 삼대종三大種도 예가 그러하다 하였으니,
다만『능가경』의 소문에서는 있음을 본다(見有)고 한 글자만 더하였
을 뿐이다.
그러나 화대는 능히 성숙케 하기에 그런 까닭으로 말하기를 감당함
에 능하다 하였고,
지대는 형단과 그리고 자체가 견고하게 머물고 있지만 사면[440]이
가히 끊어졌기에 그런 까닭으로 끊어졌다 하였다.

소문에 말하기를 또 몸을 이루는 자체라고 한 것은『정명경』에
말하기를 사대가 화합한 까닭으로 거짓으로 이름하여 몸이라 하였지
만, 사대는 주인이 없기에 몸도 또한 내가 없다 한 등이라 하였다.

疏

後三界는 是繫縛處니 云何觀耶아 一은 觀其相하야 委細而知요
二는 觀其性의 甚深平等이라

뒤에 세 가지 세계는 얽어매는 처소이니
어떻게 관찰하는가.

---

440 面은 타본他本엔 다 而 자이다.

첫 번째는 그 모습을 관찰하여 자세히 아는 것이요
두 번째는 그 성품이 깊고 평등함을 관찰하는 것이다.

經

何以故요 欲令菩薩로 智慧明了케하며 有所聞法하면 卽自開解
하고 不由他教故니라

무슨 까닭인가 하면 보살로 하여금 지혜가 명료케 하며
들은 바 법문이 있다면 곧 스스로 열어 알고 다른 사람의 가르침을
인유하지 않게 하고자 하는 까닭입니다.

疏

三에 徵意云호대 但總觀無常거니 何用廣知리요 釋意云호대 觀空
이나 不礙廣有知見이니 性相兼了하면 法智增明故니라

세 번째 묻는 뜻에 말하기를 다만 모두 무상만 관찰하였거니 어찌
써 널리 알겠는가.
해석한 뜻에 말하기를 공을 관찰하였지만 널리 알아보는 것이 있음
에 걸리지 않나니,
자성과 모습을 겸하여 안다면 진리의 지혜가 더욱 명료하여지는
까닭이다.

經

佛子야 云何爲菩薩生貴住고 此菩薩이 從聖敎中生하야 成就十法하나니

불자여, 어떤 것이 보살의 생귀주가 되는가.
이 보살이 성인의 가르침 가운데로 좇아 출생하여 열 가지 법을 성취하나니

疏

第四는 生貴住라 自分中有五하니 謂釋名과 標徵과 列結也라 從聖敎生者는 謂多聞熏習하며 等流無漏敎法하야 生其智故니라 又下偈云호대 佛子於法如是觀하야 從佛親生名佛子라하니 此約能說人也요 又偈云호대 了達諸有無所有하야 超過彼法生法界라하니 此約理也라 上三義는 皆能生이나 後一義는 兼顯所生之處니라 又能說所說과 能詮所詮으로 成此三異하니 從此三生일새 並可尊貴니라

제 네 번째는 생귀[441]주이다.
자분 가운데 다섯 가지가 있나니,

---

441 생귀生貴는 다문多聞, 훈습熏習, 무진교법無盡敎法으로 지혜智慧를 출생出生하기에 생귀生貴이니, 생즉귀고生卽貴故로 지업석持業釋이다.

말하자면 이름을 해석한 것과

한꺼번에 표한 것과

물은 것과

이름을 열거한 것과

맺은 것이다.

성인의 가르침으로 좇아 출생한다고 한 것은 말하자면 많이 듣고 훈습하며 무루의 교법을 평등하게 유출하여[442] 그 지혜를 출생하는 까닭이다.

또 아래 게송[443]에 말하기를 불자가 저 법에 이와 같이 관찰하여 부처님으로 좇아 친히 출생한 것이 이름이 불자다 하였으니,

이것은 능히 설하는 사람[444]을 잡은 것이요

또 게송[445]에 말하기를 제유諸有가 있는 바가 없는 줄 요달하여 저 법을 초과하여 법계에 출생한다 하였으니,

이것은 진리를 잡은 것이다.

위에 세 가지 뜻[446]은 다 능생이지만 뒤에 한 가지 뜻은 소생의

---

442 또 무루의 교법을 많이 듣고 훈습하고 평등하게 유출하여라고도 번역한다. 이와 같이 번역하면 대승법大乘法이 곧 무루교법無漏敎法이 된다. 다문훈습多聞熏習하여라고 번역하면 대승大乘의 교법敎法을 많이 듣고 훈습하며 무루교법無漏敎法을 평등하게 유출한다는 뜻이니 대승大乘의 교법敎法과 무루교법無漏敎法을 분리하여 설명한 것이다.

443 또 아래 게송이란, 영인본 화엄 5책, p.279, 9행이다.

444 원문에 능설인能說人이란, 곧 佛이다.

445 또 게송이란, 영인본 화엄 5책, p.279, 5행이다.

446 원문에 상삼의上三義란, 1. 위다문하謂多聞下는 교교敎이고 2. 末行에 우하게하

처소를 겸하여 나타낸 것이다.[447]

또 능설과 소설과 능전과 소전으로 이 세 가지가 다름을 성립하였으니, 이 세 가지 뜻으로 좇아 출생하였기에 아울러 가히 존귀하다는 것이다.

鈔

從聖敎生者는 此牒經이니 卽釋名也라 謂從多聞下는 疏引論釋이니 卽攝論第六云호대 多聞熏習者는 謂於大乘에 而起多聞하고 聞法義已에 熏心心法하야 相續所依니 其少聞者는 無容得入此現觀故라하니라 等流無漏敎法者는 卽是能熏이니 此是如來所流라 從勝流眞如로 流此敎法일새 故名無漏요 敎似智故로 名爲等流니라 生其智故者는 智是所生이니 卽第四住菩薩之智라 由生此智故로 名生貴住니 唯識等論도 大意皆同하니라 次引下文은 復出二能生이요 後上三義下는 結其通局이니 能生爲局이요 兼所生處는 卽名爲通이니 依能生智하야 還住此故니라 又能說下는 辨三名所以니 三事가 成於兩重能所니라 佛爲能說이요 敎及法界는 皆是所說이며 敎爲能詮이요 法界所詮이니 要具此三하야사 生義方足일새 故前後互出하니라 從此三生下는 結成生貴之名이라

又下偈下는 불佛이고 3. 영인본 화엄 5책, p.659, 初行에 우게하又偈下는 법계法界이다.

447 원문에 겸현소생지처兼顯所生之處란, 後에 一義는 第三에 법계법계이니, 법계法界는 능생能生이지만 지혜의 소주처所住處인 까닭으로 소생지처所生之處를 겸하고 있다 할 것이다.

성인의 가르침으로 좇아 출생한다고 한 것이라 한 것은 이것은
경문을 첩석한 것이니
곧 이름을 해석한 것이다.
말하자면 많이 듣고 훈습한다고 한 아래는 소가疏家가 『섭론』을
인용하여 해석한 것이니,
곧 『섭론』 제육권에 말하기를 많이 듣고 훈습한다고 한 것은 말하자
면 저 대승법에 많이 들을 마음을 일으키고 법의法義를 들어 마침에
마음과 마음의 소유법을 훈습하여 상속하여 의지하는 바[448]이니,
그 법을 조금 들은 사람은 이 현관現觀에 득입得入함을 용납할 수
없는 까닭이다 하였다.

무루의 교법을 평등하게 유출한다고 한 것은 곧 이것은 능훈能熏이니
이것은 여래께서 유출한 바이다.
승류勝流[449]의 진여로 좇아 이 교법을 유출하였기에 그런 까닭으로
이름을 무루라 하는 것이요,
교법이 지혜와 같은[450] 까닭으로[451] 이름을 등류等流라 하는 것이다.

---

448 의지하는 바라고 한 것은 말하자면 이 마음과 법(심소유법)이 상속하는
　　것이 지혜의 의지하는 바가 되는 것이다. 역시 『잡화기』의 말이다.
449 승류勝流라고 한 것은 流出勝教法故로 云勝流이니, 즉 수승한 교법教法을
　　유출流出한다는 뜻이다. 다시 말하면 제사지第四地에 소증진여所證眞如의
　　이름이 승류勝流이니 수승한 교법教法을 유출하는 것이다.
450 교법이 지혜와 같다고 한 것은, 교법은 이 여래의 후득지의 분상에 건립한
　　바인 까닭으로 말하기를 지혜와 같다 한 것이다. 역시 『잡화기』의 말이다.
451 원문에 교사지고教似智故 운운은 소류所流의 교법教法이 능류能流의 여래지如

그 지혜를 출생하는 까닭이라고 한 것은 지혜는 소생所生이니 곧
제사주 보살의 지혜이다.

이 지혜를 출생함을 인유한 까닭으로 이름을 생귀주라 한 것이니,
유식 등 논도 대의大意가 다 같다.

다음에 아래 게송문을 인용한 것은 다시 두 가지 능생을 설출한
것이요

뒤에 위에 세 가지 뜻이라고 한 아래는 그 통국通局을 맺는 것이니,
능생은 국국局이 되고[452] 소생의 처소를 겸하였다고 한 것은 곧 이름이
통通이 되는 것이니 능생의 지혜를 의지하여 도리어 이 소생의
처소에 머무는 까닭이다.

또 능설이라고 한 아래는 세 가지 이름의 까닭을 분별한 것이니
세 가지 일이 양중으로 능소를 이루는 것이다.

부처님은 능설인이 되고, 교법과 그리고 법계는 다 소설이 되며
교법은 능전이 되고, 법계는 소전이 되나니 반드시 이 세 가지를
갖추어야 출생한다는 뜻이 바야흐로 구족되기에 그런 까닭으로
앞과 뒤에 서로 설출하였다.[453]

來智와 같나니, 여래가 진여眞如를 증득하여 진여眞如를 유출流出하여 교법敎
法을 설설하는 까닭으로 진여眞如와 여래가 다 같이 능류能流(等流)인 것이다.

452 원문에 능생위국能生爲局 운운은, 前二는 다만 능생고能生故로 국국이요,
後一은 능생지能生智가 반드시 소생所生의 이리에 머무는 까닭으로 능생지能
生智 가운데 소생처所生處를 겸兼하기에 통통이 되는 것이다.

453 원문에 전후호출前後互出이라고 한 것은 능전能詮과 소전所詮, 능설能說과

이 세 가지로 좇아 출생한다고 한 아래는 생귀주의 이름을 맺어
성립한 것이다.

소설所說을 전후前後에 서로 설출說出하였다는 것이다. 즉 앞(前) 장행문長行
文에 성교聖教의 능전能詮을 설출說出하고 뒤(後) 게문偈文에 능설能說과 소전
所詮을 설출說出하였다. 뒤 게문(後偈) 중에는 또한 능전能詮의 성교聖教를
설출說出하였지만 그러나 지금에는 다만 소문疏文에 인용引用한 게문偈文만
잡은 까닭으로 능설과 소전을 삼았을 뿐이다.

經

何者爲十고 所謂永不退轉과 於諸佛所에 深生淨信과 善觀察法
과 了知衆生國土世界와 業行果報와 生死涅槃이니 是爲十이니라

어떤 것이 열 가지가 되는가.
말하자면 영원히 물러나지 않는 것과
모든 부처님의 처소에 깊이 청정한 믿음을 내는 것과
법을 잘 관찰하는 것과
중생과 국토와 세계와
업행과 과보와
생사와 열반을 아는 것이니,
이것이 열 가지가 되는 것입니다.

疏

列中十事는 同四地의 十種法智나 但有開合耳라 旣從聖敎生일
새 成就四智하야 敎化衆生하나니 一은 自住處智니 不退轉故며
亦所生也라 二는 同敬智니 於佛淨信故며 亦能生也라 三은 眞如
智니 善觀察法故며 亦所生處也니 法卽法界니라 四는 分別所說
智니 卽餘七句라 謂了衆生空有와 佛土權實과 世界染淨과 業行
善惡과 果報苦樂과 二種生死와 四種涅槃이니 具如常釋하니라

이름을 열거한 가운데 열 가지 일은 제사지四地의 열 가지 법지法智와

같지만 다만 열고 합한 것이 다름이 있을 뿐이다.

이미 성인의 가르침으로 좇아 출생하였기에 네 가지 지혜를 성취하여 중생을 교화하나니

첫 번째는 스스로 머무는 곳의 지혜이니

물러나지 않는 까닭이며 또한 소생이다.

두 번째는 다 같이 공경하는 지혜이니

부처님을 청정하게 믿는 까닭이며 또한 능생이다.

세 번째는 진여의 지혜이니

법을 잘 관찰하는 까닭이며 또한 소생의 처소이니 법이라고 한 것은 곧 법계이다.

네 번째는 분별하여 설할 바 지혜이니

곧 나머지 일곱 구절이다.

말하자면 중생의 공함과 있음과 불국토의 방편과 진실과 세계의 더러움과 깨끗함과 업행의 선과 악과 과보의 괴로움과 즐거움과 두 가지 생사와 네 가지 열반[454]을 아는 것[455]이니,

갖추어 말한 것은 보통 해석한 것과 같다.

鈔

列中十事等者는 然이나 三賢如次히 似於十地나 就中十住가 相似

---

[454] 원문에 사종열반四種涅槃이란, 1. 자성청정열반自性淸淨涅槃, 2. 유여의열반有餘依涅槃, 3. 무여의열반無餘依涅槃, 4. 무주처열반無住處涅槃이다.

[455] 謂了의 了 자는 鈔에는 觀 자이다.

最多하니 以入初賢에 如地修故니 初住似初地하며 二住似二地하며
乃至十住似十地일새 故疏多引地文하야 釋住하니라 但有開合者는
初二는 不開니 彼經初句云호대 深心不退故라하고 此句自分云호대
自住處라하며 二云호대 於三寶中에 生淨信하야 畢竟不壞故라하니
卽是勝進이라 上二는 約德行差別이니 今云亦能生者는 以上云從
佛親生故라하니라 下之二智는 約智解差別이니 三에 眞如智는 卽是
證智요 四는 卽敎智라 其眞如智는 彼經兩句니 一은 云觀諸行生滅
故라하고 二는 觀諸行自性無生故라하니 上句는 生空眞如요 下句는
法空眞如라 故此合爲一句니라 善觀察法은 具上二觀일새 故名爲善
이라 亦所生處者는 以上三義로 釋名中에 法界는 爲所生處니 卽眞
如故니라

이름을 열거한 가운데 열 가지 일이라고 한 등은 그러나 삼현은
차례와 같이 십지와 상사하지만 그 삼현 가운데도[456] 십주가 상사한
것이 가장 많나니,
초현初賢[457]에 들어감에 십지와 같이 수행하는 까닭이니,
초주는 초지와 상사하며 이주는 이지와 상사하며 내지 십주는 십지
와 상사하기에 그런 까닭으로 소문에서 다분히 십지의 문장을 인용
하여 십주를 해석하였다.

---

456 원문에 취중就中은 자전에 그중에서 특별히라고 해석하였다.
457 초현初賢이란, 십주十住이다.

다만 열고 합한 것이 다름이 있을 뿐이라고 한 것은 처음에 두
구절은 열지 아니하였으니[458]
저 『십지경』 처음 구절에 말하기를 깊은 마음이 물러나지 않는
까닭이다 하고, 이 구절의 자분自分에 말하기를 스스로 머무는 곳이
다 하였으며
제 두 번째 구절에 말하기를[459] 삼보 가운데 청정한 믿음을 내어
필경에 무너지지 않는 까닭이다 하였으니 곧 이것은 승진勝進이다.
이 위에 두 구절은 덕행이 차별함을 잡아 말한 것이다.

지금에 또한 능생이라고 한 것은 위에서[460] 말하기를 부처님으로
좇아 친히 출생한 까닭이다 한 것이다.

아래에 두 가지 지혜[461]는 지해智解가 차별함을 잡은 것이니
세 번째 진여의 지혜는 곧 증지證智요
네 번째 분별하여 설할 바 지혜는 곧 교지敎智이다.
그 진여의 지혜는 저 『십지경』의 두 구절이니
첫 번째는 말하기를 모든 행의 생멸함을 관찰하는 까닭이다 하고

---

458 열지 아니하였다고 한 것은 그 뜻에 말하기를 저 『십지경』으로 더불어
온전히 같아 따로 열지 아니한 것이요, 혹은 말하기를 불不 자는 마땅히
동同 자라 해야 한다 하였다. 역시 『잡화기』의 말이다.
459 원문에 이운二云이란, 彼經 第二句이니, 저 『십지경十地經』 제이구第二句이다.
460 위에라고 한 것은 영인본 화엄 5책, p.658, 말행末行이다.
461 원문에 하이지下二智란, 진여지眞如智와 분별소설지分別所說智이다.

두 번째[462]는 모든 행의 자성이 생멸함이 없음을 관찰하는 까닭이다
하였으니,
위에 구절은 생공生空진여요 아래 구절은 법공法空진여이다.
그런 까닭으로 여기에서는 합하여 한 구절[463]을 삼았다.

법을 잘 관찰한다고 한 것은 위에 두 가지 관觀[464]을 구족하였기에
그런 까닭으로 이름을 잘 관찰한다 한 것이다.

또한 소생의 처소라고 한 것은 위에 세 가지 뜻[465]으로써 이름을
해석한 가운데 법계는 소생의 처소가 되나니 곧 진여인 까닭이다.

第四智中엔 彼但有六하고 此有七句하니 開也니라 句雖有七이나 義
乃略彼하니 彼六句中에 一에 云觀世界成壞는 卽今世界요 二에 觀因
業有生은 卽今業行과 果報二句요 三에 觀生死涅槃은 卽今六七二
句요 四에 觀衆生國土業故는 卽此初二니 此亦合也요 五에 觀前際
後際故와 六에 觀無所有盡故는 此之二句는 今文略無나 攝在果報와
生死之中일새 故全同也니라 今疏中觀衆生은 牒經이요 空有는 卽觀
相이며 佛土는 卽牒經이요 言權實者는 卽是觀相이니 下五例知니라

---

462 一 자는 북장北藏에는 二 자이다. 二 자가 좋다.
463 한 구절이란, 진여지이다.
464 두 가지 관(二觀)이란, 一은 관제행생멸觀諸行生滅이요, 二는 관제행자성무생
　　觀諸行自性無生이다.
465 원문에 상삼의上三義란, 영인본 화엄 5책, p.659와 바로 앞의 소문에 있다.

二種生死와 四種涅槃은 下當廣說하리라

제 네 번째 지혜⁴⁶⁶ 가운데는 저⁴⁶⁷『십지경』에는 다만 여섯 구절만
있고 여기에는 일곱 구절이 있나니 연 것이다.
구절은 비록 일곱 구절이 있지만 뜻은 이에 저⁴⁶⁸『십지경』보다
생략되었나니
저『십지경』의 여섯 구절⁴⁶⁹ 가운데 첫 번째 말하기를 세계가 이루어
지고 무너짐을 관찰한다고 한 것은 곧 지금에 세계요
두 번째 업을 인하여 남이 있음을 관찰한다고 한 것은 곧 지금에
업행과 과보의 두 구절이요
세 번째 생사와 열반을 관찰한다고 한 것은 곧 지금에 여섯 번째와
일곱 번째의 두 구절이요
네 번째 중생과 국토의 업을 관찰하는 까닭이라고 한 것은 곧 여기에
처음 두 구절이니, 또한 이것은 합한 것이요⁴⁷⁰
다섯 번째 전제와 후제를 관찰하는 까닭이라고 한 것과 여섯 번째
있는 바가 다함이 없음을 관찰하는 까닭이라고 한 것은, 이 두
구절은 지금 경문에는 생략되어 없지만 과보와 생사 가운데 섭수되

---

466 제 네 번째 지혜란, 분별하여 설한 바 지혜이니 소문에 있다.
467 저(彼)란,『십지경十地經』이다.
468 저(彼)란, 역시『십지경十地經』이다.
469 원문에 피육구彼六句란, 역시『십지경十地經』의 육구六句이다.
470 또한 이것은 합한 것이라고 한 것은 말하자면 저『십지경』의 앞에 네 구절이
　　곧 이 소문에서 말한 바 합한 것이라는 뜻이다. 역시『잡화기』의 말이다.

어 있기에 그런 까닭으로 온전히 같은 것이다.

지금 소문 가운데 중생을 관찰[471]한다고 한 것은 경문을 첩석한 것이요

공함과 있음이라고 한 것은 곧 관찰하는 모습이며

불국토라고 한 것은 곧 경문을 첩석한 것이요

방편과 진실이라고 말한 것은 곧 관찰하는 모습이니,

아래 다섯 구절은 비례하면 가히 알 수가 있을 것이다.

두 가지 생사와 네 가지 열반은 아래에서 마땅히 폭넓게 설하겠다.

---

471 觀 자는 소문疏文엔 了 자이다.

經

佛子야 此菩薩이 應勸學十法이니 何者爲十고 所謂了知過去未
來現在의 一切佛法하며 修集過去未來現在의 一切佛法하며 圓
滿過去未來現在一切佛法하며 了知一切諸佛平等이니라

불자여, 이 보살이 응당 열 가지 법을 권하여 배우게 할 것이니
어떤 것이 열 가지가 되는가.
말하자면 과거와 미래와 현재의 일체 불법을 알며,
과거와 미래와 현재의 일체 불법을 닦아 모으며,
과거와 미래와 현재의 일체 불법을 원만케 하며,
일체 모든 부처님의 평등함을 아는 것입니다.

疏

後十은 勝進이라 初三은 解了니 通於敎理行果요 次三은 修集行
法이요 次三은 誓當滿果요 後一은 別了理法이라

뒤에 열 가지 법은 승진이다.
처음에 세 가지는 아는 것이니 교·리·행·과에 통하는 것이요
다음에 세 가지는 행법行法을 닦아 모으는 것이요
다음에 세 가지는 서원코 당래에 불과를 원만케 하는 것이요
뒤에 한 가지는 따로 이법理法을 아는 것이다.

經

何以故요 欲令增進하야 於三世中에 心得平等하며 有所聞法하면 卽自開解하고 不由他敎故니라

무슨 까닭인가 하면 하여금 더욱 나아가 삼세 가운데 마음이 평등함을 얻게 하며,
들을 바 법문이 있다면 곧 스스로 열어 알고 다른 사람의 가르침을 인유하지 않게 하고자 하는 까닭입니다.

疏

後는 徵釋이라 意欲進後位하야 眞俗平等故니 徧觀三世不殊하야사 方知平等故니라

뒤에는 묻고 해석한 것이다.
그 뜻은 뒤의 지위에 나아가 진제와 속제가 평등케 하고자 하는 까닭이니,
삼세가 다르지 아니함을 두루 관찰하여야 바야흐로 평등함을 아는 까닭이다.

經

佛子야 云何爲菩薩의 具足方便住고 此菩薩의 所修善根은 皆爲
救護一切衆生이며 饒益一切衆生이며 安樂一切衆生이며 哀愍
一切衆生이며 度脫一切衆生이며 令一切衆生으로 離諸災難이
며 令一切衆生으로 出生死苦며 令一切衆生으로 發生淨信이며
令一切衆生으로 悉得調伏이며 令一切衆生으로 咸證涅槃이니라

불자여, 어떤 것이 보살의 구족방편주가 되는가.
이 보살이 닦는 바 선근은 다 일체중생을 구호하기 위한 것이며
일체중생을 요익케 하기 위한 것이며
일체중생을 안락케 하기 위한 것이며
일체중생을 어여삐 여기기 위한 것이며
일체중생을 제도하여 해탈케 하기 위한 것이며
일체중생으로 하여금 모든 재난을 떠나게 하기 위한 것이며
일체중생으로 하여금 생사의 괴로움을 벗어나게 하기 위한 것이며
일체중생으로 하여금 청정한 믿음을 발생케 하기 위한 것이며
일체중생으로 하여금 다 조복을 얻게 하기 위한 것이며
일체중생으로 하여금 다 열반을 증득케 하기 위한 것입니다.

疏

第五에 具足方便住者는 自分十心은 亦是方便也요 勝進十心은

亦具足也라 今自分中엔 卽第二住에 發起此心일새 今以所修善
根으로 正向所爲니 例前解釋하면 文並可見거니와 今別爲一勢하
리니 謂初是總句니 救苦護善故니라 云何護善고 一은 授與樂因이
니 如經饒益故라 二는 令得樂果니 謂安樂故라 三은 哀愍妄樂이니
不令著故라 四는 云何救苦고 度一切苦하야 得解脫故라 何者是
苦고 苦有二種하니 一은 三災八難이요 二는 二種生死라 云何得離
고 一은 敎生淨信이요 二는 由淨信故로 授以三學하야 令諸根煩惱
로 皆得調伏이라 云何得樂고 謂咸證涅槃하야 究竟滅苦가 是眞常
樂이니 初句九字가 流至於此니라

제 다섯 번째 구족방편주라고 한 것은 자분의 열 가지 마음은 또한
방편이요,

승진의 열 가지 마음은 또한 구족이다.

지금의 자분 가운데는 곧 제이주에서 이 마음을 발기하였기에 지금
에는 닦은 바 선근으로써 바로 작위할 바에 나아가는 것이니,

앞의 해석[472]에 비례한다면 경문에 아울러 가히 나타났거니와 지금에
는 따로 한 문세를 삼으리니,

말하자면 처음은 이 총구總句이니 괴로워하는 중생을 구호하고 선한
중생을 보호하는 까닭이다.

어떤 것이 선한 중생을 보호하는 것인가.

첫 번째는 즐거운 원인을 주는 것이니 지금 경에서 요익케 한다는

---

472 원문에 전해석前解釋이란, 제이구第二句이다.

것과 같은 까닭이다.

두 번째는 하여금 즐거움의 과보를 얻게 하는 것이니 말하자면 안락케 하는 까닭이다.

세 번째는 허망한 즐거움을 어여삐 여기는 것이니 하여금 집착하지 않게 하는 까닭이다.

네 번째는 어떤 것이 괴로워하는 중생을 구호하는 것인가.

일체 괴로움을 지나 해탈을 얻게 하는 까닭이다.

어떤 것이 괴로운 것인가.

괴로움에 두 가지가 있나니

첫 번째는 삼재와 팔난이요

두 번째는 두 가지 생사이다.

어떤 것이 떠남을[473] 얻는 것인가.

첫 번째는 하여금 청정한 믿음을 내게 하는 것이요

두 번째는 청정한 믿음을 인유한 까닭으로 삼학을 주어 모든 근본 번뇌로 하여금 다 조복함을 얻게 하는 것이다.

어떤 것이 즐거움을 얻는 것인가.

말하자면 다 열반을 증득하여 구경에 괴로움을 소멸하는 것이 진실로 영원한 즐거움이니,

처음 구절에 아홉 글자가 여기에까지 내려와 이르는 것이다.

---

473 이離 자와 일一 자 사이에 소본에는 득리역이得離亦二라는 네 글자가 더 있다. 역시 『잡화기』의 말이다.

初句九字等者는 謂句句에 皆有此菩薩所修善根皆爲字니라

처음 구절에 아홉 글자라고 한 등은 말하자면 구절구절마다 다
차보살소수선근개위此菩薩所修善根皆爲라는 글자가 있어야 한다는
것이다.

經

佛子야 此菩薩이 應勸學十法이니 何者爲十고 所謂知衆生無邊
하며 知衆生無量하며 知衆生無數하며 知衆生不思議하며 知衆
生無量色하며 知衆生不可量하며 知衆生空하며 知衆生無所作
하며 知衆生無所有하며 知衆生無自性이니라

불자여, 이 보살이 응당 열 가지 법을 권하여 배우게 할 것이니
어떤 것이 열 가지가 되는가.
말하자면 중생이 끝이 없음을 알며
중생이 한량이 없음을 알며
중생이 수가 없음을 알며
중생이 불가사의함을 알며
중생의 한량없는 색류를 알며
중생이 가히 헤아릴 수 없음을 알며
중생이 공함을 알며
중생이 작위할 바가 없음을 알며
중생이 있는 바가 없음을 알며
중생이 자성이 없음을 아는 것입니다.

疏

後勝進中에 前六은 義含深廣이요 後四는 唯顯甚深이라 云何廣
耶아 一은 無涯畔이요 二는 無分限이요 三은 離算數요 四는 言思莫

儔요 五는 色類非一이요 六은 非稱量盡이라 所言深者에 無邊은
謂非有非無며 非斷非常故요 無量者는 常一刹那니 無長短故요
無數者는 非一非異니 不墮數故요 不思議者는 卽妄卽眞이니 言
語道斷이며 心行處滅故요 無量色者는 頓現身器故요 不可量者
는 出二量故니라 後四中에 七爲總句니 人法空故라 此云何空고
八約能成이니 非是自他共으로 所作故요 九約所成이니 內外推尋
하야도 無所有故요 十無自性은 釋成上義니 無性故空이며 無性故
誰能作이며 無性故無所有니 非斷無也니라 又七八九는 是三脫
門이라

뒤에 승진 가운데 앞에 여섯 가지는 그 뜻이 깊고 넓은 것을 포함한
것이요
뒤에 네 가지는 오직 깊은 것만 나타낸 것이다.
어떤 것이 넓은 것인가.
첫 번째는 끝이 없는 것이요
두 번째는 분한이 없는 것이요
세 번째는 산수를 떠난 것이요
네 번째는 말과 생각으로 짝할 수 없는 것이요
다섯 번째는 색류가 하나가 아닌 것이요
여섯 번째는 헤아려도 다할 수 없는 것이다.

말한 바 깊다고 한 것[474]에 끝이 없다고 한 것은 말하자면 있는
것도 아니고 없는 것도 아니며 끊어진 것도 아니고 영원한 것도

아닌 까닭이요

한량이 없다고 한 것은 항상 한 찰나이니 길고 짧은 것이 없는[475] 까닭이요

수가 없다고 한 것은 하나도 아니고 다른 것도 아니니 수에 떨어지지 않는 까닭이요

불가사의하다고 한 것은 곧 허망한 것이 곧 진실한 것이니 언어의 길이 끊어졌으며 마음의 갈 곳이 사라진 까닭이요

한량없는 색류라고 한 것은 문득 근신과 기계를 나타낸 까닭이요

가히 헤아릴 수 없다고 한 것은 이량二量[476]을 벗어난 까닭이다.

뒤에 네 가지 가운데 일곱 번째[477]는 총구가 되나니 사람과 법이 공한 까닭이다.

이것이 어떻게 공한 것인가.

여덟 번째는 능성을 잡은 것이니 자작과 타작과 공작共作[478]으로 지을 바가 아닌 까닭이요

---

474 원문에 자者 자는 바로 뒤에 무변無邊이라 한 변邊 자 뒤에 있는 것이 옳다 하겠다.

475 길고 짧은 것이 없다고 한 것은 영원한 까닭으로 짧은 것이 없고, 찰나인 까닭으로 긴 것이 없다는 것이다. 역시 『잡화기』의 말이다.

476 이량二量이란, 초문에 현량과 비량이라 하였다.

477 일곱 번째는 지중생공知衆生空이다.

478 공共이란, 자타공작自他共作이다. 자작自作은 스스로 짓는 것이다. 타작他作은 다른 사람이 짓는 것이다. 공작共作은 자타自他가 함께 짓는 것이다. 무인작無因作은 원인 없이 짓는 것이다.

아홉 번째는 소성을 잡은 것이니 안과 밖으로 헤아려 찾아보아도
있는 바가 없는 까닭이요

열 번째 자성이 없다고 한 것은 위에 뜻을 해석하여 성립한 것이니
자성이 없는 까닭으로 공이며,

자성이 없는 까닭으로 누가 능히 지으며,

자성이 없는 까닭으로 있는 바가 없는 것이니 단멸하여 없는 것은
아니다.

또 일곱 번째와 여덟 번째와 아홉 번째[479]는 삼해탈문이다.

鈔

頓現身器者는 前約廣釋이니 直語色類之多일새 故云非一이라하얏
거니와 今約深釋이니 藏識이 頓變根身器世間일새 故爲甚深이라 出
二量者는 現量比量으로 不能量故며 又過量無量故니라 非是自他者
는 中論苦品云호대 自作及他作과 共作無因作으로 如是說諸苦나 於
果則不然이라하니 自他等義는 下當廣釋하리라

문득 근신과 기계를 나타낸다고 한 것은 앞[480]에서는 넓음을 잡아
해석한 것이니,

바로 색류色類가 많음을 말한 것이기에 그런 까닭으로 말하기를
하나가 아니라고 하였거니와 지금에는 깊음을 잡아 해석한 것이니,

---

479 七은 중생공衆生空이요, 八은 무소작無所作이요, 九는 무소유無所有이다.
480 앞(前)이란, 돈현신기頓現身器 앞(前)이다.

장식藏識이 문득 근신과 기세간을 변현하기에 그런 까닭으로 깊다고
하였다.

이량을 벗어났다고 한 것은 현량과 비량으로 능히 측량할 수 없는
까닭이며 또 한량과 무량을 초과한 까닭이다.

자작과 타작이 아니라고 한 것은 『중론』의 관고품[481]에 말하기를
자작과 그리고 타작과
공작과 무인작으로
이와 같이 모든 괴로움을 설하지만
결과에서 보면 곧 그렇지만은 않다 하였으니,
자작과 타작 등의 뜻은 아래에서 마땅히 폭넓게 해석하겠다.

---

481 『중론中論』관고품觀苦品이란,『중론中論』이십칠품二十七品 중 제십이품第十
二品이다.

經

何以故요 欲令其心으로 轉復增勝하야 無所染著하며 有所聞法
하면 卽自開解하고 不由他敎故니라

무슨 까닭인가 하면 그 마음으로 하여금 전전히 다시 더 수승하여
물들거나 집착할 바가 없게 하며,
들을 바 법문이 있다면 곧 스스로 열어 알고 다른 사람의 가르침을
인유하지 않게 하고자 하는 까닭입니다.

疏

三은 徵釋이라 意云하면 雙明深廣이니 性相交徹하면 則轉復增勝
이요 形奪兩亡하면 皆無染著하야 成般若故니라

세 번째는 물고 해석한 것이다.
뜻으로 말하면 깊고 넓은 것을 함께 밝힌 것이니
자성과 모습이 서로 사무치면 곧 전전히 더 수승할 것이요
형탈形奪하여 둘 다 잃으면 다 물들거나 집착이 없어서 반야를 이루는
까닭이다.

經

佛子야 云何爲菩薩正心住고 此菩薩이 聞十種法하고도 心定不
動이니 何者爲十고 所謂聞讚佛毁佛하고도 於佛法中에 心定不
動하며 聞讚法毁法하고도 於佛法中에 心定不動하며 聞讚菩薩
毁菩薩하고도 於佛法中에 心定不動하며 聞讚菩薩毁菩薩의 所
行法하고도 於佛法中에 心定不動하며 聞說衆生有量無量하고도
於佛法中에 心定不動하며 聞說衆生有垢無垢하고도 於佛法中
에 心定不動하며 聞說衆生易度難度하고도 於佛法中에 心定不
動하며 聞說法界有量無量하고도 於佛法中에 心定不動하며 聞
說法界有成有壞하고도 於佛法中에 心定不動하며 聞說法界若
有若無하고도 於佛法中에 心定不動이니 是爲十이니라

불자여, 어떤 것이 보살의 정심주가 되는가.
이 보살이 열 가지 법을 듣고도 마음이 결정되어 움직이지 않는
것이니
어떤 것이 열 가지가 되는가.
말하자면 부처님을 찬탄하거나 부처님을 훼방함을 듣고도 불법
가운데 마음이 결정되어 움직이지 아니하며
법을 찬탄하거나 법을 훼방함을 듣고도 불법 가운데 마음이 결정되
어 움직이지 아니하며
보살을 찬탄하거나 보살을 훼방함을 듣고도 불법 가운데 마음이
결정되어 움직이지 아니하며

보살을 찬탄하거나 보살의 행한 바 법을 듣고도 불법 가운데 마음이
결정되어 움직이지 아니하며

중생이 한량이 있다거나 한량이 없다고 설함을 듣고도 불법 가운데
마음이 결정되어 움직이지 아니하며

중생이 번뇌가 있다거나 번뇌가 없다고 설함을 듣고도 불법 가운데
마음이 결정되어 움직이지 아니하며

중생이 제도하기 쉽다거나 제도하기 어렵다고 설함을 듣고도 불법
가운데 마음이 결정되어 움직이지 아니하며

법계가 한량이 있다거나 한량이 없다고 설함을 듣고도 불법 가운데
마음이 결정되어 움직이지 아니하며

법계가 이루어짐이 있다거나 무너짐이 있다고 설함을 듣고도 불법
가운데 마음이 결정되어 움직이지 아니하며

법계가 혹 있다거나 혹 없다고 설함을 듣고도 불법 가운데 마음이
결정되어 움직이지 않는 것이니,

이것이 열 가지가 되는 것입니다.

疏

第六은 正心住라 初自分內에 由成就般若하야 了法性相일새 故皆
不動이니 名爲正心이라 初四는 約所敬三寶니 由了法平等하야 聲
如谷響일새 故於讚毁에 不生欣感이라 又在執應毁하고 就理應讚
故니라 故商主天子經云호대 無有不毁語言하고는 而能至其解脫
中故라하니라

제 여섯 번째는 정심주이다.

처음 자분 안에 반야를 성취하여 법의 자성과 모습을 요지함을
인유하였기에 그런 까닭으로 다 움직이지 않는다고 한 것이니,
이름이 정심주가 되는 것이다.

처음에 네 구절은 공경할 바 삼보를 잡은 것이니,

법이 평등함을 요지하여 소리가 마치 골짜기의 메아리와 같음을
인유하였기에 그런 까닭으로 찬탄하거나 훼방함에 기뻐하고 싫어
함[482]을 내지 않는 것이다.

또 집착함이 있으면 응당 훼방하고, 진리에 나아가면 응당 찬탄하는
까닭이다.

그런 까닭으로 『상주천자경』[483]에 말하기를 언어를 훼방하지 않고는
능히 그 해탈 가운데 이를 수 없는 까닭이다 하였다.

鈔

又在執應毀者는 上約不取聲相일새 而毀爲非어니와 今明合毀니 毀
却順理니라 商主天子經者는 彼經云호대 又復問文殊師利言호대 若
復有人이 毀汝所說인댄 彼將何去리까 答言호대 當向得涅槃하리라

---

482 慼 자는 '근심, 싫어할 척' 자이다.
483 『상주천자경商主天子經』은 一卷으로 수隋나라 사나굴다闍那崛多 번역이다.
佛在靈山한대 商主天子가 請文殊說法하니 文殊가 爲說一百十九智하니라.
즉 부처님이 영산에 계시므로 상주천자가 문수에게 설법을 청하니 문수가
백열아홉 가지 지혜를 설했다는 것이다. 대정장 제15책에 수록. ―『국역태화
선학대사전國譯泰華禪學大辭典』 5책.

又問호대 何緣作如是說이닛가 答言호대 一切가 無有不毀語言하고는
而能得至聖解脫中者니라 所以者何오 其聖道中엔 無有名字와 章
句語言을 可說可示니라 若不信者인댄 彼等은 當不解脫하리라 又問
호대 何緣作如是說이닛가 答言호대 不可以得解脫하고 復得解脫也
라하니 故言在執應毀라하니라 因言通理하나니 言語性空이 卽是解脫
일새 故云就理應讚也라하니라

또 집착함이 있으면 응당 훼방한다고 한 것은 위에서는 소리의
모습을 취하지 아니함을 잡았기에 훼방함으로 그름을 삼았거니와
지금에는 훼방함이 합당함을 밝힌 것이니 훼방하는 것이 도리어
의리에 순하는 것이다.

『상주천자경』이라고 한 것은 저 경에 말하기를 또다시 문수사리에게
물어484 말하기를485 만약 다시 어떤 사람이 그대 문수께서 말한 바를
훼방한다면 저 사람은 장차 어디로 가겠습니까.
대답하여 말씀하시기를 마땅히 향래에 열반을 얻을 것입니다.
또 묻기를 무슨 인연으로 이와 같은 말씀을 하십니까.
대답하여 말씀하시기를 일체가 언어를 훼방하지 않고는 능히 성인의
해탈 가운데 이름을 얻을 자가 없기 때문입니다.
무슨 까닭인가 하면, 그 성인의 도 가운데는 명자名字와 장구章句와

484 문수사리에게 물었다고 한 것은 상주천자가 문수사리에게 물은 것이다.
485 彼經 아래 問 자가 있는 것이 좋다. 즉 상주천자商主天子가 문수文殊에게
　　물어 말하였다는 것이다.

언어를 가히 설하거나 가히 시현할 수 없기 때문입니다.

만약 믿지 않는 사람[486]이 있다면[487] 저 사람 등은 마땅히 해탈하지 못할 것입니다.

또 묻기를 무슨 인연으로 이와 같은 말씀을 하십니까.

대답하여 말씀하시기를 가히 해탈을 얻고서 다시 해탈을 얻을 수는 없기 때문입니다 하였으니,

그런 까닭으로 말하기를[488] 집착함이 있으면 응당 훼방한다 하였다.

또 말을 인하여 진리를 통하나니 언어의 자성이 공한 것이 곧 해탈이기에, 그런 까닭으로 말하기를 진리에 나아가면[489] 응당 찬탄한다 하였다.

疏

次三은 約所愍衆生이라 有量無量은 是斷常邊이니 菩薩不墮요 有無垢는 是增減邊이니 菩薩遠離요 易度難度는 是苦樂邊이니

---

486 원문에 불신자不信者는 곧 훼방자毀妨者이다.

487 만약 믿지 않는 사람이 있다면 운운한 것은 믿지 않는 사람은 이미 언어를 훼방하고 해탈을 얻는다 하기에 그런 까닭으로 다시 해탈하지 못한 것이라고 말한 것이다. 역시 『잡화기』의 말이다.

488 그런 까닭으로 말하기를 운운한 것은 이것은 『상주천자경』을 따른 까닭으로 다만 언어로써 훼방하고 찬탄함을 논한 것이어니와, 만약 지금에 『화엄경』인 즉 마땅히 삼보로써 통론한 것이라 하겠다. 역시 『잡화기』의 말이다.

489 진리에 나아가면이라고 말한 것은 언어를 인하여 진리를 통하는 도리에 나아간다는 것이다. 역시 『잡화기』의 말이다.

菩薩不住니라 又有垢者難이요 無垢者易며 又亦反此니 以不發
心은 不知垢故로 名之爲無니라

다음에 세 구절은 어여삐 여길 바 중생을 잡은 것이다.
한량이 있다거나 한량이 없다고 한 것은 이것은 단상斷常의 경계[490]이
니 보살은 여기에 떨어지지 않는 것이요
번뇌가 있다거나 번뇌가 없다고 한 것은 이것은 증감增減의 경계이니
보살은 여기에서 멀리 떠난 것이요
제도하기 쉽다거나 제도하기 어렵다고 한 것은 이것은 고락苦樂의
경계이니 보살은 여기에 머물지 않는 것이다.

또 번뇌가 있는 사람은 제도하기 어렵고 번뇌가 없는 사람은 제도하
기 쉬우며 또한 이와 반대이기도 하나니,
발심하지 못한 사람은 번뇌를 알 수 없는 까닭으로 이름을 없다고
한 것이다.

鈔

有量無量은 是斷常邊者는 有量無量에 略有二義하니 一은 約竪論이
니 衆生當盡하야 不有衆生일새 故名爲斷이요 若常爲衆生인댄 卽墮
於常이라 二者는 橫論이니 衆生無邊인댄 卽墮於常이니 定有著常故

---

490 원문에 단상변斷常邊이란, 횡수橫竪에 다 유량有量은 단변斷邊이고 무량無量
은 상변常邊이다.

요 若傍有邊涯인댄 卽墮於斷이니 傍更無故로 定無則斷이라 有垢는
則衆生界增이요 無垢는 則衆生界減이며 難度는 則菩薩勤苦요 易度
는 卽生安樂이며 又難度는 常受苦요 易度는 亦得安樂也니라 以不發
心者는 是不知垢者는 難度니 則顯已發心者는 則知有垢일새 故易度
也니라 如暗室中塵이 若有隙光이면 則知有塵거니와 無光之處엔 不
見於塵하나라

한량이 있다거나 한량이 없다고 한 것은 이것은 단상의 경계라고
한 것은, 한량이 있고 한량이 없음에 간략하게 두 가지 뜻이 있나니
첫 번째는 수竪로 논한 것을 잡은 것이니,
중생이 마땅히 다하여 중생이 있지 않기에 그런 까닭으로 이름을
단견이라 하는 것이요
만약 영원히 중생이라고 한다면 곧 상견에 떨어질 것이다.
두 번째는 횡橫으로 논한 것이니,
중생이 끝이 없다고 한다면 곧 상견에 떨어질 것이니 결정코 있다
하여 상견에 집착하는 까닭이요
만약 옆으로 끝이 있다고 한다면 곧 단견에 떨어질 것이니 옆으로
다시 끝이 없는 까닭으로 결정코 없다 하여 곧 단견에 집착[491]하는
것이다.

번뇌가 있다고 한 것은 곧 중생의 세계가 늘어난다는 것이요

---

491 則 자는 着 자의 오자誤字인 듯하다.

번뇌가 없다고 한 것은 곧 중생의 세계가 감소한다는 것이며
제도하기 어렵다고 한 것은 곧 보살이 괴롭다[492]는 것이요
제도하기 쉽다고 한 것은 곧 중생이 안락하다는 것이며
또 제도하기 어렵다고 한 것은[493] 항상 고통을 받는다는 것이요
제도하기 쉽다고 한 것은 안락을 얻는다는 것이다.

발심하지 못한 사람이라고 한 것은 이것은 번뇌를 알지 못한 사람은
제도하기 어렵다는 것이니,
곧 이미 발심한 사람은 곧 번뇌가 있는 줄 알기에 그런 까닭으로
제도하기 쉽다는 것을 나타낸 것이다.
마치 어두운 방안에 먼지가 만약 문틈 사이 빛이 있으면 곧 먼지가
있는 줄 알거니와 빛이 없는 처소에는 먼지를 볼 수 없는 것과
같다.

疏

後三은 約所知法界라 有量無量은 亦是斷常이요 餘二는 增減이니
已得正心일새 故皆不動이라

---

492 勤은 '괴로워할 근, 근심할 근' 자이다.
493 또 제도하기 어렵다고 한 것은, 이 위에는 보살에 나아가 고통과 즐거움을
    설하고, 지금에는 중생에 나아가 고통과 괴로움을 설한 것이다. 역시 『잡화
    기』의 말이다.

뒤에 세 구절은 알 바 법계를 잡은 것이다.
한량이 있다거나 한량이 없다고 한 것은 역시 단·상의 경계요
나머지 두 구절[494]은 증·감의 경계이니,
이미 정심을 얻었기에 그런 까닭으로 다 움직이지 않는다 한 것이다.

鈔

法界有量者는 有量故斷이요 無量故常이며 有成卽增이요 有壞卽減
이며 若有卽增이요 若無卽減이라

법계가 한량이 있다고 한 것은 한량이 있는 까닭으로 단견이요
한량이 없는 까닭으로 상견이며
이루어짐이 있다고 한 것은 곧 늘어난다는 것이요
무너짐이 있다고 한 것은 곧 감소한다는 것이며
혹 있다고 한 것은 곧 늘어난다는 것이요
혹 없다고 한 것은 곧 감소한다는 것이다.

疏

又約衆生인댄 大悲大願이 無限量故며 了法界性이 超量非量故
며 知法界相이 緣成世界니 說有成壞나 非成壞故며 體有相無와

---

494 원문에 여이餘二란, 後三中에 餘二니 유성유괴有成有壞와 약유약무若有若無
의 二句이다. 곧 법계法界의 성괴成壞와 유무有無이다.

體無相有가 皆自在故라 況並音聲性離어니 何足動哉아

또 중생을 잡아 말한다면[495] 대비와 대원이 한량이 없는 까닭이며
법계의 자성이 한량이 있고 한량이 없음을 초월한 줄 아는 까닭이며
법계의 모습이 인연으로 이루어진 세계임을 아는 것이니,
이루어지고 무너짐이 있다고 말하지만 이루어지고 무너짐이 없는
까닭이며
자체가 있고 모습이 없는 것과 자체가 없고 모습이 있는 것이 다
자재한 까닭이다.
하물며 모두 음성音聲의 자성을 떠났거니 어찌 족히 움직이는 것이겠
는가.

鈔

又約衆生者는 上量無量等이 皆悉是過니 但以般若로 正知不動이요
今明有量無量等이 各有所以니 故皆不動이라 悲願無限은 成其無
量이라 了法界性은 雙成上二라 故下經云호대 法界非有量이며 亦復

---

495 또 중생을 잡아 말한다면 운운한 것은 다음의 세 구절(영인본 화엄 5책,
pp.668, 9행~669, 1행까지 삼구)을 잡아 그 까닭이 있음을 밝힌 것이나 그러나
무량이라는 한 구절만 거론한 것뿐이다. 요법계了法界라고 한 아래는 뒤에
세 구절(영인본 화엄 5책, p.669, 1행부터 3행까지 삼구)을 잡아 그 까닭이
있음을 밝힌 것이니, 그 가운데 초량超量 운운은 이미 한량이 있고 한량이
없는 것이 아닌 까닭으로 또한 능히 한량이 있고 한량이 없음을 초월하는
것이다. 역시 『잡화기』의 뜻이다.

非無量일새 牟尼悉超越 有量及無量이라하니 旣能超越일새 故心不
動이라 知法界相下는 釋有成壞니 緣成故有成이요 緣離故有壞며 緣
成故無成이요 緣壞故無壞니라 體有相無下는 釋若有若無니 體有는
是圓成之有요 相無는 是緣成之無니라 體無相有者는 則緣成之體가
無自性故요 緣成之相이 不壞相故니 則二體不同하야 實體則有요
妄體則無니라 若約眞俗二義하야 別說인댄 體有相無는 是眞如上二
義요 體無相有는 是緣成上二義며 又體有體無는 皆眞如上二義요
相有相無는 皆緣起上二義니 思之可知니라 上皆出所以일새 故不動
이라하고 況並下는 約觀心일새 故不動이라하니라

또 중생을 잡아 말한다고 한 것은 위에서 한량이 있고 한량이 없다고
한 등이 다 허물이니,

다만 반야로써 바르게 아는 것만이 움직이지 않는 것이요

지금에는 한량이 있고 한량이 없다고 한 등이 각각 까닭이 있음을
밝힌 것이니

그런 까닭으로 다 움직이지 않는 것이다.

대비와 대원이 한량이 없다고 한 것은 그 대비와 대원이 한량이
없음을 성립한 것이다.

법계의 자성이 한량이 있고 한량이 없음을 초월한 줄 안다고 한
것은 위에 두 가지를 함께 성립한 것[496]이다.

___

496 원문에 쌍성상이雙成上二란, 上에 유량有量과 무량無量을 함께 성립(雙成)한다

그런 까닭으로 아래 경에서 말하기를
법계는 한량이 있는 것도 아니며
또한 다시 한량이 없는 것도 아니기에
석가모니는
한량이 있는 것과 그리고 한량이 없는 것을 다 초월하였다 하였으니,
이미 능히 초월하였기에 그런 까닭으로 마음이 움직이지 않는 것
이다.

법계의 모습이 인연으로 이루어진 세계임을 안다고 한 아래는 이루
어지고 무너짐이 있음을 해석한 것이니
인연으로 이루어진 까닭으로 이루어짐이 있는 것이요
인연이 떠난 까닭으로 무너짐이 있는 것이며
인연으로 이루어진 까닭으로 이루어짐이 없는 것이요
인연이 무너진 까닭으로 무너짐이 없는 것이다.

자체가 있고 모습이 없다고 한 아래는 혹 있고 혹 없음을 해석한
것이니
자체가 있다고 한 것은 이것은 원성실성이 있다는 것이요
모습이 없다고 한 것은 이것은 인연으로 이루어진 것이 없다는
것이다.

───────────

는 것이다.

자체가 없고 모습이 있다고 한 것은 곧 원성실성의 자체가 자성이 없는 까닭이요

인연으로 이루어진 모습이 그 모습을 무너뜨리지 않는 까닭이니 곧 이체二體가 같지 않아서 실체는 곧 있고 망체는 곧 없는 것[497]이다.

만약 진·속의 두 가지 뜻을 잡아서 따로 설한다면 자체가 있고 모습이 없다고 한 것은 이것은 진여의 분상에 두 가지 뜻이요 자체가 없고 모습이 있다고 한 것은 이것은 연성緣成의 분상에 두 가지 뜻이며[498]

또 자체가 있고 자체가 없다고 한 것은 다 이것은 진여의 분상에 두 가지 뜻이요

모습이 있고 모습이 없다고 한 것은 다 연기의 분상에 두 가지 뜻이니 생각하면 가히 알 수가 있는 것이다.

이상에서는 다 그 까닭을 설출하였기에 그런 까닭으로 움직이지 않는다 하였고

하물며 모두라고 한 아래는 관심觀心[499]을 잡아 설하였기에 그런 까닭으로 움직이지 않는다 하였다.

---

497 망체는 곧 없다고 한 것은 말하자면 원성실성의 분상에 스스로 진체眞體는 있고 저 망체는 없다는 것이다. 역시 『잡화기』의 말이다.

498 원문에 진여상이의眞如上二義란, 一은 圓成之有요 二는 緣成之無라. 원문에 연성상이의緣成上二義란, 一은 緣成之體가 無自性이요 二는 緣成之 相이 不壞相이라.

499 관심觀心이라고 한 것은 십단十段을 모두 다 가리킨 것이다.

經

佛子야 此菩薩이 應勸學十法이니 何者爲十고 所謂一切法無相
과 一切法無體와 一切法不可修와 一切法無所有와 一切法無眞
實과 一切法空과 一切法無性과 一切法如幻과 一切法如夢과
一切法無分別이니라

불자여, 이 보살이 응당 열 가지 법을 권하여 배우게 할 것이니
어떤 것이 열 가지가 되는가.
말하자면 일체법이 모습이 없는 것과
일체법이 자체가 없는 것과
일체법이 가히 닦을 것이 없는 것과
일체법이 있는 바가 없는 것과
일체법이 진실함이 없는 것과
일체법이 공한 것과
일체법이 자성이 없는 것과
일체법이 환상과 같은 것과
일체법이 꿈과 같은 것과
일체법이 분별이 없는 것입니다.

疏

後十은 勝進이라 於中에 然勸學者는 通聞思修니 偈云聽聞은 乃
一義耳니라

뒤에 열 가지 법은 승진이다.

그 가운데 그러나 권하여 배우게 한다고 한 것은 문문聞·사思·수修에
통하나니,

게송에 말하기를 청문聽聞이라고 한 것은 이에 한 가지 뜻일 뿐이다.

鈔

偈云聽聞者는 恐人引下文하야 爲難이니 下文云호대 一切諸法皆無
相하며 無體性空無實하며 如幻如夢離分別하니 常樂聽聞如是義라
할새 故云聽聞是一義耳라하니 理實應須思修無相과 無體等法耳니라

게송에 말하기를 청문이라 했다고 한 것은 어떤 사람이 아래 게송문
을 인용하여 비난할까 염려한 것이니,

아래 게송문[500]에 말하기를

일체법이 다 모습이 없으며

자체가 없으며 자성이 없으며 공하며 진실함이 없으며

환상과 같으며 꿈과 같으며 분별을 떠났으니

항상 즐겁게 이와 같은 뜻을 청문聽聞한다 하였기에 그런 까닭으로
말하기를 청문이라고 한 것은 이에 한 가지 뜻이다 하였으니,

그 이치는 진실로 응당 반드시 모습이 없는 것과 자체가 없는 등의
법을 사유하고 닦는다는 것이다.

---

[500] 아래 게송문이란, 제육주 마지막 게송이니 영인본 화엄 5책, p.733, 1행이다.

疏

列中에 一은 自性之相을 不可得故요 二는 緣起想成故요 三은 圓
成性淨故요 四는 能成非有요 五는 所成無實이요 六은 自性本空이
요 七은 空性亦離요 八은 喩上緣現이요 九는 喩上想生이요 十은
總離取捨出沒想故니 此與六地에 取染淨法하야 分別慢對治로
文多相似하니라

이름을 열거한 가운데 첫 번째는 자성의 모습을 가히 얻을 수 없는
까닭이요
두 번째는 연기는 생각으로 이루어지는[501] 까닭이요
세 번째는 원성은 자성이 청정한 까닭이요
네 번째는 능성은 있지 않는 것이요
다섯 번째는 소성은 진실이 없는 것이요
여섯 번째는 자성이 본래 공한 것이요
일곱 번째는 자성이 공한 것도 또한 떠나는 것이요
여덟 번째는 위에 인연으로 나타난다는 것을 비유한 것이요
아홉 번째는 위에 생각으로 일어난다는 것을 비유한 것이요
열 번째는 가지고 버리는 생각과 나오고 들어가는 생각을 모두
떠나는[502] 까닭이니,

---

501 두 번째는 연기는 생각으로 이루어진다고 한 것은 말하자면 이 연기의
　　법이 저 망상을 인하여 자체를 이루는 것이다. 역시 『잡화기』의 말이다.
502 열 번째는 가지고 버리는 생각과 나오고 들어가는 생각을 모두 떠난다고

이것은 육지六地에 더럽고 깨끗한 법을 취하여 분별하는 교만한 사람을 상대하여 다스리는 것으로 더불어 문장이 다분히 상사하다 하겠다.

鈔

此與六地者는 彼經初二句는 全同이나 但彼皆云平等耳니라 經云호대 一切法無相故로 平等하며 無體故平等이라하니 想成卽體니라 三은 卽無生故平等이라하니 謂諸入苦果가 虛妄分別로 爲本일새 故無有生이니 知妄本眞인댄 卽圓成性일새 故今經云호대 不可修也라하니라 四는 卽無成故平等이라하니 然成則非有니라 五는 卽本來淸淨故平等이라하니 所成果法이 無有眞實이 卽是實性일새 故淸淨也니라 上二三句는 卽無染分이요 四五二句는 卽遣淨分이라 六은 卽無戱論故平等이라하니 無戱論故卽空이라 七은 卽寂靜故平等이라하니 故今云無性이라하니라 無性故寂靜이라 八九二喩는 卽當彼遣我非有相이라 彼有八喩어니와 今但有二하야 而成二義니라 然前七은 以無遣有요 此二는 以有遣無니라 云我非有는 但無法我언정 不壞於事니 如幻事等이 非無幻化나 幻化非眞耳니라 十에 總離等者는 卽今經엔 無有分別이라하고 彼經云호대 有無不二故平等이라하니 卽雙遣有

한 것은 아래 여덟 가지 비유가 빠진 것(영인본 화엄 5책, p.676, 4행에 저 육지경엔 여덟 가지 비유가 다 있고 지금에는 다만 두 가지만 있다 했다)을 의거한다면 곧 처음 구절로 총을 삼고 나머지 아홉 구절로 별을 삼을 것이지만, 그러나 지금에는 앞에 아홉 구절로 별을 삼고 뒤에 구절로 총을 삼는 것이다. 역시 『잡화기』의 말이다.

無일새 故無分別이라하니라 而上疏云호대 總離取捨出沒想故者는
取捨는 卽論經別句니 第八에 無取捨故平等이라하니라 云出沒은 卽
是論釋이니 論云호대 六은 遣出沒故라하니라 釋曰出沒取捨가 皆分
別故니 今旣遣之일새 故無分別이라하니라 然彼句가 當寂靜之後어늘
前來未用하고 留此說之하니 卽與論經으로 前後不同은 唯一句耳니
라 亦由有此일새 故云多同이라하니라 言染淨者는 由彼五地에 觀苦
集是染이요 滅道是淨이니 今深般若일새 故能治之니라

이것은 육지에 더럽고 깨끗한 법을 취하여 분별하는 교만한 사람을
상대하여 다스리는 것으로 더불어 문장이 다분히 상사하다고 한
것은 저 경에 처음 두 구절은 온전히 같지만 다만 저 경은 다 평등하다
고 말한 것이 더 있을 뿐이다.
저 경에 말하기를 일체법이 모습이 없는 까닭으로 평등하며 자체가
없는 까닭으로 평등하다 하였으니,
생각으로 이루어지는 것이 곧 자체이다.
세 번째는 곧 생겨난 적이 없는 까닭으로 평등하다 하였으니,
말하자면 제입諸入[503]의 괴로운 결과가 허망한 분별로 근본을 삼기에

---

503 제입諸入이라고 한 것은 곧 십이입十二入이니 아래 경문(육지경문이나 바로
아래 인용되어 있다)을 볼 것이다. 이 가운데 바로 위에 세 번째는 곧(三卽)이라
한 것과 다음 다음 줄(영인본 화엄 5책, p.675, 9행)에 네 번째는 곧(四卽)이라
운운한 것은 다 지금 경문의 차례를 거론한 것이고, 그 즉卽 자 아래는
바야흐로 아래 육지경을 가리킨 것이다. 역시 『잡화기』의 말이다. 그러나
나는 제입을 육입六入으로 본다.

그런 까닭으로 생겨남이 없는 것이니 만약 허망한 것이 본래 진실한 것인 줄 안다면 곧 원성실성이기에 지금 경에서 말하기를 가히 닦을 것이 없다 하였다.

네 번째는 곧 이루어질 것이 없는 까닭으로 평등하다 하였으니, 그러나[504] 이루어지는 것은 곧 있지 않는 것이다.

다섯 번째는 곧 본래 청정한 까닭으로 평등하다 하였으니, 이루어진 바 과법果法이 진실이 없는 것이 곧 이 진실한 자성이기에 그런 까닭으로 청정한 것이다.

위에 두 번째 구절과 세 번째 구절은[505] 곧 염분染分이 없는 것이요 네 번째와 다섯 번째 두 구절은 곧 정분淨分을 보내는 것이다.

여섯 번째는 곧 희론이 없는 까닭으로 평등하다 하였으니, 희론이 없는 까닭으로 곧 공한 것이다.

일곱 번째는[506] 곧 적정한 까닭으로 평등하다 하였으니,

---

504 원문에 연然 자는 사기私記에 무無 자라 하니 無成은 卽非有라는 것이니 위에 말을 인용한 것이다. 그러나 모두 다 뜻이 통한다 하겠다.

505 위에 두 번째 구절과 세 번째 구절이라 운운한 아래는 앞에 일곱 구절을 해석한 것이 그 다섯 가지 뜻이 있으되, 지금에는 제 두 번째 구절과 제 세 번째 구절을 해석한 것이다. 그러나 이 가운데 배속한 바 염분과 정분이 아래 육지로 더불어 다름이 있나니, 말하자면 반드시 온전히 같은 것은 아니다. 역시 『잡화기』의 말이다.

506 일곱 번째는 곧 운운은 만약 아래 육지경문이라면 곧 열 구절 가운데 제 여덟 번째 가지고 버림이 없다고 한 구절이 제 일곱 번째에 해당하고 제 일곱 번째 적정하다고 한 구절이 제 여덟 번째에 해당하거늘, 지금에는 가지고 버림이 없다고 한 구절로써 제 열 번째 있고 없음을 떠났다고 한

그런 까닭으로 지금 경에 말하기를 자성이 없다 하였다.
자성이 없는 까닭으로 적정한 것이다.

여덟 번째와 아홉 번째 두 비유는 곧 마땅히 저[507] 육지에 내가
있지 않다는 모습을 보내는 것이다.
저 육지경에는 여덟 가지 비유가 있거니와 지금에는 다만 두 가지
비유만 있어서 두 가지 뜻을 성립하는 것이다.
그러나 앞에 일곱[508] 구절은 없는(無) 것으로써 있는(有) 것을 보내는
것이요
여기에 두 구절[509]은 있는 것으로써 없는 것을 보내는 것이다.
내가 있지 않다고 말한 것은 다만 법아法我가 없다는 것일지언정
사실을 무너뜨린 것은 아니니, 마치 환상의 일 등이 환상으로 변화한
것이 없지는 않지만 환상으로 변화한 것은 진실이 아닌 것과 같다.

구절에 합하여 다만 이 가운데 제 열 번째 무분별이라는 한 구절에만 해당시켰
으니, 아래 육지경은 여덟 가지 비유로써 다만 일구一句만 성립하였고 지금에
는 두 가지 비유를 열어 여덟 번째와 아홉 번째의 두 구절을 삼은 까닭이다.
역시 『잡화기』의 말이다.

507 원문에 피彼 자와 아我 자 사이에 견遣 자가 빠졌다. 내가 있지 않다고
한 것은 이것은 없는 것이지만 있는 것으로써 그 없는 것을 보내는 까닭이다.
또한 아래 육지 소문을 볼 것이다. 역시 『잡화기』의 말이다. 그러나 내가
있지 않다고 한 것은 바로 다음 줄에 있다.

508 六 자는 七의 잘못(誤)이다.

509 원문에 차이此二란, 제팔第八과 제구第九 구句이다.

열 번째[510] 모두 떠난다고 한 등은 곧 지금 경에는 분별이 없다
하고 저 육지경에는 말하기를 있고 없는 것이 둘이 없는 까닭으로
평등하다 하였으니,

곧 있고 없는 것을 함께 보내기에 그런 까닭으로 분별이 없다 하였다.

그러나 위의 소문에 말하기를 가지고 버리는 생각과 나오고 들어가
는 생각을 모두 떠나는 까닭이라고 한 것은 가지고 버린다고 한
것은 곧 십지론경[511]의 별구別句[512]이니,

제 여덟[513] 번째 가지고 버림이 없는 까닭으로 평등하다 한 것이다.

나오고 들어간다고 말한 것은 곧 이것은 『십지론』의 해석[514]이니
『십지론』에 말하기를 여섯 번째[515]는 나오고[516] 들어가는 생각을 버리

---

510 총總 자 위에 十 자가 있어야 하기에 보증하여 번역하였다.

511 십지론경이라고 한 것은 곧 아래 궐자경闕字經이니, 대개 『십지경』이 이미
  논석이 있는 까닭으로 이 경을 상대하여 십지론경이라고 가리킨 것이지
  별본의 십지론경을 가리킨 것이 아니다. 만약 별본의 십지론경이라면 곧
  이 구절이 통으로 잡음에 곧 제 여덟 번째에 해당하고 총별을 나눔에 곧
  별구 가운데 제 일곱 번째에 해당하나니 가히 기준할 수 없다 하겠다.
  또 상래에 다 이 경으로서 차례와 같이 아래 『십지경』을 배대하되 저 십지에
  제 여섯 번째 가지고 버림이 없다는 구절만 이 가운데 제 열 번째에 머물러
  있는 까닭으로 이 회석이 있는 것이다. 그러한 즉 제 여섯 번째라고 말한
  것은 초구初句의 총을 제외한 까닭이다. 역시 『잡화기』의 말이다.

512 원문에 경론별구經論別句란, 『십지경十地經』엔 제십第十이 취사출몰상取捨出
  沒想이고 『십지론十地論』엔 제팔第八이 취사출몰상取捨出沒想이다.

513 六 자는 八 자의 오자誤字이다.

514 원문에 논석論釋이란, 구체적으로는 『십지경十地經』 제육第六 논석論釋이다.

515 원문에 논운육論云六이라 한 六 자는 『십지론十地論』엔 七이지만 六이라

는 까닭이다 하였다.

해석하여 말하면 나오고 들어가는 생각과 가지고 버리는 생각이
다 분별인 까닭이니

지금에는 이미 그것을 보내었기에 그런 까닭으로 분별이 없다 하
였다.

그러나 저 구절[517]이 적정한 까닭으로 평등하다는 구절 뒤에[518] 해당하
거늘 전래에서는 쓰지 않고 여기에 머물러 그것을 설하니[519] 곧
논경으로 더불어 앞뒤가 같지 않는 것은 오직 한 구절[520]뿐이다.
또한 이것이 있음[521]을 인유하였기에 그런 까닭으로 말하기를 다분히
같다 하였다.

한 것은 『십지경十地經』의 차례에 따라 말한 것이다.

516 여섯 번째는 나오고 운운한 그 육六 자는 본론에서 말한 것이어늘 그러나
지금에 육六이라 말하니 분명히 알아라. 아래 『십지경』으로 논한 것이지
따로 십지론경을 잡아 말한 것이 아니다. 역시 『잡화기』의 말이다.

517 원문에 피구彼句는 八에 취사출몰구取捨出沒句요 적정寂靜은 第七句이다.

518 원문에 지후之後라 한 후後 자는 응당 전前 자라 할 것이니. 널리 말한
것은 아래 궐자권闕字卷 9장과 그리고 본 십지경론 제팔권 초2장 이하와
같다. 역시 『잡화기』의 말이다.

519 원문에 전래미용前來未用하고 유차설지留此說之라고 한 것은 지금엔 저 取捨
句가 寂靜句 후에 있어야 하지만, 그러나 前來에는 그렇게 쓰지 않고 그대로
'유지留之'하여 제십구第十句에 설출說出하였다는 것이다.

520 一句는 取捨出沒句이다.

521 원문에 유차有此는 取捨句와 寂靜句가 前後가 차이가 있기에 따라서 多同하
다 한 것이다. 즉 論에는 寂靜이 五에 있고 取捨가 八에 있는데, 經에는
取捨가 十에 있고 寂靜이 七에 있다.

더럽고 깨끗한 법이라고 말한 것은 저 『십지경』의 제오지에 고·집은
이 더러운 법이요 멸·도는 이 깨끗한 법인 줄 관찰한다고 한 것을
인유한 것이니,

지금에는 반야가 깊기에[522] 그런 까닭으로 능히 상대하여 다스리는
것이다.

---

522 원문에 금심반야今深般若라고 한 것은 第六住는 十度中 第六 般若(智慧)에
   배속한다. 따라서 十度를 차례대로 十住에 배속한다.

經

何以故요 欲令其心으로 轉復增進하야 得不退轉의 無生法忍하
며 有所聞法하면 卽自開解하고 不由他敎故니라

무슨 까닭인가 하면 그 마음으로 하여금 전전히 다시 더 나아가
물러나지 않는 무생법인을 얻게 하며,
들을 바 법문이 있다면 곧 스스로 열어 알고 다른 사람의 가르침을
인유하지 않게 하고자 하는 까닭입니다.

疏

徵釋云호대 此如順忍하니 欲進後位의 不退忍故라하니라

세 번째 묻고 해석함에 말하기를 이것은 순인順忍과 같나니
후위後位의 물러나지 않는 법인法忍에 나아가고자 하는 까닭이다
하였다.

鈔

此如順忍者는 十地配五忍이니 四五六地는 配於順忍이요 七八九地
는 配無生忍하니 無生忍者는 卽不退忍이라 故次疏云호대 然此位中
에 已入無生이라하니라

이것은 순인과 같다고 한 것은 십지를 오인五忍에 배속한 것이니
제사지와 오지와 육지는 순인에 배속하고, 제칠지와 팔지와 구지는
무생인에 배속하였으니
무생인은 곧 물러나지 않는 법인이다.
그런 까닭으로 다음 소문[523]에 말하기를 그러나 이 지위 가운데서
이미 무생인에 들어갔다 하였다.

---

[523] 원문에 차소次疏란, 영인본 화엄 5책, p.679, 3행이다.

經

佛子야 云何爲菩薩不退住고 此菩薩이 聞十種法하고도 堅固不
退하나니 何者爲十고 所謂聞有佛無佛하고도 於佛法中에 心不
退轉하며 聞有法無法하고도 於佛法中에 心不退轉하며 聞有菩
薩無菩薩하고도 於佛法中에 心不退轉하며 聞有菩薩行無菩薩
行하고도 於佛法中에 心不退轉하며 聞有菩薩이 修行出離어나
修行不出離하고도 於佛法中에 心不退轉하며 聞過去有佛過去
無佛하고도 於佛法中에 心不退轉하며 聞未來有佛未來無佛하
고도 於佛法中에 心不退轉하며 聞現在有佛現在無佛하고도 於
佛法中에 心不退轉하며 聞佛智有盡佛智無盡하고도 於佛法中
에 心不退轉하며 聞三世一相三世非一相하고도 於佛法中에 心
不退轉이니 是爲十이니라

불자여, 어떤 것이 보살의 불퇴주가 되는가.
이 보살이 열 가지 법을 듣고도 견고하여 물러나지 않나니
어떤 것이 열 가지가 되는가.
말하자면 부처님이 있다거나 부처님이 없다고 함을 듣고도 불법
가운데 마음이 물러나지 아니하며
법이 있다거나 법이 없다고 함을 듣고도 불법 가운데 마음이 물러나
지 아니하며
보살이 있다거나 보살이 없다고 함을 듣고도 불법 가운데 마음이
물러나지 아니하며

보살행이 있다거나 보살행이 없다고 함을 듣고도 불법 가운데 마음이 물러나지 아니하며

보살이 수행하여 벗어날 수 있다거나 수행하여 벗어날 수 없다고 함을 듣고도 불법 가운데 마음이 물러나지 아니하며

과거에 부처님이 있었다거나 과거에 부처님이 없었다고 함을 듣고도 불법 가운데 마음이 물러나지 아니하며

미래에 부처님이 있을 것이라거나 미래에 부처님이 없을 것이라고 함을 듣고도 불법 가운데 마음이 물러나지 아니하며

현재에 부처님이 있다거나 현재에 부처님이 없다고 함을 듣고도 불법 가운데 마음이 물러나지 아니하며

부처님의 지혜가 다함이 있다거나 부처님의 지혜가 다함이 없다고 함을 듣고도 불법 가운데 마음이 물러나지 아니하며

삼세가 한 모습이라거나 삼세가 한 모습이 아니라고 함을 듣고도 불법 가운데 마음이 물러나지 않는 것이니,

이것이 열 가지가 되는 것입니다.

疏

第七은 不退住라 自分十中에 初三은 三寶요 次二는 別顯前法이요 次三은 別明初佛이요 後二는 約佛境智니 通佛法也라 而十皆言 不退轉者는 大同前位니라 然此位中에 已入無生일새 知所聞法이 畢竟空故니라 又前位는 會事入理하야 令心不動이요 今此는 事理 雙現하야 而心不退요 後位는 從理向事하야 唯隨事行이니 轉純熟

故니라 是故前位는 於三寶等에 但聞讚毀일새 忍之尚易어니와 今
聞有無에 利害轉深하야 成忍則難일새 故過前位니라 又前言不動
은 但能正心이어니와 今云不退는 有進趣義니라 又權實方便을 皆
悉通達일새 有無等言이 皆有在故니라 佛則色相虛無나 應機爲
有요 法則離相離性이나 不壞相性이라 菩薩은 同佛하니라

제 일곱 번째는 불퇴주이다.
자분의 열 가지 법 가운데 처음에 세 가지는 삼보요
다음에 두 가지는 앞에 법을 따로 나타낸 것이요
다음에 세 가지는 처음에 부처님을 따로 밝힌 것이요
뒤에 두 가지는 부처님의 경계와 지혜를 잡은 것이니 불법에 통하는
것이다.

그러나 열 가지 법이 다 물러나지 않는다고 말한 것은 앞의 정심주위
位와 대동大同한 것이다.
그러나 이 불퇴주위位 가운데서 이미 무생인에 들어갔기에 듣는
바 법이 필경에 공한 줄 아는 까닭이다.

또 앞에 정심주위는 사실을 모아 진리에 들어가서 마음으로 하여금
움직이지 않게 하는 것이요
지금 이 불퇴주위는 사실과 진리를 함께 나타내어 마음이 물러나지
않는 것이요
뒤에 동진주위는 진리를 좇아 사실에 나아가 오직 사실만을 따라

행할 뿐이니 전전히 순숙한 까닭이다.

이런 까닭으로 앞에 정심주위에서는 삼보 등에 다만 칭찬하고 훼방하는 것만 들었기에 참기가 오히려 쉬웠거니와, 지금에는 삼보 등이 있고 없음을 들음에 이익되고 손해되는 것이 점점 깊어 인욕을 이루기가 곧 어렵기에 그런 까닭으로 앞에 지위를 지나는 것이다.

또 앞에 정심주에서 움직이지 않는다고 말한 것은 다만 능히 마음을 바르게 하는 것뿐이거니와, 지금에 물러나지 않는다고 말한 것은 나아간다는 뜻이 있다.
또 권·실의 방편을 다 통달하였기에 있다 없다는 등의 말이 다 있는 까닭이다.

부처님은 곧 색상이 비어서 없지만 근기에 응대하여 있고
법은 곧 모습도 떠나고 자성도 떠났지만 모습과 자성을 무너뜨리지 않는 것이다.
보살은 부처님의 설명과 같다.[524]

鈔

今云不退者는 不退有二하니 一은 已得不退니 卽前心定不動이요 二는 未得不退니 卽今此位니 念念進入이 則是不退니라 又權實方便下

---

524 원문에 동불同佛이란, 부처님은 색상이 없지만 중생을 응대하여 있듯이 보살도 그와 같다는 것이다.

는 此中에 通有四義하니 對前正心하야 以釋不退니 上三義는 對前了
法平等하야 聲如谷響故니라 此下一義는 對前在執應毁하고 就理應
讚이니 故云有無等言이 皆有在故라하니라 佛則色相虛無下는 出有
在之相이라

지금에 물러나지 않는다고 말한 것은 물러나지 아니함에 두 가지가
있나니
첫 번째는 이미 물러나지 아니함을 얻은 것이니,
곧 앞의 정심주에 마음이 결정되어 움직이지 않는 것이요
두 번째는 아직 물러나지 아니함을 얻지 못한 것이니,
곧 지금에 이 불퇴주위이니 생각 생각에 나아가 들어가는 것이
곧 물러나지 않는 것이다.

또 권·실 방편이라고 한 아래는 이 가운데 모두 네 가지 뜻[525]이
있나니,
앞에 정심주를 상대하여 불퇴주를 해석한 것이니 위에 세 가지
뜻은 앞에[526] 법이 평등함을 요지하여 소리가 마치 골짜기의 메아리와
같다고 한 것을 상대한 까닭이다.

---

525 네 가지 뜻(四義)이란, 一義는 십개언불퇴十皆言不退轉 운운云云이요, 二義는
우전위회사입리又前位會事入理 운운이요, 三義는 우전언부동又前言不動 운운
이요, 四義는 우권실방편又權實方便 운운이다.

526 원문에 대전요법對前了法이라 한 그 전前은 영인본 화엄 5책, p.669, 6행에
初四는 약소경삼보約所敬三寶니 유요법평등由了法平等 운운한 것이다.

이 아래에 한 가지 뜻은 앞에 집착함이 있으면[527] 응당 훼방하고
진리에 나아가면 응당 찬탄한다고 한 것을 상대한 것이니,
그런 까닭으로 말하기를 있다 없다는 등의 말이 다 있는 까닭이다
하였다.

부처님은 곧 색상이 비어서 없지만이라고 한 아래는 있는 모습을
설출한 것이다.

疏

次二中엔 約事行인댄 爲有요 入理行인댄 爲無라 出離有二하니
一은 約自行義니 同前文의 有垢無垢하며 亦約事理요 二는 就化
他니 悲故不出하며 由智故出이라

다음에 두 가지 가운데는 사행事行을 잡는다면 있는 것이 되고,
이행理行에 들어감을 잡는다면 없는 것이 되는 것이다.
벗어남에 두 가지가 있나니
첫 번째는 자리행의 뜻을 잡은 것이니,
앞의 문장[528]에 번뇌가 있고 번뇌가 없다고 한 것과 같으며 또한
사실과 진리를 잡은 것이요
두 번째는 다른 사람을 교화함에 나아간 것이니,

---

527 원문에 대전재집對前在執 운운은 영인본 화엄 5책, p.669, 7행에 나왔다.
528 원문에 전문前文이란, 영인본 화엄 5책, p.668, 말행末行이다.

대비를 인유한 까닭으로 벗어나지 못하며 지혜를 인유한 까닭으로 벗어나는 것이다.

鈔

出離有二者는 即前正心住中에 衆生有垢無垢上에 有二義니 有垢則難度等이라 亦約事理者는 事則有出이요 理則無出이라

벗어남에 두 가지가 있다고 한 것은 곧 앞의 정심주 가운데 중생이 번뇌가 있고 번뇌가 없다고 한 분상에 두 가지 뜻이 있나니 번뇌가 있다고 한 것은 곧 제도하기 어렵다고 한 등[529]이다. 또한 사실과 진리를 잡았다고 한 것은 사실로는 곧 벗어날 것이 있고 진리로는 곧 벗어날 것이 없는 것이다.

疏

次下三句는 亦論有無니 何異初句리요 初句는 邪見爲無요 正信言有라 此三도 亦非正見이니 雖許有佛이나 不遍三世니라 或言호대 過去入滅일새 是故非有며 未來未成거니 安得爲有며 現在는 生界未盡하면 佛願未滿이라하니 今有佛者는 皆應現耳라하니라 俱有는 可知니 今知其謬說하야 爲無요 正說하야 爲有니라

---

529 등等이란, 무구자無垢者는 이도易度라고 한 것을 등취함이다.

이 다음 아래에 세 구절은[530] 또한 있고 없는[531] 것을 논한 것이니 어찌 처음 구절과 다르겠는가.

처음 구절은 삿되게 보는 사람은 없다고 하고 바르게 믿는 사람은 있다고 말하는 것이다.

여기에 세 구절[532]도 또한 바로 본 것이 아니니 비록 부처님이 있다고 허락하지만 삼세에 두루하지 않는 것이다.

혹 어떤 사람이 말하기를[533] 과거에 부처님은 열반에 드셨기에 이런 까닭으로 잊지 아니하며

미래의 부처님은 아직 성불하지 않았거니 어찌 있다고 함을 얻으며 현재의 부처님은 중생의 세계가 다하지 아니하면 부처님의 서원도 아직 만족하지 않는다 하였으니, 지금에 부처님이 있다고 한 것은 다 중생에게 응하여 나타난 것일 뿐이다 하였다.

함께 있다는 것은 가히 알 수 있을 것이니[534] 지금에 그것을 잘못

---

530 세 구절 운운은 여기에 또한 있다고 한 것은 거두는 것이니 없다고 말한 것은 이것은 잘못된 말이라고 한 것은 곧 이미 잘못된 말인 까닭으로 마음이 움직이지 않는다고 한다면 역시 있다는 것이다. 그러나 전례로 더불어는 조금은 같지 않는 것이다. 역시 『잡화기』의 말이다.

531 원문에 유무有無란, 불佛·법法 등이 있다 없다 하는 것이다.

532 원문에 차삼구此三句는 영인본 화엄 5책, p.678, 6행 아래(下) 삼세三世이다. 此三句는 유불무불有佛無佛이 다 사견邪見이니 따라서 初句에 사견자邪見者는 없다 하고 정신자正信者는 있다고 한 것과는 다르다.

533 원문에 혹운或云이란, 보살菩薩을 상대하여 있다 없다 말하는 사람이다.

534 원문에 구유가지俱有可知는, 위에서는 삼세三世에 부처님이 다 없다는 것을 밝혔고, 여기서는 삼세三世에 부처님이 다 있다는 것을 밝혔으니 가히 알

설하여 없다고 하고 바로 설하여 있다고 하는 것인 줄 알아야[535]
할 것이다.

鈔

雖許有佛者는 疏中에 先은 倂出三世無요 後에 俱有可知者는 卽倂
擧三世有라 旣言不遍三世인댄 則諸計不同이니 或言過現有요 未來
無며 或言過現無요 未來有等이라하니 故云不遍이라하니라 現在生界
未盡下는 辨現在無佛義니 此師計云호대 一切如來가 因地發願호대
度盡衆生하고 生界不盡하면 不取正覺이라하얏거늘 現見衆生이 沈淪
九有일새 故知諸佛이 未合有成이니 成則違誓니라 今有佛者下는 通
妨難이니 難云호대 若爾인댄 今十方世界에 諸佛出現거니 何得言無
리요 答云호대 皆是菩薩應成佛耳라하니 此師之計가 最爲孟浪일새
謗無諸佛은 理實難容이라 若爾인댄 云何通於違誓之義리요 古有多
釋하니 一은 云本擬度生하고 未期成佛이나 積行淳著에 行催自成하
나니 如撥火杖이 本欲燒草하고 不欲燒杖이나 撥草旣多에 任運燒盡
하니라 故三論師가 名爲不自在佛이라하니 不欲成佛이나 而自成故니
라 有云호대 成佛하고 若不化生인댄 可違本誓어니와 成竟하고 亦化衆
生거니 豈違本誓리요하니 難云호대 化生之義는 雖許得存이나 盡竟方
成은 其義何在고 豈得不違리요 如實義者인댄 諸佛이 皆有悲智二門

수 있을 것이라는 뜻이다.
535 원문에 금지今知 운운은 지금에 불퇴주보살不退住菩薩이 잘못 설하여 없다고
하고 바로 설하여 있다고 말하는 줄 알아야 한다는 것이다.

하니 以大悲故로 窮未來際토록 無成佛時니라 故菩薩闡提는 不成佛
也요 以大智故로 念念速成이니라 又欲化盡諸衆生界인댄 自須速成
하야사 方能廣化니 不懼違誓盡竟成言이니라 又了衆生之本如일새
故化而無化니 是則常成이나 亦常不成이며 亦常化生이나 而常無化
니라 悲智自在어니 何局執耶아 此乃傍來니 亦是人情으로 所難問故
니라 今許三世에 皆悉有佛일새 故下結云호대 謬說爲無요 正說爲有
라하니라

비록 부처님이 있다고 허락하지만이라고 한 것은 소문 가운데 먼저
는 삼세에 없다는 것을 함께 설출한 것이요
뒤에 함께 있다는 것은 가히 알 수 있을 것이라고 한 것은 곧 삼세에
있다는 것을 함께 거론한 것이다.
이미 말하기를 삼세에 두루하지 않는다고 하였다면 곧 모든 계교가
같지 않다는 것이니,
혹 어떤 사람은 말하기를 과거와 현재에는 있고 미래에는 없으며,
혹 어떤 사람은 말하기를 과거와 현재에는 없고 미래에는 있다
한 등이다 하니,
그런 까닭으로 말하기를 두루하지 않는다 하였다.

현재에 부처님은 중생의 세계가 다하지 않았다고 한 아래는 현재는
부처님이 없다는 뜻을 분별한 것이니,
이 스님[536]이 계교하여 말하기를 일체 여래가 인지시因地時에 서원을
일으키되 중생을 제도하여 다하고 중생의 세계가 다하지 아니하면

정각을 취하지 않을 것이다 하였거늘, 현재 중생이 구유九有에 빠져 있음을 보기에 그런 까닭으로 모든 부처님이 성불함이 있다고 하는 것이 합당하지 아니한 줄 알 것이니, 성불한다고 하면 곧 서원을 어기는 것이다.

지금에 부처님이 있다고 한 아래는 방해하여 비난함을 통석한 것이니,

비난하여 말하기를 만약 그렇다면 지금 시방세계에 모든 부처님이 출현하셨거니 어찌 없다고 말함을 얻겠는가.

답하여 말하기를 다 이 보살이 응당 부처를 이룰 것이다 하니, 이 스님의 계교가 가장 맹랑함이 되기에[537] 모든 부처님이 없다고 비방하는 것은 그 이치를 실로 용납하기 어려운 것이다.

만약 그렇다면 어떻게 서원을 어긴다는 뜻을 통석하겠는가.

옛날에 수많은 해석이 있었으니

첫 번째는 말하기를 본래 중생을 제도하는 것만 생각하고 성불은 기약조차 하지 않았지만 수행을 쌓은 것이 순전히 나타남에 그 수행이 스스로 성불을 재촉하나니,

마치 불을 다스리는 부지깽이[538]가 본래는 풀만을 태우고자 하고

---

536 이 스님이란, 或言(혹 어떤 사람의 말)者이다.

537 원문에 차사지계此師之計가 최위맹랑最爲孟浪은 과거過去, 미래未來에 부처님이 없다는 스님도 또한 잘못된 논리인데, 현재現在에 부처님이 없다는 것은 더욱 잘못된 맹랑한 논리라는 것이다.

538 원문에 발화장撥火杖이란, 부지깽이를 말한다.

부지깽이를 태우고자 하지 않았지만 풀을 다스린 것이 이미 많음에 마음대로 타서 다하는 것과 같다.

그런 까닭으로 삼론사三論師가 이름을 스스로 성불함에 있지 않다 하였으니,

성불하고자 하지 않았지만 스스로 성불한 까닭이다.

어떤 사람이 말하기를 성불하고 만약 중생을 교화하지 않았다면 가히 본래의 서원을 어긴 것이어니와 성불하여 마치고 또한 중생을 교화하였거니 어찌 본래의 사원을 어긴 것이겠는가 하니, 비난하여 말하기를 중생을 교화한다는 뜻은 비록 있음을 얻는다고 허락하지만 교화를 다하여 마치고서 바야흐로 성불한다는 것은 그 뜻이 어디에 있는가. 어찌 어기지 아니함을 얻겠는가.

만약 진실한 뜻이라면 모든 부처님이 다 대비와 지혜의 두 문이 있나니, 대비인 까닭으로 미래제가 다 하도록 성불할 때가 없는 것이다.

그런 까닭으로 보살과 천제闡提는 성불하지 않고 대지大智인 까닭으로 생각 생각에 속히 성불하는 것이다.

또 모든 중생의 세계를 교화하여 다하고자 한다면 스스로 반드시 속히 성불하여야 바야흐로 능히 널리 교화하는 것이니,

교화를 다하여 마치고 성불한다는 말은 본래의 서원을 어긴다고 하는 것을 두려워하지 말 것이다.

또 중생이 본래 여래임을 알았기에 그런 까닭으로 교화하지만 교화한 적이 없는 것이니,

이것은 곧 항상 성불하지만 또한 항상 성불한 적이 없으며 또한

항상 중생을 교화하지만 항상 교화한 적이 없다는 것이다.

대비와 대지가 자재하거니 어찌 국한하여 집착하겠는가.

이 말은 이에 옆으로 이끌어 온 것[539]이니[540] 역시 보통 사람들의 마음으로 비난하여 물은 바[541]인 까닭이다.

지금에는 삼세에 다 부처님이 있음을 허락하기에 그런 까닭으로 아래에 맺어 말하기를 잘못 설하여 없다고 하고, 바로 설하여 있다고 한다 하였다.

疏

後二句中에 初智後境이라 佛智有盡等者는 一은 竪約智體니 以盡智故로 名爲有盡이요 窮未來故로 名爲無盡이며 又若入永滅인댄 則名爲盡이요 不永滅度일새 是卽無盡이며 約從修生인댄 則名爲盡이요 卽同無爲일새 故名無盡이라 二는 橫就所知니 謂法無盡

---

539 원문에 차내방래此乃傍來는 현재現在에 부처님이 있다는 것으로 본래本來의 서원을 어긴다는 비난을 통석通釋한 것이 이에 옆으로 겸하여 이끌어 온 것이지만 인정人情으로 물었다는 것이다. 인정人情은 범인의 마음, 보통 사람의 마음이다.

540 옆으로 이끌어 온 것이라고 한 것은 현재 부처님이 있다는 것은 이치가 지극히 분명하여 가히 의심할 것이 없거늘 지금에 보통 사람(常情)의 비난이 있을까 염려한 까닭으로 옆으로 이 문답을 이끌어 온 것이다. 역시 『잡화기』의 말이다.

541 所 자는 북장北藏엔 好 자니 인정人情이 비난하여 묻기를 좋아하는 까닭이라 번역해야 할 것이다.

故로 智亦無盡이요 以無盡智로 稱無盡法하면 則名爲盡이라 故法
華云호대 唯佛與佛이라사 乃能究盡諸法實相이라하며 智度論云
호대 如函大蓋亦大하야 還將無盡之智하야 知無盡法이라 是故如
來를 名一切智라하니 今菩薩窮究니 知依竪義인댄 半了半不了어
니와 知依橫義인댄 二俱是了리라

뒤에 두 구절 가운데 처음 구절은 지혜요, 뒤에 구절은 경계이다.
부처님의 지혜가 다함이 있다고 한 등은 첫 번째는 수竪로 지혜의
자체를 잡은 것이니,
지혜가 다함이 있는 까닭으로 이름을 다함이 있다고 한 것이고
미래제까지 다하는 까닭으로 이름을 다함이 없다고 한 것이며
또 만약 영원히 열반에 들어간다면 곧 이름이 다함이 되고 영원히
열반에 들어가지 않기에 다함이 없는 것이 되며
수행으로 좇아 생기함을 잡는다면 곧 이름이 다함이 되고 곧 무위와
같기에 그런 까닭으로 이름이 다함이 없는 것이 되는 것이다.

두 번째는 횡橫으로 알 바에 나아간 것이니,
말하자면 법이 다함이 없는 까닭으로 지혜도 또한 다함이 없고,
다함이 없는 지혜로서 다함이 없는 법에 칭합한다면 곧 이름이
다함이 되는 것이다.
그런 까닭으로『법화경』에 말하기를 오직 부처님과 더불어 부처님이
라사 이에 능히 모든 법의 실상을 궁구하여 다한다 하였으며
『지도론』에 말하기를 마치 함이 큼에 뚜껑도 또한 큰 것과 같아서

도리어 다함이 없는 지혜를 가져 다함이 없는 법을 아는 것이다.
이런 까닭으로 여래를 일체 지혜라 이름한다 하였으니,
지금에는 보살이 궁구하는 것이니 아는 것이 수竪의 뜻을 의지한다
면[542] 반은 알고 반은 알지 못하거니와, 아는 것이 횡橫의 뜻[543]을
의지한다면 둘을 함께 안다 할 것이다.

鈔

佛智有盡下는 此亦常人之所好難이라 就竪約智體中하야 自有三義
하니 初는 約體相說이니 言盡智者는 諸惑都亡하고 諸相皆寂일새 故
名盡智요 智體湛然하야 盡未來際토록 體不可亡일새 故名無盡이라
二는 約權實說이요 三은 約修生本有說이니 含兩宗義니라 修生名盡
은 約刹那盡이니 卽法相宗이요 若無盡者인댄 卽無刹那니 屬法性宗
이라 並如玄中하니라 二에 橫就所知者는 一은 稱理無盡이요 二는 無
法不窮일새 故名爲盡이라 下引은 法華第一과 智論第三이니 論釋호
대 佛是一切智人이라할새 彼先難云호대 所知處無量일새 故無一切
智人이라하거늘 答云호대 智亦無量이 如函大蓋亦大하나니 是一切智
人이라하니 函喩所知요 蓋喩能知니라 今菩薩下는 結成邪正이라 知
依竪義下는 總相而言인댄 盡皆不了요 無盡皆了니라 若別說者인댄

---

542 아는 것이 수竪의 뜻을 의지한다고 운운한 것은 위에 궁구라는 말과 그리고
    여기에 두 개의 안다는 글자(지의수知依竪義와 지의횡知依橫義)는 다 보살에
    게 속하고, 반은 알고 반은 알지 못한다고 한 것은 다 훼방하고 찬탄하는
    사람에게 속하는 것이다. 역시 『잡화기』의 말이다.
543 횡橫의 뜻(橫義)은 곧 화엄종華嚴宗의 뜻이다.

三釋之中에 初一皆了요 二中에 言永盡滅은 是邪是權이요 言不永滅
은 是正是實이요 三中에 依權實宗인댄 則盡爲不了요 不盡爲了어니
와 若約當宗의 隨義之說인댄 二俱是了리라

부처님의 지혜가 다함이 있다고 한 아래는 이것도 또한 보통 사람들
이 비난하여 묻기를 좋아하는 바이다.

수로 지혜의 자체를 잡은 가운데 나아가 스스로 세 가지 뜻이 있나니
처음에는 자체와 모습을 잡아 설한 것이니

지혜가 다함이 있다고 말한 것은 모든 번뇌가 다 없어지고 모든
모습이 다 고요하기에 그런 까닭으로 이름을 지혜가 다함이 있다
한 것이요

지혜의 자체가 담연하여 미래제가 다하도록 자체가 가히 없어지지
않기에 그런 까닭으로 이름을 다함이 없다 한 것이다.

두 번째는 방편과 진실을 잡아 설한 것이요

세 번째는 수행하여 생기는 것과 본래 있는 것을 잡아 설한 것이니
양종兩宗의 뜻을 포함하였다.

수행하여 생기는 것을 다함이 된다고 이름한 것은 찰나에 다함[544]을
잡은 것이니 곧 법상종이요

---

544 원문에 찰나진刹那盡이란, 홀연연기忽然緣起는 무명無明이니, 무명無明이
다한 것이 찰나진刹那盡이다. 그러나 법상종法相宗의 보리菩提는 닦아 이룸에
시작은 있고 끝이 없는 까닭으로 다만 찰나刹那에 다한다 하고 영원히
다한다고는 말하지 아니하였다. 그러나 『잡화기』는 다만 찰나는 이 생멸인
까닭이라고만 하였다.

만약 다함이 없다고 이름한다면 곧 찰나에 다함이 없는 것이니
법성종에 속하는 것이다.

모두 『현담』 가운데 설한 것과 같다.

두 번째는 횡으로 알 바에 나아간 것이라고 한 것은

첫 번째는 진리에 칭합하기에 다함이 없다는 것이요

두 번째는 법마다 다하지 아니함이 없기에 그런 까닭으로 다함이
된다 이름한 것이다.

아래에 인용한 것은 『법화경』 제일권과 『지도론』 제삼권이니,
『지도론』에 해석하기를 부처는 이 일체 지혜인이다 하였기에 저
사람이 먼저 비난하여 말하기를 알 바의 처소가 한량이 없기에
그런 까닭으로 일체 지혜인이 없다 하거늘, 답하여 말하기를 지혜인
도 또한 한량이 없는 것이 마치 함이 큼에 뚜껑도 큰 것과 같나니
이것이 일체 지혜인이다 하였으니,

함은 알 바에 비유하였고 뚜껑은 능히 아는 것에 비유하였다.

지금에 보살이라고 한 아래는 사도와 정도를 맺어 성립한 것이다.

아는 것이 수의 뜻을 의지한다고 한 아래는 총상으로 말한다면

다한다고 한 것은 다 알지 못한 것이요,

다함이 없다고 한 것은 다 아는 것이다.

만약 별상으로 말한다면 세 가지 해석[545] 가운데 처음에 한 가지

---

545 원문에 삼석三釋이란, 수중竪中에 三釋이니, 소문疏文을 기준하면 영인본

해석은 다 아는 것이요

두 번째 해석 가운데 영원히 다 열반에 들어간다고 말한 것은 이것은 사도이며 이것은 방편이요

영원히 열반에 들어가지 않는다고 말한 것은 이것은 정도이며 이것은 진실이요

세 번째 해석 가운데 권실종權實宗[546]을 의지한다면 곧 다한다고 한 것은 알지 못한 것이 되고 다함이 없다고 한 것은 아는 것이 되거니와

만약 이 화엄종(當宗)의 뜻을 따라 말한다면 둘을 함께 안다 할 것이다.

疏

又相待說인댄 有盡無盡거니와 就理而言인댄 並非二相이라 後一은 就境이니 約性一相이요 約相非一이니 知其隨說이 皆非遍知니라

또 상대相待[547]하여 설한다면 다함이 있기도 하고 다함이 없기도

화엄 5책, p.683, 9행에 약지체約智體 이하는 제일석第一釋이요, 같은 책 p.683, 말행末行 아래(下)에 우약입영멸又若入永滅 이하는 제이석第二釋이요, 같은 책 p.684, 초행初行에 약종수생約從生 이하는 제삼석第三釋이다. 초문鈔文을 기준한다면 같은 책 p.684, 8행에 初는 약체상설約體相說이요, 二는 약권실설約權實說이요, 三은 약수생본유설約修生本有說이다.

546 권실종權實宗이란, 법상종法相宗은 권權이고, 법성종法性宗은 실實이다. 권종실權宗實은 권실종權實宗이라 할 것이다.

하거니와 진리에 나아가 말한다면 두 가지 모습[548]이 모두 아니다.

뒤에 한 구절은 경계에 나아가 설한 것이니

자성을 잡아 말한다면 한 모습이요

모습을 잡아 말한다면 한 모습이 아니니

그때 따라 설하는 것이[549] 다 두루 안 것이 아닌 줄[550] 알아야 할 것이다.

---

547 상대相待라고 한 것은 위에 횡설橫說, 수설竪說이 다 상대相待이다.

548 원문에 이상二相이란, 진盡과 무진無盡이다.

549 원문에 지기수설知其隨說은 性을 따라 一相이라 설하고, 相을 따라 一相이 아니라고 설하는 것이 두루 안 것이 아니라는 뜻이다. 『잡화기』는 그 때를 따라 설하는 것이라고 한 것은 혹은 말하기를 一相이 아니라는 것이 이것이다 하였다.

550 북장北藏엔 鈔에 개비변지하皆非徧知下에 우상대하又相待下는 쌍불이적雙拂二迹이니 가지可知라는 글자가 더 있다.

經

佛子야 此菩薩이 應勸學十種廣大法이니 何者爲十고 所謂說一即多와 說多即一과 文隨於義와 義隨於文과 非有即有와 有即非有와 無相即相과 相即無相과 無性即性과 性即無性이니라

불자여, 이 보살이 응당 열 가지 광대한 법을 권하여 배우게 할 것이니
어떤 것이 열 가지가 되는가.
말하자면 하나가 곧 많다고 말하는 것과
많은 것이 곧 하나라고 말하는 것과
글이 뜻을 따르는 것과
뜻이 글을 따르는 것과
있지 않는 것이 곧 있는 것과
있는 것이 곧 있지 않는 것과
모습이 없는 것이 곧 모습인 것과
모습이 곧 모습이 없는 것과
자성이 없는 것이 곧 자성인 것과
자성이 곧 자성이 없는 것입니다.

疏

後勝進中에 十事五對라 此大同地中에 樂無作行을 對治에 發起十種殊勝行이니 由此로 知其事理無礙하야 至地則得權實雙行

이라

뒤에 승진 가운데 열 가지 일을 오대五對로 하겠다.
이것은 이 지위[551] 가운데 무작행을 좋아하는 사람을 상대하여 다스림에 열 가지 수승한 행을 발기하는 것과 대동하나니,
이로 인유하여 그 사실과 진리가 걸림이 없음을 알아 이 지위에 이르면 곧 방편과 진실을 함께 행함을 얻을 것이다.

鈔

此大同地中에 樂無作行對治者는 卽是七地니 由六地般若하야 常樂無作일새 今起十行하야 以爲能治니라 法之有本을 不得不知나 全引彼文인댄 恐成繁長이니 要自尋檢이라

이것은 이 지위 가운데 무작행을 좋아하는 사람을 상대하여 다스림에 열 가지 수승한 행을 발기하는 것과 대동하다고 한 것은 곧 이것은 제칠지第七地 경문이니,
육지六地에 반야를 인유하여 항상 무작행을 좋아하기에 지금에 열 가지 수승한 행을 일으켜 능히 다스리는 것이다.
법에는 근본이 있는 것을 알지 아니할 수는 없지만 온전히 저 경문[552]을 인용한다면 번잡하고 지리함을 이룰까 염려하나니

---

551 이 지위란, 곧 제칠지第七地이다.
552 원문에 피문彼文이란, 십지十地 중 제칠지第七地이다.

스스로 찾아 점검하기를 요망한다.

疏

初는 一多對니 總含三義라 一은 約權實이니 於一佛乘에 說無量
故로 雖有衆多나 皆佛因故요 二는 約事理니 理能成事일새 說一
卽多며 事能顯理일새 說多卽一이요 三은 約事事無礙니 有同體異
體라 義如上說하니라

처음에는 하나와 많음을 상대한 것이니
모두 세 가지 뜻을 포함하였다.
첫 번째는 방편과 진실을 잡은 것이니,
일불승에 무량승을 설한 까닭으로 비록 수많은 것이 있지만 다
일불승을 원인한 까닭이요
두 번째는 사실과 진리를 잡은 것이니,
진리가 능히 사실을 이루기에 하나가 곧 많다고 말하며 사실이
능히 진리를 나타내기에 많은 것이 곧 하나라고 말하는 것이요
세 번째는 사실과 사실이 걸림이 없음을 잡은 것이니,
동체同體와 이체異體가 있는[553] 것이다.
그 뜻은 위에서 설한 것과 같다.

---

[553] 원문에 유동체이체有同體異體는 동체와 이체가 걸림이 없는 것이 사사무애事
事無碍이다.

鈔

於一佛乘에 說無量故는 此對는 卽法華第一中意라 故經云호대 諸佛이 以方便力으로 於一佛乘에 分別說三이라하며 又云호대 吾從成佛已來로 種種因緣과 種種譬喩와 無量方便으로 引導衆生이라하니 卽從本流末이라 雖有衆多나 皆佛因者는 卽攝末歸本이니 故彼經中에 三世諸佛이 皆云호대 以無量無數方便으로 演說諸法하시니 是法이 皆爲一佛乘故라하며 第三云호대 汝等所行이 是菩薩道라하며 又云호대 究竟에 至於一切種智라할새 故皆佛因이라하니라 是知하라 依實開權은 說一卽多요 會權歸實은 說多卽一이라

일불승에 무량승을 설한 까닭이라고 한 것은 이 상대는 곧 『법화경』의 제일권 가운데 뜻이다.

그런 까닭으로 『법화경』에 말하기를 모든 부처님이 방편의 힘으로써 일불승에 삼승을 분별하여 설한다 하였으며

또 말하기를 내가 성불한 이래로 좇아 가지가지 인연과 가지가지 비유와 한량없는 방편으로 중생을 인도한다 하였으니,

곧 근본으로 좇아 지말[554]을 유출한 것이다.

비록 수많은 것이 있지만 다 일불승을 원인한다고 한 것은 곧 지말을 거두어 근본에 돌아가는 것이니,

그런 까닭으로 저 『법화경』 가운데 삼세에 모든 부처님이 다 말씀하시기를 한량도 없고 수도 없는 방편으로써 모든 법을 연설하시니

---

554 근본은 일불승一佛乘이니 실實이요, 지말은 무량승無量乘이니 권權이다.

이 법이 다 일불승이 되는 까닭이다 하였으며

『법화경』제삼권에 말하기를 그대 등이 행하는 바가 이 보살도다
하였으며

또 말하기를 구경에 일체종지에 이른다 하였기에 그런 까닭으로
다 일불승을 원인한다 하였다.

이에 알아라. 진실을 의지하여 방편을 연 것은 하나가 곧 많다고
말한 것이요

방편을 모아 진실에 돌아가는 것은 많은 것이 곧 하나라고 말한
것이다.

疏

二는 文義對니 文隨於義는 轉變密意故니 卽如初句에 一言隨於
多義요 義隨於文은 顯了直說故니 卽下三對에 但顯事理無礙一
義니라 若望下偈云호대 如是一切展轉成인댄 則文義가 亦通事事
無礙니라

두 번째는 글과 뜻을 상대한 것이니

글이 뜻을 따른다고 한 것은 전변轉變과 밀의密意인 까닭이니,
곧 처음 구절에 하나라는 말이 많다는 뜻을 따르는 것과 같은 것이요

뜻이 글을 따른다고 한 것은 현요顯了와 직설直說인 까닭이니,
곧 아래 삼대三對에 다만 사리무애의 한 뜻만을 나타낸 것이다.

만약 아래 게송[555]에 말하기를 이와 같은 일체가 전전히 이루어진다고

한 것을 바라본다면 곧 글과 뜻이 또한 사사무애에도 통하는 것이다.

鈔

轉變密意者는 卽文同義異也니 如一名四實과 九義瞿聲하며 如一無常之言을 小乘을 卽以生滅로 爲義하고 大乘은 卽以不生不滅로 而爲其義하나니 在遍計性인댄 則無可常이요 在依他性인댄 卽說生滅이요 在圓成性인댄 則以轉變染淨으로 爲義일새 故云轉變이라하니라 言密意者는 則如前引攝論之中에 以異言詞로 說異法等이라하니라 言卽如初句下는 卽指初句에 爲文隨於義니 一多言同이나 而有三義故니라 義隨於文下는 釋後句也니 顯了는 對上密意요 直說은 對上轉變이라 卽下三對者는 明下三對는 唯是義隨於文이니 但得釋爲事理無礙요 不得通於事事無礙와 及約權實이니 如初句故니라 若望下偈云下는 重會前義니 前中에 文隨於義는 但約所詮에 有事事無礙요 未明文望於義에 相望無礙어니와 由文成義일새 則文有力하야 全攝於義하고 由義成文인댄 則義有力하야 全攝於文等일새 故成事事無礙也니라 以下偈云호대 一卽是多多卽一과 文隨於義義隨文하는 如是一切展轉成을 此不退人應爲說이라하니 卽其文也니라

전변과 밀의라고 한 것은 곧 글은 같지만 뜻은 다른 것이니, 마치 하나의 이름에 네 가지 진실한 뜻[556]과 구九라는 뜻에 구瞿라는

555 원문에 下偈란, 영인본 화엄 5책, p.733, 9행이다.
556 원문에 일명사실一名四實은 선타객仙陀客(婆)이라는 하나의 이름을 번역하면

소리[557]와 같으며 하나의 무상이라는 말을 소승은 생멸로써 그 뜻을
삼고 대승은 불생불멸로써 그 뜻을 삼는 것과 같나니,
변계소집성에 있다면 곧 가히 영원한(常) 것이 없을 것이요
의타기성에 있다면 곧 생멸을 설할 것이요
원성실성에 있다면 곧 전변하는 염정染淨으로써 그 뜻을 삼기에
그런 까닭으로 말하기를 전변이다 하였다.
밀의라고 말한 것은 곧 앞에 인용한『섭론』[558] 가운데 다른 말로써
다른 법을 설하는 등이다 한 것과 같다.

곧 처음 구절에 하나라는 말이 많다는 뜻을 따르는 것과 같다고
한 아래는 곧 처음 구절에 글이 뜻을 따른다고 한 것을 가리킨
것이니,
하나와 많은 것이 같다고 말은 하지만 세 가지 뜻[559]이 있는 까닭이다.

소금, 그릇, 물, 말(四實)이라 한다. 그 뜻은, 말은 같지만 뜻은 다르다는
것이니 구의九義에 구성瞿聲도 二와 李와 같이 말은 같지만 뜻은 다르다는
것이다.

557 구九라는 뜻에 구瞿라는 소리라고 한 것은『구사론』제5권 31장에 말하기를
옛날 사람이 아홉 가지 뜻(九義) 가운데 하나의 구瞿라는 소리를 고집스럽게
세워 능전能詮의 정량定量을 삼았으니, 그런 까닭으로 게송을 두어 말하기를
방方과 수獸와 지地와 광光과 언언과 금강金剛과 안안眼과 천天과 수水의 이
아홉 가지 뜻에 하나의 구라는 소리를 함께 세운 것이다 하였다. 역시
『잡화기』의 말이다.

558 원문에 전인섭론前引攝論이란, 함자 하권鹹字下卷 15장 下 二行을 참고하라.

559 세 가지 뜻(三義)이란, 1. 권실權實, 2. 사리事理, 3. 사사무애事事無碍이다.

뜻이 글을 따른다고 한 아래는 뒤에 구절을 해석한 것이니,
현요라고 한 것은 위에 밀의를 상대한 것이요
직설이라고 한 것은 위에 전변을 상대한 것이다.
곧 아래 삼대라고 한 것은 아래에 삼대는 오직 이 뜻이 글을 따른다고
한 것만 밝힌 것이니,
다만 사리무애가 된다고 해석한 것만 얻을 뿐 사사무애와[560] 그리고
권실을 잡았다고 한 것[561]에 통함을 얻을 수 없나니 처음 구절과
같은 까닭이다.

만약 아래 게송에 말하기를 이와 같은 일체가 전전히 이루어진다고
한 것을 바라본다면이라고 한 아래는 앞에 뜻[562]을 거듭 회통한
것이니
앞의 뜻 가운데 글이 뜻을 따른다고 한 것은 다만 소전所詮[563]에
사사무애가 있는 것만 잡았을 뿐 아직 글이 뜻을 바라봄에 서로
바라보아 걸림이 없는 것은 밝히지 않았거니와, 글을 인유하여[564]
뜻을 이룬다면 곧 글이 힘이 있어서 온전히 뜻을 거두고, 뜻을
인유하여 글을 이룬다면 곧 뜻이 힘이 있어서 온전히 글을 거두는

---

560 사사무애 운운은 무애"와" 권실"이" 토라고 『잡화기』는 말하나 나는 무애"와"
    권실"이니" 토로 보았다.
561 사사무애事事無碍는 第二義이고, 약권실約權實은 第三義이다.
562 원문에 전의前義란, 문수어의文隨於義 등등이다.
563 소전所詮이란, 뜻을 말한다.
564 由 자 위에 북장경에는 今 자가 있다.

등이기에 그런 까닭으로 사사무애를 이루는 것이다.

아래 게송에[565] 말하기를

하나가 곧 이 많은 것과 많은 것이 곧 하나인 것과

글이 뜻을 따르는 것과 뜻이 글을 따르는

이와 같은 일체가 전전히 이루어지는 것을

이 불퇴주 사람이 응당 설할 것이다[566] 하였으니

곧 그 문장이다.

疏

三은 遍計의 理無情有가 無二요 四는 依他의 幻相性空이 無二요
五는 圓成의 性空與不空이 二如不異니라

세 번째 상대는 변계소지성의 이무理無와 정유情有가 둘이 없는
것이요
네 번째 상대는 의타기성의 환상幻相과 성공性空이 둘이 없는 것이요
다섯 번째 상대는 원성실성의 성공性空과 불공不空이 둘이 같아
다름이 없는 것이다.

565 아래 게송이란, 영인본 화엄 5책, p.733, 9행이다.
566 원문에 게운지偈云知라 한 知 자는 게송偈頌엔 없고 대신에 일즉시다一卽是多
라 하여 是 자가 있다. 따라서 고친다.

鈔

三遍計等者는 疏有兩重하니 第一은 別約三性하야 以明事理라 若法
相宗인댄 遍計依他에 所明二義는 唯約於事요 圓成二義는 方是於理
라 今法性宗은 遍計理無와 依他無性이 卽是於理니 非有卽有는 是
理徹於事요 有卽非有는 卽事徹於理等이며 其圓成二義는 卽就理
上하야 自論無礙라 第三에 無性으로 對於圓成도 亦然하야 揀非事事
無礙와 及權實等이니 故上三對는 但顯事理無礙니라

세 번째 상대는 변계소집성이라고 한 등[567]은 소문에 양중兩重의
해석이 있나니
제일중의 해석은[568] 따로 삼성을 잡아 사실과 진리를 밝힌 것이다.
만약 법상종이라면 변계소집과 의타기에 밝힌 바 두 가지 뜻[569]은
오직 사실만을 잡은 것이요
원성실성에 두 가지 뜻은 바야흐로 이 진리를 잡은 것이다.
지금에 법성종은 변계소집에 이무理無와 의타기에 무성無性이 곧
이에 진리니,

---

567 遍計 아래(下)에 等 자가 있는 것이 좋다.
568 제이중의 해석은 바로 다음 초문이니 영인본 화엄 5책, p.691, 3행이다.
569 변계소집과 의타기에 밝힌 바 두 가지 뜻과 바로 아래 원성실성의 두 가지
뜻이라고 한 것은 다 이 법성종의 뜻을 거론한 것이요, 오직 사실만을 잡은
것과 바로 아래 바야흐로 이 진리를 잡은 것이라고 한 것은 다 저 법상종을
가리키는 것이니 저 법상종은 삼성三性의 분상에 각각 두 가지 뜻이 있음을
허락하지 않는 까닭이다. 역시 『잡화기』의 말이다.

있지 않는 것이 곧 있다고 한 것은 진리가 사실에 사무치는 것이요,
있는 것이 곧 있지 않다고 한 것은 곧 사실이 진리에 사무치는
등이며

원성실성에 두 가지 뜻은 곧 진리의 분상에 나아가서 스스로 걸림이
없음을 논한 것이다.

제삼대第三對[570]에 무성으로 원성실성을 상대하는 것도 또한 그러하
여 사사무애와 그리고 권실 등이 아님을 가린 것이니,

그런 까닭으로 위에 삼대[571]는 다만 사리무애만 나타낸 것이다.

疏

又上三中에 皆以三性과 三無性이 相卽은 準思니라

또 위에 삼대 가운데 다 삼성과 삼무성이 서로 즉하는 것은 여기에
기준하여 생각할 것이다.

鈔

又上三中下는 第二重釋이니 則初二對는 以遍計依他로 爲事요 二無
性으로 爲理니 事理交徹이라 非有卽有者는 相無自性性이 卽遍計所
執이요 有卽非有者는 遍計所執이 卽相無性이라 次對는 例知니라 三

---

570 제삼대第三對는 아래 삼대(下三對) 중 제삼대第三對이니 제오대第五對의 원성
　　圓成이다.
571 위에 삼대(上三對)란, 삼三·사四·오대五對이다.

은 如前釋하니라

또 위에 삼대 가운데라고 한 아래는 제이중第二重의 해석이니,
곧 처음에 이대는 변계소집과 의타기로써 사실을 삼고 이무성二無
性[572]으로써 진리를 삼나니
사실과 진리가 서로 사무치는 것이다.
있지 않는 것이 곧 있다고 한 것은 모습이 자성이 없는 그 자성이
곧 변계소집성이요
있는 것이 곧 있지 않다고 한 것은 변계소집성이 곧 모습이 자성이
없는 것이다.
다음에 제삼대는 여기에 비례하면 알 수가 있을 것이다.[573]
삼성은 앞에서 해석한 것과 같다.[574]

---

572 이무성二無性이란, 상무성相無性과 생무성生無性이다. 즉 모습이 자성이 없는
　것과 생긴 것이 자성이 없는 것이다.
　　삼무성三無性에 상무성相無性은 변계소집성遍計所執性이고, 생무성生無性은
　의타기성依他起性이고, 승의무성勝義無性은 원성실성圓成實性이다. 삼무성
　에 각각 두 가지 이름이 있는 것은 여자권餘字卷 31장, 上·下面에 있다.
573 원문에 차대예지次對例知는 응당 無相卽相者는 生無自性性이 卽依他起요,
　相卽無相者는 또한 依他起가 卽無自性性이라 해야 할 것이다. 즉 모습이
　없는 것이 곧 모습이라고 한 것은 생긴 것이 자성이 없는 그 자성이 곧
　의타기성이요 모습이 곧 모습이 없는 것이라고 한 것은 또한 의타기성이
　곧 자성이 없는 그 자성이라 해야 할 것이다.
574 원문에 삼여전석三如前釋은 직전소문直前疏文에 三은 徧計 云云이요, 四는
　依他 云云이요, 五는 圓成 云云이다. 혹은 三을 第三 圓成으로 보아 直前疏文
　에 五는 圓成性空 云云으로 보기도 한다.

經

何以故요 欲令增進하야 於一切法에 善能出離하며 有所聞法하면 卽自開解하고 不由他敎故니라

무슨 까닭인가 하면 하여금 더욱 나아가 일체법에 잘 능히 벗어나게 하며,
들을 바 법문이 있다면 곧 스스로 열어 알고 다른 사람의 가르침을 인유하지 않게 하고자 하는 까닭입니다.

疏

三에 徵釋中에 善能出離者는 不沈沒於事理하고 成後位自在也니라

세 번째[575] 묻고 해석하는 가운데 잘 능히 벗어나게 한다고 한 것은 사실과 진리에 빠지지 않고 후위後位의 자재自在함을 이루게 하는 것이다.

---

575 二 자는 三 자의 오자誤字이다.

經

佛子야 云何爲菩薩童眞住고 此菩薩이 住十種業하나니 何者爲
十고 所謂身行無失과 語行無失과 意行無失과 隨意受生과 知衆
生種種欲과 知衆生種種解와 知衆生種種界와 知衆生種種業과
知世界成壞와 神足自在하야 所行無礙니 是爲十이니라

불자여, 어떤 것이 보살의 동진주가 되는가.
이 보살이 열 가지 업에 머무나니
어떤 것이 열 가지가 되는가.
말하자면 몸의 행동이 허물이 없는 것과
말의 행동이 허물이 없는 것과
마음의 행동이 허물이 없는 것과
마음을 따라 생을 받는 것과
중생의 가지가지 낙욕[576]을 아는 것과
중생의 가지가지 지해(解)를 아는 것과
중생의 가지가지 세계를 아는 것과
중생의 가지가지 업을 아는 것과
세계가 이루어지고 무너짐을 아는 것과
신족이 자재하여 행하는 바가 걸림이 없는 것이니,
이것이 열 가지가 되는 것입니다.

---

[576] 欲은 초문鈔文에 樂欲이라 하였다.

疏

第八은 童眞住라 自分中에 初三은 三業無失이니 永離習氣는 唯
佛得之요 任運無功은 在於八地라 此中엔 多同八地의 能行無漏
일새 故得無失이니 無十不善失하며 亦無錯謬失이라 此三은 自行
이며 亦爲化體요 餘皆利他니라 初一은 能化身이니 頓悟菩薩은
隨願受生에 貴在利人일새 不揀淨穢어니와 慚悟는 地前에 許受變
易과 意生身故니라 次四는 以能化智로 知所化境이니 卽十力智之
四智也니라 次一은 化處요 後一은 化法正化니라

제 여덟 번째는 동진주이다.
자분 가운데 처음에 세 구절은 삼업이 허물이 없는 것이니,
영원히 습기를 떠난 것은 오직 불지에서만 얻고 마음대로 되어
공력이 필요 없는 것은 팔지에 있다.
이 동진주 가운데는 다분히 팔지에 능히 무루를 행한다고 한 것과
같기에 그런 까닭으로 허물이 없음을 얻나니,
열 가지 불선不善한 허물이 없으며 또한 그릇된 허물이 없다.
이 세 구절[577]은 자리행이며 또한 교화하는 자체가 되고, 나머지는
다 이타행이다.
처음에 한 구절[578]은 능히 교화하는 몸이니
돈오보살頓悟菩薩[579]은 서원을 따라 생을 받음에 그 귀한 것이 사람을

---

577 원문에 此三은 초삼구初三句이니 신身·어語·의意이다.
578 원문에 初一이란, 곧 이타利他의 초일구初一句이니 제사구第四句이다.

이롭게 함에 있기에 정토와 예토를 가리지 않거니와, 점오보살漸悟菩薩[580]은 십지 전에 변역신과 의생신을 받는 것을 허락하는 까닭이다.[581]

다음에 네 구절[582]은 능히 교화하는 지혜로써 교화할 바 경계를

---

579 돈오보살頓悟菩薩이란, 법성종法性宗에서 말하는 직왕보살直往菩薩이니, 삼현위三賢位 중에서 번뇌에 머물러 중생衆生을 제도하려고 분단신分段身을 받는 것이다. 此經 가운데 수의수생隨意受生이라 한 것이 곧 이 분단신分段身이다.

580 점오보살漸悟菩薩이란, 회심보살回心菩薩이니, 소승小乘에 있을 때에 이미 분단신分段身을 떠난 까닭으로 대승大乘에 회심回心하여 들어가면 십신十信으로부터 이미 변역신을 받나니, 경문經文에 변역신變易身이라 한 것이다.

581 돈오보살이라고 한 것은 방편대승과 소승을 지나지 않고 바로 진실대승에 들어가는 것이요

아래 점오보살이라고 한 것은 먼저 방편대승과 소승을 지나고 그 뒤에 바야흐로 진실대승에 들어가는 사람이다. 이것은 법성종을 잡은 까닭으로 돈오보살과 점오보살의 의생신이 다 십지 이전에 있지만 돈오가 먼저이고 점오가 뒤이니, 대개 법성종은 만약 번뇌를 머물러 두지 아니하면 삼현三賢 가운데 이미 아집분별이 다함이 있는 까닭이다. 만약 법상종이라면 곧 십지 이상에 이르러야 바야흐로 아집분별을 끊는 까닭으로 돈오보살과 점오보살의 의생신이 다 십지 이상에 있지만, 돈오가 뒤이고 점오가 먼저이니 그 뜻은 돈오인 즉 근기가 비록 영리하지만 그러나 앞으로 좇아 쌓은 공덕이 없는 까닭으로 더디고, 점오인 즉 근기가 비록 하열하지만 그러나 앞으로 좇아 쌓은 공덕이 있는 까닭으로 빠르다는 것이다. 이것을 의거한다면 곧 법상종이 비록 다분히 이승이 회심回心하는 것을 허락한 것은 아니지만 강하게 말한 것도 아니니, 그런 까닭으로 『유식론』에 말하기를 이승이 회심하여 대보리에 취향한다 하였다. 역시 『잡화기』의 말이다.

582 원문에 次四句는 五·六·七·八句이다.

아는 것이니
곧 십력지에 네 가지 지혜[583]이다.
다음에 한 구절은 교화할 처소요
뒤에 한 구절은 교화하는 법으로 바로 교화하는 것이다.

鈔

永離習氣者는 卽十八不共中之三也니 如淨行品하니라 無十不善失
者는 此是過失之失이요 下錯謬者는 是誤失之失이라 頓悟菩薩者는
此法性宗이라 若法相宗인댄 頓悟는 八地方受變易하고 漸悟는 初地
許受變易이라 意生身者는 如迴向說하니라 卽十力者는 解與樂欲이
本是一故니 開卽爲二니라

영원히 습기를 떠난다고 한 것은 곧 십팔불공법 가운데 세 가지[584]이
니 정행품에 설한 것과 같다.
열 가지 불선한 허물이 없다고 한 것은 이것은 과실의 허물이요
아래에 그릇된 허물이라고 한 것은 이것은 오실誤失의 허물이다.

---

583 원문에 四智는 一에 업이숙지業異熟智는 今經의 種種業이요
　　二에 근상하지根上下智는 今經의 種種欲이요
　　三에 종종승해種種勝解는 今經의 種種解요
　　四에 종종계지種種界智는 今經의 種種界이다.
584 십팔불공법 가운데 세 가지란, 一은 일체신업一切身業 수지혜행隨智慧行이요,
　　二는 일체구업一切口業 수지혜행隨智慧行이요, 三은 일체의업一切意業 수지혜
　　행隨智慧行이다.

돈오보살이라고 한 것은 이것은 법성종이다.

만약 법상종이라면 돈오보살은 팔지에서 바야흐로 변역신을 받고 점오보살은 초지에서 변역신을 받는다고 허락할 것이다.[585]

의생신이라고 한 것은 회향품에 설한 것과 같다.

곧 십력이라고 한 것은 가지가지 지해(解)와 더불어 낙욕이 본래 하나인 까닭이니 열면 곧 둘이 되는 것이다.

---

585 법상종이라면 돈오보살 운운은 회심回心한 비증보살悲增菩薩이고, 점오보살 운운은 회심回心한 지증보살智增菩薩이다. 회심回心이란, 소승小乘에서 대승大乘으로 회심回心한 보살菩薩을 말한다.

經

佛子야 此菩薩이 應勸學十種法이니 何者爲十고 所謂知一切佛
刹과 動一切佛刹과 持一切佛刹과 觀一切佛刹과 詣一切佛刹과
遊行無數世界와 領受無數佛法과 現變化自在身과 出廣大遍
滿音과 一刹那中에 承事供養無數諸佛이니라

불자여, 이 보살이 응당 열 가지 법을 권하여 배우게 할 것이니
어떤 것이 열 가지가 되는가.
말하자면 일체 부처님의 국토를 아는 것과
일체 부처님의 국토를 움직이는 것과
일체 부처님의 국토를 가지는 것과
일체 부처님의 국토를 관찰하는 것과
일체 부처님의 국토에 나아가는 것과
수없는 세계에 유행하는 것과
수없는 불법을 받는 것과
변화가 자재한 몸을 나타내는 것과
광대하고 두루 가득한 소리를 내는 것과
한 찰나 가운데 수없는 모든 부처님을 받들어 섬기고 공양하는
것입니다.

疏

後明勝進이니 是不動行이라 初六은 於刹自在요 後四는 三業自在
니 此同八地의 若色若土에 皆自在故니라 初一은 總知分齊요 次
二는 作用이니 持兼願力이요 四는 十眼智觀이요 五는 有佛便詣요
六은 游以化生이라 後四中에 一意요 二身이요 三語요 四는 通三業
이라

뒤에는 승진을 밝힌 것이니 이것은 부동행이다.
처음에 여섯 구절은 국토에 자재한 것이요
뒤에 네 구절은 삼업이 자재한 것이니
이것은 팔지에 색과 국토에 다 자재함을 얻는다고 한 것과 같은
까닭이다.
처음에 한 구절은 분제(刹)를 모두 아는 것이요
다음에 두 구절은 작용이니 가진다고 한 것은 원력을 겸한 것이요
네 번째 구절은 십안의 지혜로 관찰하는 것이요
다섯 번째 구절은 부처님이 있으면 문득 나아가는 것이요
여섯 번째 구절은 수없는 세계에 유행하면서 중생을 교화하는 것
이다.
뒤에 네 구절 가운데 첫 번째 구절은 마음이요,
두 번째 구절은 몸이요,
세 번째 구절은 말이요,
네 번째 구절은 삼업에 통한다.

鈔

此同八地의 若色若土에 皆自在者는 八地에 得色自在니 一身多身
等의 十自在는 有淨土分이라

이것은 팔지에 색과 국토에 다 자재함을 얻는다고 한 것과 같다고
한 것은 팔지에 색자재를 얻나니,
한 몸과 수많은 몸 등의 열 가지 자재는 정토분淨土分[586]에 있다.

---

[586] 정토분淨土分이란, 제팔지의 칠분 가운데 제 네 번째 정불국토분淨佛國土分이
니 여기에 한 몸과 수많은 몸 등의 열 가지 자재를 설하였다는 것이다.

經

何以故요 欲令增進하야 於一切法에 能得善巧하며 有所聞法하면 卽自開解하고 不由他敎故니라

무슨 까닭인가 하면 하여금 더욱 나아가 일체법에 능히 선교를 얻게 하며,
들을 바 법문이 있다면 곧 스스로 열어 알고 다른 사람의 가르침을 인유하지 않게 하고자 하는 까닭입니다.

疏

下는 徵釋이니 意爲得善巧하야 入於後位하야 辯才自在故니라

아래는 묻고 해석한 것이니
그 뜻이 선교를 얻어 후위後位[587]에 들어가 변재가 자재케 하기 위한 까닭이다.

---

587 후위後位란, 제구第九 법왕자위法王子位이다.

經

佛子야 云何爲菩薩王子住고 此菩薩이 善知十種法이니 何者爲
十고 所謂善知諸衆生受生과 善知諸煩惱現起와 善知習氣相
續과 善知所行方便과 善知無量法과 善解諸威儀와 善知世界差
別과 善知前際後際事와 善知演說世諦와 善知演說第一義諦니
是爲十이니라

불자여, 어떤 것이 보살의 법왕자주가 되는가.
이 보살이 열 가지 법을 잘 아나니
어떤 것이 열 가지가 되는가.
말하자면 모든 중생이 생을 받는 것을 잘 아는 것과
모든 번뇌가 현재 일어남을 잘 아는 것과
습기[588]가 상속함을 잘 아는 것과
행할 바 방편을 잘 아는 것과
무량한 법을 잘 아는 것과
모든 위의를 잘 아는 것과
세계의 차별을 잘 아는 것과
전제와 후제의 일을 잘 아는 것과
세제世諦를 연설함을 잘 아는 것과
제일의제를 연설함을 잘 아는 것이니,
이것이 열 가지가 되는 것입니다.

---

588 원문에 현기現起는 현행現行이고, 습기習氣는 종자種子이다.

疏

第九는 王子住라 初에 自分十中에 一은 知六趣四生이 受報差別
이며 又知九種命終에 心受生差別故니라

제 아홉 번째는 법왕자주이다.
처음에 자분의 열 가지 법 가운데 첫 번째는 육취에 사생四生이
과보를 받는 차별을 아는 것이며,
또 구종九種[589] 중생이 목숨을 마침에 마음에 생을 받는 차별을 아는
까닭이다.

鈔

又知九種命終者는 卽俱舍論第三에 三界命終에 各起三界心故니
如欲界命終에 三者는 一은 還起欲界心이요 二는 起色界心이요 三은
起無色界心이니 餘二界命終에 起三類耳니라

또 구종 중생이 목숨이 마침에 마음에 생을 받는 차별을 아는 까닭이
라고 한 것은 곧 『구사론』 제삼권에 삼계에서 목숨이 마침에 각각
삼계에 태어날 마음을 일으키는 까닭이니,
욕계에서 목숨이 마침에 삼계에 태어날 마음을 일으킨다고 한 것은
첫 번째는 도리어 욕계에 태어날 마음을 일으키는 것이요

---

589 구종九種이라고 한 것은 삼계三界 구류중생九類衆生이다.

두 번째는 색계에 태어날 마음을 일으키는 것이요

세 번째는 무색계에 태어날 마음을 일으키는 것이다 한 것과 같나니,

나머지 두 세계에서 목숨이 마침에 삼계에 태어날 마음을 일으키는

것도 유형이 그렇다.

⊙ 疏

二는 知現行煩惱요 三은 知種等相續이니 非如現行의 有間斷故니

라 習氣有四하니 如九地說하니라

두 번째는 현행의 번뇌[590]를 아는 것이요

세 번째는 종자 등[591]이 상속하는 것을 아는 것이니

현행이 간단이 있는 것과는 같지 않는 까닭이다.

습기에 네 가지가 있나니[592] 구지에서 설한 것과 같다.

⊙ 鈔

習氣有四者는 一은 因習氣요 二는 果習氣요 三은 道習氣요 四는 餘殘

---

590 원문에 현행번뇌現行煩惱란, 현재 행하고 있는 번뇌이니 번뇌장煩惱障과
    소지장所知障이다.

591 등等이란, 현행現行을 등취함이다. 그러나 『잡화기』에는 等 자가 소본에는
    習 자로 되어 있다 하였다.

592 습기에 네 가지 해석은 야자권夜字卷 상권 60장을 볼 것이다. 역시 『잡화기』의
    말이다.

習氣라

습기에 네 가지가 있다고 한 것은 첫 번째는 인습기요,
두 번째는 과습기요,
세 번째는 도습기요,
네 번째는 잔여습기다.

疏

四는 知諸乘作業과 所入法門과 及善巧故라 上四는 多同九地의
十種稠林이나 彼據八地하야 尤多細密일새 故名稠林이요 此但云
知라하니라

네 번째는 제승諸乘과 업을 짓는 것과 들어갈 바 법문과 그리고
선교를 아는 까닭이다.
위에 네 가지는 다분히 제구지에 열 가지 주림593과 같지만, 저 제구지
는 제팔지를 의거하여 더욱 세밀함이 많기에 그런 까닭으로 주림이
라 이름하고 지금에는 다만 안다고만 말하였을 뿐이다.

---

593 열 가지 주림이라고 한 것은 비록 열한 가지이지만 처음에 한 가지는 이
    총인 까닭으로 다만 열 가지라고 말한 것이니, 야자권夜字卷 상권 13장을
    볼 것이다. 역시 『잡화기』의 말이다. 稠林은 빽빽한 숲을 말한다.

鈔

上四는 多同九地의 十種稠林者는 初一攝二니 謂一에 衆生字는 卽
第一에 衆生心稠林이요 二에 受生字는 卽第九에 受生稠林이라 二에
煩惱現起는 卽彼第二에 煩惱稠林이요 三에 習氣相續은 攝二稠林이
니 一에 習氣는 卽是種子니 卽當第八의 隨眠稠林이요 二는 卽第十에
習氣稠林이라 四에 所行方便은 攝六稠林이니 一은 攝第三業이요 二
는 攝第四根이요 三은 攝第五解요 四는 攝第六性이요 五는 攝第七樂
欲이요 六은 攝第十一의 三聚差別이니 以三聚稠林은 依根解性과
樂欲說故니라 釋中에 略已含具하니 謂諸乘은 卽根解性欲이요 作業
은 卽業이요 所入法門은 亦卽三聚이라 及善巧故者는 卽此經의 方便
所攝이라 六林이 皆是涉事니 爲方便故니라

위에 네 가지는 다분히 제구지에 열 가지 주림[594]과 같다고 한 것은
처음에 하나가 두 가지를 섭수하였나니,
말하자면 첫 번째 중생이라고 한 글자는 곧 제일 첫 번째 중생심주림
이요
두 번째 생을 받는다고 한 글자는 곧 제 아홉 번째 수생주림이다.
두 번째 번뇌가 현재 일어난다고 한 것은 곧 저 제구지의 제 두

---

594 원문에 십종주림十種稠林(十一種稠林)이란, 1. 중생심주림衆生心稠林, 2. 번뇌
주림煩惱稠林, 3. 업주림業稠林, 4. 근주림根稠林, 5. 해주림解稠林, 6. 성주림性
稠林, 7. 낙욕주림樂欲稠林, 8. 수면주림隨眠稠林, 9. 수생주림受生稠林, 10.
습기상속주림習氣相續稠林, 11. 삼취차별주림三聚差別稠林이다.

번째 번뇌주림이요

세 번째 습기가 상속한다고 한 것은 두 가지 주림을 섭수하였나니

첫 번째 습기라고 한 것은 곧 이것은 종자이니 곧 제 여덟 번째 수면주림에 해당하는 것이요

두 번째는 곧 제 열 번째 습기주림이다.

네 번째 행할 바 방편이라고 한 것은 여섯 가지 주림을 섭수하였나니

첫 번째는 제 세 번째 업주림을 섭수하는 것이요

두 번째는 제 네 번째 근주림을 섭수하는 것이요

세 번째는 제 다섯 번째 해주림을 섭수하는 것이요

네 번째는 제 여섯 번째 성주림을 섭수하는 것이요

다섯 번째는 제 일곱 번째 낙욕주림을 섭수하는 것이요

여섯 번째는 제 열한 번째 삼취三聚[595]차별주림을 섭수하는 것이니 삼취차별주림은 근주림과 해주림과 성주림과 낙욕주림을 의지하여 설한 까닭이다.

해석한 가운데 간략하게 이미 포함하여 갖추었으니,

말하자면 제승이라고 한 것은 곧 근주림과 해주림과 성주림과 낙욕주림이요

업을 짓는다고 한 것은 곧 업주림이요

들어갈 바 법문이라고 한 것은 또한 곧 삼취차별주림이다.

그리고 선교를 아는 까닭이라고 한 것은 곧 이 경의 방편에 섭수되는

---

595 삼취三聚란, 1. 정정취正定聚, 2. 사정취邪定聚, 3. 부정취不定聚이다.

바이다.

여섯 가지 주림이 다 사실(事)을 관계하는 것이니 방편이 되는 까닭
이다.

疏

五는 知法藥이니 是智成就義니라

다섯 번째는 법약을 아는 것이니 이것은 지성취智成就의 뜻이다.

鈔

知法藥者는 卽彼經云호대 佛子야 菩薩摩訶薩이 住此善慧地하야 如
實知善不善無記法行과 有漏無漏法行과 世間出世間法行과 思議
不思議法行과 定不定法行과 聲聞獨覺法行과 菩薩法行과 如來地
法行과 有爲無爲法行이라하니 故今云無量法也라하니라

법약을 안다고 한 것은 곧 저 『십지경』596에 말하기를 불자야, 보살마
하살이 이 선혜지에 머물러 여실하게 선과 불선과 무기의 법행과
유루와 무루의 법행과
세간과 출세간의 법행과
사의思議와 부사의不思議의 법행과

---

596 『십지경十地經』 가운데 제구지第九地이고, 제구지성취第九智成就이다.

정과 부정의 법행과
성문과 독각의 법행과
보살의 법행과
여래지의 법행과
유위와 무위의 법행을 안다 하였으니,
그런 까닭으로 지금 경에 말하기를 무량한 법이다[597] 하였다.

疏

六은 知法師軌儀라

여섯 번째는 법사의 궤범과 위의를 아는 것이다.

鈔

知法師軌儀者는 卽口業成就中에 具說之德일새 故經云호대 爲大法
師하야 具法師行이라하얏거늘 論에 說二十法師가 是니라 知所化處者
는 卽法師自在成就中에 說成就니 經云호대 處於法座하야 爲演說法
호대 於大千世界의 滿中衆生에 隨其心樂差別하야 爲說이라호미 是
也니라

법사의 궤범과 위의를 안다고 한 것은 곧 구업 성취 가운데 설법의

---

597 무량한 법이란, 여기 경문에 선지무량법善知無量法이라 한 것이다.

공덕을 갖추었기에 그런 까닭으로 『십지경』[598]에 말하기를 대법사가 되어 법사의 행을 갖춘다 하였거늘, 『십지론』에 이십 법사[599]를 설한 것이 이것이다.

교화할 바 처소를 안다고 한 것은[600] 곧 법사자재성취 가운데 설성취說成就니,

『십지경』에 말하기를 법좌에 거처하여 법을 연설하되 대천세계에 가득한 그 가운데 중생에게 그들이 마음에 좋아하는 차별을 따라 설한다 한 것이 이것이다.

疏

七은 知所化處요 八은 知化時니 隨根生熟하야 不差失故니라

일곱 번째는 교화할 바 처소를 아는 것이요
여덟 번째는 교화할 때를 아는 것이니

---

598 경經이란, 『십지경十地經』 가운데 제구지第九地이니 이 보살이 이 보살 선혜지 가운데 머물러 간략하게 대법사 짓는 것을 설하며 대법사의 깊고 묘한 뜻 가운데 머물러 모든 부처님의 법장法藏을 수호한다 하였다.

599 이십 법사二十法師는, 一은 時, 二는 正意, 三은 頓, 四는 相續, 五는 漸, 六은 次, 七은 句義漸次, 八은 示, 九는 喜, 十은 勤, 十一은 具德, 十二는 不毁, 十三은 不亂, 十四는 如法, 十五는 隨衆, 十六은 慈心, 十七은 安隱, 十八은 憐愍, 十九는 不着利養名聞, 二十은 不自讚毁他이다.

600 원문에 지화처知化處 이하는 즉 아래 疏文 七은 知所化處란 말 아래에 있어야 옳다. 『잡화기』도 말하기를 이하의 二行 가량(許) 초문은 마땅히 일곱 번째 소문 아래에 있어야 할 것이다 하였다.

근기가 설고 익음을 따라 틀림이 없게 하는 까닭이다.

鈔

知化時者는 亦卽說成就니 亦最初經云호대 住此地已에 了知衆生의 諸行差別하야 敎化調伏하야 令得解脫等이라호미 是니라

교화할 때를 안다고 한 것은 또한 곧 설성취[601]이니,
또한 최초경[602]에 말하기를 이 지위에 머물러 마침에 중생의 모든 행이 차별함을 알아 교화하고 조복하여 하여금 해탈을 얻게 한다고 한 등이라 한 것이 이것이다.

疏

後二는 依二諦說이니 皆說成就也라

---

601 원문에 설성취說成就란, 第九地中에 有四分別하니 一은 법사방편성취法師方便成就요, 二는 지성취智成就요, 三은 입행성취入行成就요, 四는 설성취說成就라하니라.

602 최초경이란, 설성취 최초 경문에 이 보살이 이 보살 선혜지에 머물러 마침에 중생의 이와 같은 제행의 차별상을 여실하게 알아 그 해탈을 따라 인연을 시여하며 이 보살이 중생을 교화할 법을 여실하게 알며 중생을 제도할 법을 여실하게 알아 성문승의 법을 설하며 벽지불승의 법을 설하며 보살승의 법을 설하며 여래지의 법을 설하며 이 보살이 이와 같이 알아 마침에 여실하게 중생을 위하여 설법하여 하여금 해탈을 얻게 한다 하였다.

뒤에 두 가지는 이제二諦[603]를 의지하여 설한 것이니 다 설성취이다.

鈔

後二는 依二諦說者는 卽口業에 得四十無礙辯才나 不出二諦故니라
彼文云호대 詞無礙智는 以世智로 差別說이요 樂說無礙智는 以第一
義智로 善巧說等이라하며 中論云호대 諸佛依二諦하야 爲衆生說法
이라하니라

뒤에 두 가지는 이제를 의지하여 설한 것이라고 한 것은 곧 구업口業[604]
에 사십 가지 무애변재無礙辯才[605]를 얻었지만 이제를 벗어나지 않는

---

603 이제二諦란, 여기서는 세제世諦와 제일의제第一義諦이다.

604 구업口業이란, 구업성취口業成就이다. 제사第四 설성취說成就에 다시 삼종상
三種相이 있나니 一은 지성취智成就요, 二는 구업성취口業成就요, 三은 법사성
취法師成就이다.

605 원문에 사십무애변재四十無礙辯才란, 구업성취口業成就에 사무애지四無礙智
로 십종차별十種差別을 설한 것이니 一은 依自相, 二는 依同相, 三은 行相,
四는 說相, 五는 智相, 六은 無我慢相, 七은 小乘大乘相, 八은 菩薩地相,
九는 如來地相, 十은 作住持相이다. 이 십상十相에 각각 사상四相이 있는
까닭에 사십변재四十辯才가 되는 것이다. 즉

1. 自相에 生法自相, 差別自相, 想堅固自相, 彼相差別自相이 있고,

2. 同相에 一切法同相, 一切有爲法同相, 一切法假名同相, 假名假名同相이
있고,

3. 行相에 生行相, 已生未生行相, 物假名行相, 說事行相이 있고,

4. 說相에 修多羅說相, 彼解釋說相, 隨順說相, 相似說相이 있고,

5. 智相에 現見智相, 比智相, 欲得方便智相, 得智相이 있고,

까닭이다.

저 경문에[606] 말하기를 사무애지詞無礙智는 세지世智로써 차별로 설한 것이요

요설무애지樂說無礙智는 제일의지第一義智로써 선교로 설하는 등이다 하였으며

『중론』[607]에 말하기를 모든 부처님이[608] 이제를 의지하여 중생에게 법을 설한다 하였다.

---

6. 無我慢相에 第一義諦無我慢相, 二世諦無我慢相, 說美妙無我慢相, 說無上無我慢相이 있고,

7. 小乘大乘相에 觀相, 性相, 解脫相, 念相이 있고,

8. 菩薩地相에 智相, 說相, 與方便相, 入無量門相이 있고,

9. 如來地相에 法身相, 色身相, 正覺相, 說相이 있고,

10. 作住持相에 覺相, 差別相, 說相, 彼無量相이 있다.

606 저 경문이란, 역시 제구지 경문이니 다시 다음에 법무애지는 법지法智로써 모든 법이 차별함을 알며, 의무애지는 비지比智로써 모든 법이 차별함을 여실하게 알며, 사무애지는 세지世智로써 바로 보는 까닭으로 모든 법이 차별함을 설하며, 요설무애지는 제일의지 방편인 까닭으로 모든 법이 차별함을 설한다 하였다.

607 『중론中論』은 제24, 관사제품觀四諦品 제팔게第八偈이다.

608 모든 부처님 운운은 관사제품 제팔 게송에 諸佛依二諦하야 爲衆生說法하나니 一은 以世俗諦요 二는 第一義諦라하니라. 즉 모든 부처님이 이제를 의지하여/중생에게 법을 설하나니/첫 번째는 세속제이고/두 번째는 제일의제라 하였다.

經

佛子야 此菩薩이 應勸學十種法이니 何者爲十고 所謂法王處善巧와 法王處軌度와 法王處宮殿과 法王處趣入과 法王處觀察과 法王灌頂과 法王力持와 法王無畏와 法王宴寢과 法王讚歎이니라

불자여, 이 보살이 응당 열 가지 법을 권하여 배우게 할 것이니 어떤 것이 열 가지가 되는가.
말하자면 법왕의 처소에 선교와
법왕의 처소에 궤도와
법왕의 처소에 궁전과
법왕의 처소에 취입하는 것과
법왕의 처소에 관찰하는 것과
법왕이 관정하는 것과
법왕이 힘으로 가지는 것과
법왕이 두려움이 없는 것과
법왕이 편히 잠자는 것과
법왕이 찬탄하는 것입니다.

疏

後는 勝進十法이라 皆言法王者는 旣言王子인댄 倣佛之儀하야 合子法度니라 而言處者는 卽是位也니 如世王子가 之於父王이니

今對辯之리라 一에 善巧者는 言辭安立과 及諸伎藝로 悅可王心하
나니 今此菩薩이 學佛法王의 說法言辭와 安立權實과 善巧方便하
야 以悅佛心이라 二에 軌度는 軌는 謂坐立動이 中規矩하며 容止可
觀이요 度는 謂升降出入과 往來進退가 可度니 此明無虧戒行하야
住佛威儀也라 三에 宮殿者는 父王在宮인댄 卽行子禮하고 父王處
殿인댄 卽行臣禮하나니 若處涅槃正殿인댄 卽令萬行歸宗이요 若
處慈悲宮室인댄 則子愛含識이라 四에 趣入者는 趣者는 就也니
謂澤及萬人이요 入者는 收也니 謂庭來萬國이니 菩薩은 則無機不
就요 無德不收니라 五에 觀察者는 入則觀父王하야 察其聲色이요
出則觀群臣하야 知其賢愚니 菩薩은 入則觀佛敎理요 出則審機
可否니라

뒤에는 승진십법이다.
다 법왕이라고 말한 것은 이미 법왕자[609]라고 말하였다면 부처님의
위를 본받아 제자의 법도에 합하는 것이다.
처소라고 말한 것은 곧 이 지위이니
마치 세상에 왕자가 부왕에게 나아가는 것과 같나니 지금에 그것을
상대하여 분별하겠다.

---

609 혹자或者는 왕자王子 아래(下)에 수효왕인의須斅王人義인달하야 보살역이菩
薩亦爾라는 글자가 있다고 하였다. 다음 줄에 子 자는 于 자의 잘못이다.
斅는 '가르칠 효' 자이다. 『잡화기』는 자자子자와 방倣 자 사이에 소본에는
수, 효, 왕, 의, 보, 살, 역, 이라는 여덟 글자가 있고 바로 아래 합자合子라
한 자子 자는 우于 자의 잘못이라 하였다.

첫 번째 선교라고 한 것은 아들의 말과 안립安立과 그리고 모든
기예로 왕의 마음을 기쁘게 하는 것이니[610]

지금에 이 보살이 부처님 법왕의 설법하시는 말씀과 안립하는 방편
과 진실과 선교의 방편을 배워 부처님의 마음을 기쁘게 하는 것이다.

두 번째 궤도라고 한 것은 궤軌라고 한 것은 말하자면 앉아 있거나
서 있거나 움직이는 것이 법규에 맞으며 용납하고 그치는 것을
가히 보는 것이요

도度라고 한 것은 말하자면 오르고 내리는 것과 들어가고 나오는
것과 가고 오는 것과 나아가고 물러나는 것이 가히 법다운 것이니
이것은 계행을 어기지 아니하여 부처님의 위의에 머무름을 밝힌
것이다.

세 번째 궁전이라고 한 것은 부왕이 집(宮)에 있다면 곧 자식의
예를 행하고 부왕이 정전正殿에 거처한다면 곧 신하의 예를[611] 행하는
것이니,

만약 열반의 정전正殿에 거처한다면 곧 만행으로 하여금 근본(宗)[612]
에 돌아가게 할 것이요

만약 자비의 궁실宮室에 거처한다면 곧 자식같이 중생을 사랑할
것[613]이다.

---

610 원문에 열가悅可란, 기쁘게 따라준다는 것이다.

611 예禮 자와 약若 자 사이에 보살菩薩이라는 두 글자가 있기도 하다. 만약
   열반의 정전에 거처한다면 운운한 것은 다 보살을 잡아 말한 것이니 반드시
   비유로 더불어 온전히 같다 할 수는 없다. 역시 『잡화기』의 말이다.

612 근본이란, 깨달음이니 자리自利이다.

네 번째 취입한다고 한 것은 취趣라고 한 것은 나아가는 것이니, 말하자면 은혜[614]가 만인에게 미치는 것이요

입入이라고 한 것은 거두는 것이니, 말하자면 마당에 만국 사람이 오는 것이니

보살은 곧 근기마다 나아가지 아니함이 없고 공덕마다 거두지 아니함이 없는 것이다.

다섯 번째 관찰한다고 한 것은 들어가면 곧 부왕을 관찰하여 그 목소리와 형색을 관찰하는 것이요

나가면 곧 수많은 신하를 관찰하여 그들의 어질고 어리석음을 아는 것이니,

보살은 들어가면 곧 부처님의 교리를 관찰하고 나오면 중생의 가·부를 살피는 것이다.

鈔

菩薩入下는 佛合上父요 敎合前聲이요 理合前色이니 顯然可見故니라 可化曰賢이요 不可化는 如愚니라

보살은 들어가면이라고 한 아래는 부처님은 위에 부왕에게 법합하고 가르침(敎)은 앞에 소리에 법합하고 진리(理)는 앞에 형색에 법합한 것이니[615] 밝게 가히 나타난 까닭이다.

---

613 중생을 사랑하는 것이란, 이타利他이다.
614 澤은 덕택德澤이니 은혜를 말한다.

가히 교화하는 사람은 어질다 말하고

가히 교화하지 않는 사람은 어리석다 말하는 것과 같다.

疏

六에 灌頂者는 十地에 有文이요 出現에 法喩雙辨이라

여섯 번째 관정한다고 한 것은 십지품에 글이 있고 출현품에[616] 법과 비유를 함께 분별하였다.

疏

七에 力持者는 聚人인댄 則以財爲力이요 愼危인댄 則以戒爲力이요 降怨인댄 則以忍爲力이요 廣業인댄 則以勤爲力이요 定亂인댄 則以靜爲力이요 謀安인댄 則以智爲力이요 固衆인댄 則以仁爲力이요 制敵인댄 則以衆爲力이니 菩薩의 六度四等과 萬行總持가 皆力義也니라 持財以儉이요 持衆以信이요 持安以不憍요 持力以不奢니 餘可類取니 皆能持也니라

일곱 번째 힘으로 가진다고 한 것은 사람을 모으려 한다면 곧 재물[617]

---

615 색합전리色合前理라고 한 것은 이합전색理合前色이라 해야 한다. 色 자와 理 자가 자리가 바뀌었다. 『잡화기』는 다만 색리色理 두 글자(二字)는 마땅히 앞뒤가 바뀌어야 한다고 하였다.

616 出現 아래(下)에 品中 두 글자(二字)가 있으면 四字文章으로 좋다.

로써[618] 힘을 삼아야 할 것이요

위험을 삼가하려 한다면 곧 계로써 힘을 삼아야 할 것이요

원수를 항복하려 한다면 곧 인욕으로써 힘을 삼아야 할 것이요

업을 넓히려 한다면 정근으로써 힘을 삼아야 할 것이요

산란을 평정하려 한다면 고요함[619]으로써 힘을 삼아야 할 것이요

편안함을 도모하려 한다면 지혜로써 힘을 삼아야 할 것이요

대중을 견고케 하려 한다면 어짊으로써 힘을 삼아야 할 것이요

적을 제어하려 한다면 대중으로써 힘을 삼아야 할 것이니

보살의 육바라밀과 사무량심 등과 만행萬行과 총지總持가 다 힘의

뜻이다.

재물을 가지려 한다면 검약으로써 해야 할 것이요

대중을 가지려 한다면 믿음으로써 해야 할 것이요

편안함을 가지려 한다면 교만하지 아니함으로써 해야 할 것이요

힘을 가지려 한다면[620] 사치하지 아니함으로써 해야 할 것이니,

나머지는 가히 비류하여 취할 것이니 다 능히 가지는 것이다.

---

617 재물이란, 곧 보시布施이다.

618 원문에 취인즉이재聚人則以財는 『대학大學』에 所謂 財散하면 則民聚요, 財聚
하면 則民散이라 하니 그 뜻과 같다. 즉 소위 재물을 나누어주면 백성이
모이고, 재물을 모아두면 백성이 떠난다는 것이다.

619 원문에 정靜이란, 곧 선정禪定이다.

620 재물을 가진다고 한 것은 재력財力에 해당하고, 대중을 가진다고 한 것은
인력仁力에 해당하고, 편안함을 가진다고 한 것은 신위愼危에 해당하고,
힘을 가진다고 한 것은 다 통하는 것이다. 역시 『잡화기』의 말이다. 신위愼危
는 위험을 삼가한다는 뜻이다.

鈔

菩薩六度者는 次第合上이니 施는 合聚人以財요 尸羅는 合愼危以戒
요 乃至般若는 合智라 四等은 合仁이니 愍傷不殺로 以爲仁故니라
萬行總持는 合上制敵以衆이라 持財以儉者는 上來釋力이요 以下釋
持니 略擧其四리라 儉則財不散일새 故不可貪也요 無信於物인댄 人
皆遠之리라 故信及豚魚어든 況於人乎아 大車無輗하고 小車無軏인
댄 其何以行之哉아 故可去食去兵이언정 不可去信이니라 持安인댄
以不憍者는 在上不憍인댄 高而不危일새 則長守富貴니 斯則安矣니
라 故로 百姓者水요 聖人者舟니 水能載舟하고 亦能覆舟니 是故로
不可不愼危也니라 若人奢侈인댄 則力竭也니라

보살의 육바라밀이라고 한 것은 차례대로 위에 말한 것에 법합한
것이니
보시는 사람을 모으려 한다면 재물로써 해야 한다고 한 것에 법합한
것이요
지계는 위험을 삼가하려 한다면 계로써 해야 한다고 한 것에 법합한
것이요
내지 반야는 지혜로써 해야 한다고[621] 한 것에 법합한 것이다.
사무량심 등이라고 한 것은 어짊으로써[622] 해야 한다고 한 것에
법합한 것이니

---

621 모안모안謀安은 以智이다.

622 고중固衆은 以仁이다.

불쌍히 여겨 죽이지 아니함으로 어짊을 삼는 까닭이다.

만행과 총지라고 한 것은 위에 적을 제어하려 한다면 대중으로써 해야 한다고 한 것에 법합한 것이다.

재물을 가지려 한다면 검약으로써 해야 한다고 한 것은 상래에는 힘(力)을 해석한 것이요

이하는 가지는 것(持)을 해석한 것이니 간략하게 그 네 가지만 거론하겠다.

검약하면 곧 재물이 흩어지지 않기에 그런 까닭으로 가히 탐하지 아니할 것이요

사람에게 믿음이 없으면 사람들이 다 그를 멀리할 것이다.

그런 까닭으로 믿음이 돼지와 물고기에게도 미치거든[623] 하물며

---

[623] 원문에 신급돈어信及豚魚란, 『주역周易』 64괘卦 가운데 제61괘卦의 중부괘中孚卦이다. 그 괘卦에 말하기를 중부中孚는 돈어豚魚가 길吉하나니 이섭대천利涉大川이요 이정利貞이라 하였다. 즉 중부괘中孚卦는 돼지도 물고기도 길한 괘이니 그 이롭기가 대천大川을 건널 만하다. 마음을 굳게 가지면 이롭다는 뜻이다. 그리고 바로 단전彖傳에 말하기를 豚魚吉은 信及豚魚也라 하였다.

〈중부괘〉

이것을 욱주昱注에 말하기를 신급信及이라고 한 것은 오히려 믿음은 돈어豚魚라는 고기와 같다고 말해야 할 것이다. 돈어豚魚는 고기의 이름이니, 돼지와 고기라고 말할 수 없다. 저 바다 가운데 양풍颺風이 장차 일어나려 함에 돈어豚魚라는 고기가 미리 알고 저 파도 위에서 조심하나니, 이것이 믿음이 되는 것이다 하였다. 이것은 돈어豚魚가 양풍颺風을 믿는 것으로 사람이 믿음이 있는 것도 이와 같다는 것이다.

그러나 지금의 뜻은 믿음이 널리 돼지, 물고기 등 천하天下 만물萬物에

사람이겠는가.

큰 수레에⁶²⁴ 멍에가 없고 작은 수레에도 멍에가 없다면 그 수레가 어찌 가겠는가.

그런 까닭으로 가히 밥이 가면 병사는 갈지언정 가히 믿음은 가지 않을 것이다.

편안함을 가지려 한다면 교만하지 아니함으로써 해야 한다고 한 것은 위에 있으면서 교만하지 않는다면 높지만 위험이 없기에 곧 부귀를 길이 지킬 것이니 이것이 곧 편안한 것이다.

그런 까닭으로 백성은 물이요⁶²⁵ 성인은 배이니, 물이 능히 배를 싣기도 하고 또한 능히 배를 뒤집기도 하나니 이런 까닭으로 가히 위험을 삼가하지 아니치 못할 것이다.

만약 사람이 사치한다면 곧 힘이 다 없어질 것이다.

疏

八에 無畏者는 爲上無亢인댄 則無憂悔之畏요 節儉財色인댄 則無病畏요 居上不憍인댄 則無亡畏요 爲下不亂인댄 則無刑畏요 在醜不爭인댄 則無兵畏요 三不備者는 永無死畏니 菩薩修行인댄 離老

미치거든 사람에게 미치는 것이야 말할 것이 있겠는가 하는 것이다.

624 원문에 대거大車 운운한 것은, 『논어論語』에 자공子貢이 공자孔子에게 물은 말이다.

625 원문에 백성자수百姓者水 운운한 것은, 당태종唐太宗이 태자太子를 경계한 말이다.

病死와 五種怖畏하야 得十無畏리라

여덟 번째 두려움이 없는 것이라고 한 것은 윗사람이 되어서 높이[626]
지 않는다면 곧 근심하고 후회할 두려움이 없을 것이요,
재물과 여색을 절제하고 검약한다면 곧 병의 두려움이 없을 것이요
위에 있으면서 교만하지 않는다면 곧 죽음의 두려움이 없을 것이요
아랫사람이 되어서 난잡하지 않는다면 곧 형벌의 두려움이 없을
것이요
같은 무리[627]에 있으면서 다투지 않는다면 곧 병난의 두려움이 없을
것이요
삼불三不[628]을 갖춘 사람은 영원히 죽음의 두려움이 없을 것이니
보살이 수행한다면 늙고 병들고 죽는 것과 다섯 가지 두려움[629]을
떠나서 열 가지 두려움이 없음을 얻을 것이다.

---

626 亢은 '높을 항' 자이다.
627 醜는 '무리 추' 자이다. 같은 무리 운운은 『효경孝經』의 말이다.
628 삼불三不이라고 한 것은 곧 위에 불교不憍, 불란不亂, 부쟁不爭이라는 글자를
차례한 것이니, 죽음의 두려움과 형벌의 두려움과 병난의 두려움이 다 이
죽음의 두려움(死畏)인 까닭이다. 역시 『잡화기』의 말이다.
629 원문에 오종포외五種怖畏는 『백법론百法論』과 『비파사론毗婆沙論』에 초학보
살初學菩薩이 수행修行 시 다섯 가지 두려움을 내나니 一은 不活, 二는 惡名,
三은 死, 四는 惡道, 五는 大衆威德이라 하였다. 『잡화기』에는 다섯 가지
두려움이라고 한 것은 『대법수』 21권, 27장에 설출되어 있다 하였다.

鈔

爲上勿亢者는 周易乾卦云호대 上九는 亢龍有悔라하니 亢極則憂悔
가 至焉이니 桀紂是也라 在醜而諍則兵이니 醜者는 背也며 類也라

윗사람이 되어 높이지 않는다고 한 것은 『주역』의 건괘乾卦에 말하기
를[630] 상구上九는 항용亢龍이니 후회가 있을 것이다 하였으니,
높은 것이 극에 달하면 곧 근심과 후회가 이르나니 걸왕桀王과 주왕紂
王이[631] 이것이다.
같은 무리에 있으면서 다투면 곧 병난이 일어나는 것이니

---

630 乾卦云호대 上九는 亢龍有悔라. 乾卦의 象에 말하기를 亢龍有悔니 盈不可久
라 하였다.

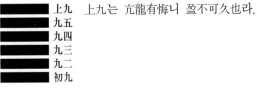

上九는 亢龍有悔니 盈不可久也라.

631 걸왕桀王 운운은, 하夏나라 걸왕桀王은 유시씨有施氏의 나라로부터 공물로
받은 매희妹喜라는 여자와 은殷나라 주왕紂王은 유소씨有蘇氏의 나라로부터
공물로 받은 달기妲己라는 여자에 빠져 주지육림酒池肉林, 즉 술로 연못과
고기로 산을 만들어 술 못에 배를 띄우고 고기 산에 고기를 뜯어 먹으며
음무淫舞와 유희로 방탕하여 나라를 멸망으로 몰아갔다. 충신의 충언이
들려오면 폭군으로 돌변하여 가차 없이 목이 날아갔다. 그 결과 주周나라
무왕의 혁명으로 멸망하였다. 즉 높은 자리에 있으면서 폭악이 극에 달하면
근심과 후회를 지나 멸망으로 이어지는 것이다. 이 고사는 십팔사十八史와
고사성어 주지육림에 잘 나타나 있다. 『중국고사성어사전』, 이원수 편,
p.395를 참고할 것이다.

추醜라고 한 것은 배輩의 뜻이며 유類의 뜻이다.

疏

九에 宴寢者는 晝無故不內宴하고 夜無故不外寢하야 宴於側室하고 寢於正處하나니 菩薩入定에 同佛하야 不過明으로 以躭其味하고 不昏沈으로 以滯於境하야 無幽不得其味하고 正定不易其心하니라

아홉 번째 편히 잠잔다고 한 것은 낮이 없는 까닭으로 안에서도 편안하지 않고 밤이 없는 까닭으로 밖에서도 잠자지 않아서 첩의 집⁶³²에서 편안히 하고 정실의 처소에서 잠을 자나니,
보살이 삼매에 들어감에 부처님과 같아서 지나치게 밝음으로써 그 맛을 탐하지 않고 혼침으로써 경계에 막히지 않아서 깊은 경계마다 그 맛을 얻지 아니함이 없고 바른 삼매에 들어가 그 마음을 바꾸지 않는 것이다.

鈔

菩薩入定者는 合上晝無故不內宴이니 晝宴則耽其味니라 明은 合上晝니 過明者는 慧增定少也니라 言不昏沈으로 以滯於境者는 合上夜無故不外寢이니 昏沈은 合夜요 滯境은 合外寢이라 無幽不得其味는

合宴於側室이요 正定不易其心은 合寢於正處니라

보살이 삼매에 들어간다고 한 것은 위에 낮이 없는 까닭으로 안에서
도 편안하지 않다고 함에 법합한 것이니
낮에 편안하면 곧 그 맛을 탐하는 것이다.
밝다고 한 것은 위의 낮에 법합한 것이니
지나치게 밝다고 한 것은 지혜가 더 많고 삼매가 적은 것이다.
혼침으로써 경계에 막히지 않는다고 말한 것은 위에 밤이 없는
까닭으로 밖에서도 잠자지 않는다고 함에 법합한 것이니
혼침이라고 한 것은 밤에 법합한 것이요,
경계에 막힌다고 한 것은 밖에서 잠잔다고 함에 법합한 것이다.
깊은 경계마다 그 맛을 얻지 아니함이 없다고 한 것은 첩의 집에서
편안히 한다고 함에 법합한 것이요,
바른 삼매에 들어가 그 마음을 바꾸지 않는다고 한 것은 정실의
처소에서 잠을 잔다고 함에 법합한 것이다.

疏

十에 讚歎者는 樂則歌讚하며 苦則哀歎이라 讚音은 宜和樂하고
歎音은 宜哀思하야 其情切其辭文하니 菩薩이 應仰讚佛德하며 哀
歎衆生에 情詣於理하야 使其欣厭케하니라

열 번째 찬탄한다고 한 것은 좋으면 곧 노래 부르고 찬탄하며 괴로우

면 곧 슬퍼하고 탄식하는 것이다.

찬탄하는 소리는 마땅히 화평하고 즐거운 소리로 하고 탄식하는 소리는 마땅히 슬프고 사모하는 소리로 하여 그 정이 애절하고 그 말이 빛나나니,

보살이 응당 부처님의 공덕을 우러러 찬탄하며 중생을 슬퍼하고 탄식함에 그 정이 이치에 나아가 그로 하여금[633] 기뻐하게 하고 싫어하게 하는 것이다.

鈔

情詣於理下는 合讚音宜和樂하고 歎音宜哀思니 合哀卽哀하고 合樂卽樂이 是詣理也니라 使其欣厭은 有二義하니 一은 成上厭其哀欣其樂이니 厭生死苦하고 欣涅槃樂이요 二者는 合上其情切其辭文이니 文故可欣이요 切故可厭이라

그 정이 이치에 나아간다고 한 아래는 찬탄하는 소리는 마땅히 화평하고 즐거운 소리로 하고 탄식하는 소리는 마땅히 슬퍼하고 사모하는 소리로 한다고 한 것에 법합한 것이니,

슬퍼하는 것이 합당하면[634] 곧 슬퍼하고 기뻐하는 것이 합당하면

---

633 使令의 令 자는 其 자의 잘못인 듯하다. 초문에는 其 자이다.
634 원문에 合哀라 한 合 자는 사기에는 宜 자가 좋다 하고, 合樂이라 한 合 자도 宜 자가 좋다 하였다. 그러나 그대로 두고 합당하다고 해석해도 무방하다. 따라서 나는 합당하다고 해석하였다.

곧 기뻐하는 것이 이것이 이치에 나아가는 것이다.

그로 하여금 기뻐하게 하고 싫어하게 한다고 한 것은 두 가지 뜻이 있나니
첫 번째는 위에 그 슬픔을 싫어하고 그 즐거움을 기뻐하게 한다고 한 것을 성립한 것이니,
생사의 괴로움을 싫어하고 열반의 즐거움을 기뻐하게 하는 것이요
두 번째는 위에 그 정이 애절하고 그 말이 빛난다고 함께 법합한 것이니,
빛나는 까닭으로 가히 기뻐할 만하고 애절한 까닭으로 가히 싫어할 만한 것이다.

經

何以故요 欲令增進하야 心無障礙하며 有所聞法하면 卽自開解
하고 不由他教故니라

무슨 까닭인가 하면 하여금 더욱 나아가 마음에 장애가 없게 하며
들을 바 법문이 있다면 곧 스스로 열어 알고 다른 사람의 가르침을
인유하지 않게 하고자 하는 까닭입니다.

疏

三에 徵釋云호대 欲令增進하야 得於後位의 無礙智故니라

세 번째 묻고 해석함에 말하기를 하여금 더욱 나아가 후위後位에
걸림이 없는 지혜를 얻게 하는 까닭이다.

經

佛子야 云何爲菩薩灌頂住고 此菩薩이 得成就十種智니 何者爲十고 所謂震動無數世界와 照耀無數世界와 住持無數世界와 往詣無數世界와 嚴淨無數世界와 開示無數衆生과 觀察無數衆生과 知無數衆生根과 令無數衆生趣入과 令無數衆生調伏이니 是爲十이니라

불자여, 어떤 것이 보살의 관정주가 되는가.
이 보살이 열 가지 지혜를 성취함을 얻나니
무슨 까닭인가.
말하자면 수없는 세계를 진동하는 것과
수없는 세계를 비추는 것과
수없는 세계에 머물러 가지는 것과
수없는 세계에 나아가는 것과
수없는 세계를 장엄하여 깨끗이 하는 것과
수없는 중생에게 열어 보이는 것과
수없는 중생을 관찰하는 것과
수없는 중생의 근기를 아는 것과
수없는 중생으로 하여금 취입케 하는 것과
수없는 중생으로 하여금 조복케 하는 것이니,
이것이 열 가지가 되는 것입니다.

疏

第十은 灌頂住라 文亦分二리니 先徵後釋이라 釋中亦二니 先自分
이요 後勝進이라 前中二니 初有十句는 所成德用이요 後有十句는
讚勝難測이니 以位終故로 加此一段이라 前中前五는 了世界하는
無礙智요 後五는 成就衆生하는 無礙智니 以智度滿故니라 多同大
盡分의 智成就說하니라

제 열 번째는 관정주이다.
경문을 또한 두 가지로 나누리니
먼저는 묻는 것이요
뒤에는 해석한 것이다.
해석한 가운데 또한 두 가지가 있나니
먼저는 자분이요
뒤에는 승진이다.

앞의 자분 가운데 두 가지가 있나니
처음에 열 구절이 있는 것은 성취한 바 공덕의 작용이요
뒤에 열 구절이 있는 것은 수승함을 찬탄한 것이 측량하기 어려운
것이니,
지위가 끝나는 까닭으로 이 수승함을 찬탄하는 일단을 더하였다.

앞의 자분 가운데 앞에 다섯 구절은 세계를 아는 걸림 없는 지혜요

뒤에 다섯 구절은 중생을 성취케 하는 걸림 없는 지혜이니
지혜바라밀이 만족한 까닭이다.
대진분의 지성취에 설한 것과 다분히 같다.

鈔

多同大盡分의 智成就說者는 大盡分은 則第十地의 八分之中에 第
四分이라 此分에 有五種大하니 一은 智大요 二는 解脫大요 三은 三昧
大요 四는 陀羅尼大요 五는 神通大라 今經前五는 卽神通이요 兼解脫
大니 卽作用解脫故라 後五는 攝餘三大호대 多同智大니 故로 智成就
說이라하니라

대진분의 지성취에 설한 것과 다분히 같다고 한 것은 대진분은
곧 제십지의 팔분 가운데 제사분이다.
이 분에 다섯 가지 큰 것이 있나니
첫 번째는 지혜가 큰 것이요
두 번째는 해탈이 큰 것이요
세 번째는 삼매가 큰 것이요
네 번째는 다라니가 큰 것이요
다섯 번째는 신통이 큰 것이다.
지금 경[635]에 앞에 다섯 가지는 곧 신통이 큰 것이며 겸하여 해탈이
큰 것이니

---

635 원문에 今經이란, 제십주第十住이다.

곧 작용이 해탈인 까닭이요

뒤에 다섯 가지는 나머지 세 가지 큰 것을 섭수하되 지혜가 큰 것과 다분히 같나니

그런 까닭으로 지성취에 설한 것과 같다 하였다.

經

佛子야 此菩薩身과 及身業과 神通變現과 過去智와 未來智와
現在智와 成就佛土와 心境界와 智境界를 皆不可知하며 乃至法
王子菩薩도 亦不能知니라

불자여, 이 보살의 몸과
그리고 몸의 업과
신통과
변화하여 나타내는 것과
과거의 지혜와
미래의 지혜와
현재의 지혜와
부처님의 국토를 성취하는 것과
마음의 경계와
지혜의 경계를 다 가히 알지 못하며
내지 법왕자보살도 또한 능히 알지 못하는 것입니다.

疏

後十讚勝과 及後勝進이 皆是神通의 有上無上分中義라

뒤에 열 구절에 수승함을 찬탄한 것과 그리고 뒤에 승진이 다 이
신통의 유상무상분 가운데 뜻이다.

鈔

皆是神通의 有上無上分者는 卽第六分이니 其勝進十法은 卽彼經
云호대 佛子야 此菩薩摩訶薩이 已能安住如是智인댄 諸佛世尊이 復
更爲說三世智와 法界差別智와 遍一切世界智와 照一切世界智와
慈念一切衆生智니 擧要言之컨댄 乃至爲說得一切智智라하니라

다 이 신통의 유상무상분이라고 한 것은 곧 제육분[636]이니,
그 승진의 십법은 곧 저 『십지경』에 말하기를 불자야, 이 보살마하살
이 이미 능히 이와 같은 지혜에 편안히 머물렀다면 모든 부처님
세존께서 다시 삼세의 지혜와 법계의 차별한 지혜와 일체 세계에
두루하는 지혜와 일체 세계를 비추는 지혜와 자비로 일체중생을
생각하는 지혜를 설할 것이니,
요점을 들어 말한다면 내지 일체 지혜를 얻는 지혜를 설할 것이다
하였다.

疏

今讚勝中에 前四는 卽業自在를 不可知니 一은 身이요 二는 身用이
요 三은 十通이요 四는 通用이라 後六은 心智自在를 不可知니 初三
은 卽三達圓明智요 四는 知器世間自在智요 五는 定心所現之境
이요 六은 大智로 所知之境이니 並深廣故로 下位不知니라

---

636 제육분이란, 제십지의 八分 가운데 제육분이다.

지금에 수승함을 찬탄하는 가운데 앞에 네 가지는 곧 업이 자재함을
가히 알지 못하는 것이니

첫 번째는 몸이요

두 번째는 몸의 업용이요

세 번째는 열 가지 십통[637]이요

네 번째는 신통의 작용이다.

뒤에 여섯 가지는 마음의 지혜가 자재함을 가히 알지 못하는 것이니

처음에 세 가지는 삼세를 통달하는[638] 원만하고 밝은 지혜요

네 번째는 기세간을 아는 자재한 지혜요

다섯 번째는 삼매의 마음으로 나타낸 바 경계요

여섯 번째는 큰 지혜로 아는 바 경계이니,

모두 깊고 넓은 까닭으로 하위下位는 알 수가 없는 것이다.

---

637 십통十通이란, 십통품十通品을 볼 것이다.

638 원문에 삼달三達이란, 삼세를 통달한다는 것이니 1. 숙명지증명宿命智證明은
과거過去이고, 2. 사생지증명死生智證明은 현재現在이고, 3. 누진지증명漏盡
智證明은 미래未來이다.

經

佛子야 此菩薩이 應勸學諸佛十種智니

불자여, 이 보살이 응당 모든 부처님의 열 가지 지혜를 권하여
배우게 할 것이니

疏

後勝進中에 三이니 初標라 卽學佛一切智니 一切種智로 以當位
滿하고 灌頂成佛로 以攝諸位가 皆此中具故니라 如法界品의 海幢
處說과 玄中廣明하니라

뒤에 승진 가운데 세 가지가 있나니
처음에는 한꺼번에 표한 것이다.
곧 부처님의 일체종지를 배우게 하는 것이니,
일체종지로써 당위當位[639]를 만족하고 머리에 물을 부어 성불하는
것으로써 모든 지위를 섭수하는 것이 다 이 가운데 갖춘 까닭이다.
입법계품 해당비구처에서 설한 것과 『현담』 가운데서 널리 밝힌
것과 같다.

---

[639] 당위當位란, 제십주第十住이다.

經

何者爲十고 所謂三世智와 佛法智와 法界無礙智와 法界無邊智와 充滿一切世界智와 普照一切世界智와 住持一切世界智와 知一切衆生智와 知一切法智와 知無邊諸佛智니라

어떤 것이 열 가지가 되는가.
말하자면 삼세의 지혜와
불법의 지혜와
법계에 걸림이 없는 지혜와
법계에 끝없는 지혜와
일체 세계에 충만한 지혜와
일체 세계를 널리 비추는 지혜와
일체 세계에 머물러 가지는 지혜와
일체중생을 아는 지혜와
일체법을 아는 지혜와
끝없는 모든 부처님을 아는 지혜입니다.

疏

二에 徵列中에 一은 學佛三達智니 此是總句요 二에 佛法智者는 覺法自性하야 善出現儀요 三은 事理無礙요 四는 事法橫廣이요 五는 大用周遍이요 六은 身智光照요 七은 神力持하야 令不壞케하며 法力持하야 令進善이요 八은 窮盡所化요 九는 知化法이요

十은 了化主라

두 번째 문고 이름을 열거한 가운데 첫 번째는 부처님의 삼세를
통달한 지혜를 배우게 하는 것이니 이것은 총구요
두 번째 불법의 지혜라고 한 것은 법의 자성을 깨달아 출현하는
의식을 잘하는 것이요
세 번째는 사실과 진리가 걸림이 없는 것이요
네 번째는 사실의 법이 옆으로 넓은 것이요
다섯 번째는 큰 작용이 두루한 것이요
여섯 번째는 신광身光과 지광智光으로 비추는 것이요
일곱 번째는 신통력으로 가져 하여금 무너지지 않게 하며, 법력으로
가져 하여금 선법에 나아가게 하는 것이요
여덟 번째는 교화할 바를 궁구하여 다하는 것이요
아홉 번째는 교화하는 법을 아는 것이요
열 번째는 교화하는 법주[640]를 아는 것이다.

---

640 원문에 화주化主란, 佛이다.

經

何以故요 欲令增長一切種智하며 有所聞法하면 卽自開解하고
不由他敎故니라

무슨 까닭인가 하면 하여금 더욱 일체종지를 장양케 하며
들을 바 법문이 있다면 곧 스스로 열어 알고 다른 사람의 가르침을
인유하지 않게 하고자 하는 까닭입니다.

疏

三은 徵釋이니 成十勝智하고 復更學者는 爲欲成佛種智位故니라
然上所釋은 大依十地니라

세 번째는 묻고 해석한 것이니,
열 가지 수승한 지혜를 이루고 다시 배우는 것은 부처님의 일체종지
의 지위를 이루고자 하는 까닭이다.
그러나 위에서 해석한 바는 크게 십지를 의지한 것이다.

經

爾時에 佛神力故로 十方에 各一萬佛刹의 微塵數世界가 六種震
動하나니 所謂動遍動等遍動이며 起遍起等遍起며 涌遍涌等遍
涌이며 震遍震等遍震이며 吼遍吼等遍吼며 擊遍擊等遍擊이라
雨天妙華와 天末香과 天華鬘과 天雜香과 天寶衣와 天寶雲과
天莊嚴具하며 天諸音樂이 不鼓自鳴하며 放天光明과 及妙音聲
하니라 如此四天下須彌山頂의 帝釋殿上에 說十住法할재 現諸
神變하야 十方所有의 一切世界에도 悉亦如是하니라

그때에 부처님의 위신력인 까닭으로 시방에 각각 일만 부처님의
국토에 작은 티끌 수만치 많은 세계가 여섯 가지로 진동[641]하였으니,
말하자면 움직이는 것과 두루 움직이는 것과 똑같이[642] 두루 움직이
는 것이며,
일어나는 것과 두루 일어나는 것과 똑같이 두루 일어나는 것이며,
솟는 것과[643] 두루 솟는 것과 똑같이 두루 솟는 것이며,
진동하는 것과 두루 진동하는 것과 똑같이 두루 진동하는 것이며,
으르렁거리는 것과 두루 으르렁거리는 것과 똑같이 두루 으르렁거

---

641 여섯 가지로 진동이라고 한 것은 『대법수』 27권, 24장에 석출析出되어 있다.
  영인본 화엄 3책, p.373(진자권辰字卷)에 나온 바가 있다. 수진 역주본은
  17권, p.418이다. 또 초발심공덕품 하권과 율자권律字卷 하권에도 있다.
642 묘엄품에는 똑같이라는 말은 없고 널리라고 하였다. 즉 여기는 等 자이나
  묘엄품에는 普 자로 되어 있다는 것이다.
643 묘엄품에도 솟는다고 번역하였다.

리는 것이며,

치는 것과 두루 치는 것과 똑같이 두루치는 것이었습니다.

그리고 하늘에 묘한 꽃과 하늘에 가루 향과 하늘에 꽃다발과 하늘에 여러 가지 향과 하늘에 보배 옷과 하늘에 보배 구름과 하늘에 장엄기구를 비 내리며,

하늘에 모든 음악이 북을 치지 않아도 스스로 울리며,

하늘에 광명과 그리고 묘한 음성을 놓았습니다.

이와 같이 이 사천하 수미산 정상의 제석전 위에서 십주법을 설할 때에 모든 신통 변화를 나타내는 것과 같아서, 시방에 있는 바 일체 세계에서도 다 또한 이와 같이 하였습니다.

疏

第六은 顯實證成分中에 二니 先은 現瑞顯實이요 後는 菩薩證成이라 前中에 先은 此界에 有動地雨供이니 一萬佛刹이라도 猶劣行故라 後에 如此下는 結通이라

제 여섯 번째는 진실을 나타내어 증명을 이루는 분分[644] 가운데 두 가지가 있나니

먼저는 상서를 나타내어 진실을 나타내는 것이요

뒤에는 보살이 증명을 이루는 것이다.

---

644 此經을 七分으로 나누는 가운데 第六分이니 영인본 화엄 5책, p.568, 1행에는 증성분證成分이라 하였다.

앞에 진실을 나타내는 가운데 먼저는 이 세계[645]에 땅을 진동하고
공양기구를 비 내리는 것이 있나니
일만 부처님의 국토[646]라도 오히려 십행보다는 하열한 까닭이다.
뒤에 이와 같다고 한 아래는 맺어서 통석한 것이다.

---

645 세계世界의 世 자는 此 자의 오자誤字이다. 차계此界는 곧 이 四天下이다.
646 원문에 일만불찰一萬佛刹은, 십주十住는 일만불찰一萬佛刹이요, 십행十行은
　　십만불찰十萬佛刹이다.

經

又以佛神力故로 十方에 各過一萬佛刹의 微塵數世界하야 有十
佛刹의 微塵數菩薩하야 來詣於此하야 充滿十方하야

또 부처님의 위신력인 까닭으로 시방에 각각 일만 부처님의 국토에
작은 티끌 수만치 많은 세계를 지나 열 부처님의 세계에 작은
티끌 수만치 많은 보살이 있어서 이곳에 와 이르러 시방에 충만하여

疏

二에 又以下는 菩薩證成이라 於中二니 初는 能證現前이라

두 번째 또 부처님의 위신력인 까닭이라고 한 아래는 보살이 증명을
이루는 것이다.
그 가운데 두 가지가 있나니
처음에는 능히 증명하는 보살이 앞에 나타나는 것이다.

經

作如是言호대 善哉善哉라 佛子야 善說此法하니라

이와 같은 말을 하기를 착하고 착합니다. 불자여, 이 법을 잘도
설합니다.

疏

二에 作如是下는 發言讚述이라 於中四니 一은 讚其所說이라

두 번째 이와 같은 말을 하였다고 한 아래는 말을 일으켜 찬탄하고
진술한 것이다.
그 가운데 네 가지가 있나니
첫 번째는 그 법혜보살이 설한 바를 찬탄한 것이다.

經

我等諸人도 同名法慧며 所從來國도 同名法雲이며 彼土如來도
皆名妙法이니라 我等佛所에도 亦說十住하나니 衆會眷屬과 文句
義理도 悉亦如是하야 無有增減하니라

우리 등 모든 사람들도 다 같이 이름이 법혜이며,
좇아온 바 국토도 다 같이 이름이 법운이며,
저 국토에 여래도 다 같이 이름이 묘법입니다.
우리 등이 있는 부처님의 처소에서도 또한 십주법을 설하나니
모인 대중의 권속과 문구와 의리도 다 또한 이와 같아서 증감이
없습니다.

疏

二에 我等下는 擧同顯證이라 此有四同하니 一은 能說人이요 二는
所說處요 三者는 會主요 四는 所說法이라 初後는 與此同하고 中二
는 但彼同者는 法慧表解일새 不可不同이니 法若不同인댄 豈名爲
證이리요 中二異此者는 表人異道同하며 處殊法一이니 方表通方
之說하야 成證義也니라 若亦同此인댄 將謂餘異名界엔 佛不同說
也리라 若爾何故로 同名法雲妙法이라하고 不多擧耶아 爲有表故
니 謂所說法이 該於十地일새 故非麁淺故니라 就所說中하야 衆會
는 約人이요 眷屬은 兼法이요 文句義理는 主伴皆同也니라

두 번째 우리 등이라고 한 아래는 같은 이름을 들어 증명을 나타낸 것이다.

여기에 네 가지 같음이 있나니

첫 번째는 능히 설하는 사람[647]이 같은 것이요

두 번째는 설하는 바[648] 처소가 같은 것이요

세 번째는 회주[649]가 같은 것이요

네 번째는 설하는 바 법이 같은 것이다.

처음과 뒤는 이 국토로 더불어 같고 중간에 두 가지는 다만 저 국토로 더불어 같은[650] 것은 법혜는 해解를 표하였기에 가히 같지 아니할 수 없는 것이니,

법이 만약 같지 않다면 어찌 이름을 증명한다 하겠는가.

중간에 두 가지가 이 국토와 다른 것은 사람은 다르지만 도는 같으며 처소는 다르지만 법은 하나임을 표한 것이니,

바야흐로 모든 방소[651]라는 말을 표하여 증명의 뜻을 성립한 것이다.

만약 또한 이 국토와 같다고 한다면 장차 말하기를 나머지 다른 이름의 세계에는 부처님이 다 같이 설하지 않는다고 해야 할 것이다.

---

647 원문에 능설인能說人이란, 법혜보살法慧菩薩이다.

648 소설所說의 說 자는 來 자인 듯하다. 즉 소래처所來處인 듯하다.

649 회주會主란, 곧 불佛이다.

650 원문에 중이단피동中二但彼同 다섯 글자(五字)는 연자衍字가 아닌지 의심한다. 연자衍字라면 처음과 뒤가 이 국토로 더불어 같은 것은이라고 번역할 것이다. 『잡화기』도 다섯 글자(五字)는 연자衍字라 하고, 혹 이단二段을 함께 거론한 것인가 하였다.

651 통방通方은 소설처所說處니 소종래국所從來國이다.

만약 그렇다면 무슨 까닭으로 다 같이 이름이 법운이며 묘법[652]이라고
만[653] 하고 많은 이름을 거론하지 않았는가.

표하는 바가 있는 까닭이니

말하자면 설하는 바 법[654]이 십지를 갖추었기에 그런 까닭으로 얕은
법이 아닌[655] 까닭이다.

설하는 바 법[656] 가운데 나아가 모인 대중이라고 한 것은 사람을
잡은 것이요

권속이라고 한 것은 법을 겸한 것이요

문구와 의리라고 한 것은 주반主伴이 다 같은 것이다.

---

652 원문에 동명법운묘법同名法雲妙法은 중간中間에 두 가지이기에 법운法雲과
묘법妙法이라고만 하였다.

653 묘법 운운은 묘법"하고" 토이다. 다분히 다른 이름의 세계와 다른 이름의
부처님을 거론하지 아니한 것은 극락세계의 아미타부처님과 같은 등이라
하겠다. 역시 『잡화기』의 말이다.

654 원문에 소설법所說法이란, 십주법十住法이다.

655 얕은 법(尫淺)이 아니라고 한 것은 십주가 얕은 법이 아니라는 것이다.
추천尫淺은 얕다는 뜻이다.

656 원문에 소설중所說中이란, 제사第四에 소설법所說法이다.

經

佛子야 我等이 承佛神力하야 來入此會하야 爲汝作證하나니

불자여, 우리 등이 부처님의 위신력을 받아 와서 이 법회에 들어가 그대들을 위하여 증명하나니

疏

三에 佛子下는 擧因結成이라

세 번째 불자라고 한 아래는 원인을 들어 맺어 성립한 것이다.

經

如於此會하야 十方所有의 一切世界에도 悉亦如是하니라

이 법회와 같아서 시방에 있는 바 일체 세계에서도 다 또한 이와
같이 하였습니다.

疏

四에 如於此下는 結通廣遍이니 謂非唯來此하야 爲汝作證이라 於
餘處證도 亦同證此니 彌顯所說이 是通方也니라 此是彼菩薩이
結通일새 不俟經家의 結通也니라

네 번째 이 법회와 같다고 한 아래는 널리 두루함을 맺어 통석한
것이니,
말하자면 오직 이 법회에 와서 그대를 위하여 증명을 할 뿐만 아니라
나머지 처소에서 증명을 하는 것도 또한 이 국토에서 증명을 하는
것과 같다 한 것이니,
설하는 바가 모든 방소임을 더욱 나타낸 것이다.
이것은 저 보살이 맺어 통석한 것이기에 경가經家[657]가 맺어 통석함을
기다리지 않는 것이다.

---

657 경가經家란, 불佛이다.

疏

問이라 此經을 何要十方同說고 答이라 引攝之敎는 隨機不一일새
諸方有殊어니와 圓實之敎는 法爾常規일새 故十方同說이니 十方
如來가 同一道故며 三賢十聖이 無異路故니라

묻겠다.
이 경을 어찌 시방이 다 같이 설하기를 요망하는가.
답하겠다.
인섭引攝[658]의 가르침은 근기를 따라 하나가 아니기에 시방이 다름이
있거니와 원실圓實의 가르침은 법이 영원한 법이기에 그런 까닭으로
시방이 다 같이 설하는 것이니,
시방의 여래가 동일한 길인 까닭이며 삼현과 십성이 다른 길이
없는 까닭이다.

鈔

問此經下는 料揀이라 於中有三하니 初問法同이니 何要此彼에 同說
十住하며 那不或有國土엔 說一乘하며 或有國土엔 說二三等이라

묻겠다. 이 경이라고 한 아래는 헤아려 가린 것이다.
그 가운데 세 가지가 있나니

---

658 인섭引攝이란, 이승교二乘敎이다.

처음에는 법이 같은 것을 물은 것이니,

어찌 이 국토와 저 국토에 다 같이 십주 설하기를 요망하며

어찌 혹 어떤 국토에는 일승을 설하지 아니하며 혹 어떤 국토에는

이승과 삼승을 설하지 않는가 한 등이다.

疏

問이라 說此經處가 何要遍於十方고 答이라 能詮이 如所詮故며
所詮義理가 無不周故니 表位優劣하야 證有多少언정 據其所說인
댄 無處不該니라

묻겠다.

이 경을 설하는 처소가 어찌 시방에 두루하기를 요망하는가.

답하겠다.

능전이 소전과 같은 까닭이며[659] 소전의 의리가 두루하지 아니함이
없는 까닭이니,

지위의 우열을[660] 표하여 다소多少가 있음을 증명한 것일지언정 그
설하는 바 법을 의거한다면 처소마다 갖추지 아니함이 없는 것이다.

---

659 소전고 "며" 토라고 『잡화기』는 말한다.

660 원문에 위우소位優少 운운은 十住는 卽一萬佛利이요, 十行은 卽十萬佛利이
다. 『잡화기』에는 다소라고 한 것은 지금 가운데 '일만불찰로 좇아'라고
한 등이 이 다소이니, 십주는 곧 일만불찰이고 십행은 곧 십만불찰 운운이다
하였다.

鈔

問說此經處下는 第二에 問處遍이니 上은 約所說之法同이요 此는
明所說之處遍이며 又前은 明彼此同說이요 今은 明一說卽遍이라

문겠다. 이 경을 설하는 처소라고 한 아래는 제 두 번째 처소가
두루함을 물은 것이니,
위에서는 설하는 바 법이 다 같음을 잡은 것이요
여기서는 설하는 바 처소가 두루함을 밝힌 것이며
또 앞에서는 저 국토와 이 국토가 다 같이 설함을 밝힌 것이요,
지금에는 한 곳에서 설함에 곧 시방에 두루함을 밝힌 것이다.

疏

有云호대 此上의 瑞應證成이 應在偈後리니 有四因故라 一은 未說
偈엔 經猶未了니 不應先瑞先證이요 二는 瑞證이 本爲證經이니
旣不證偈인댄 則偈應非經이요 三은 證辭인댄 不應云文句가 無有
增減이요 四는 若許瑞證이 合在頌前인댄 頌中에 應頌二分이니
假使梵本이 如此라도 譯者가 卽合迴文이라하니라 此乃靜法의 佳
判이나 今爲一救하야사 理或可通이니 謂欲表說證이 同時故니라
然이나 文不累書코자 編之作次니 若全居末인댄 則似說竟方證거
니와 若更居初인댄 未說거니 復何所證이리요 故置於散說한 偈文
之際니 深有以焉이라 諸會에도 文同하니 皆倣此釋이어다

어떤 사람이 말하기를 이 위에 상서의 응함과[661] 증명을 이루는
것이 응당 게송문[662] 뒤에 있어야 할 것이니,

네 가지 원인이 있는 까닭이다.

첫 번째는 게송을 설하기 전에는 경이 오히려 끝난 것이 아니니
응당 먼저 상서를 나타내고 먼저 증명할 수 없는 것이요

두 번째는 상서와 증명이 본래 경을 증명하기 위한 것이니
이미 게송을 증명하지 않았다면 곧 게송은 응당 경이 아닐 것이요

세 번째는 말만 증명하는 것이라면 응당 문구文句와[663] 의리가 증감이
없다고 말하지 말아야 할 것이요

네 번째는 만약 상서와 증명이 합당히 게송 앞에 있어야 한다고
함을 허락한다면 게송 가운데 응당 상서와 증명의 이분二分[664]을
읊어야 할 것이니,

가사 법본이 이와 같이 되어 있다 할지라도 번역하는 사람이 곧
합당이 경문을 돌이켜야 할 것이다 하였다.

이것은 이에 정법靜法[665]의 훌륭한 가판이지만 지금에 한 번 구원하여
야[666] 이치가 혹 가히 통할 것이니,

---

661 원문에 서응瑞應 운운은 영인본 화엄 5책, p.709, 9행이다.

662 게송문 운운은, 십주게송十住偈頌은 영인본 화엄 5책, p.714, 4행부터 시작된
다. 따라서 게송문이 모두 끝난 뒤에 육종진동 등 상서를 나타내야 된다는
것이다.

663 문구文句 운운은 영인본 화엄 5책, p.710, 8행이다.

664 이분二分이란, 서응瑞應과 증성證成이다.

665 정법靜法이란, 혜원법사慧苑法師이다.

666 원문에 금위일구今爲一救는 청량의 뜻이니, 정법靜法이 경문의 전후를 지탄하

말하자면 설하고 증명667하는 것이 동시임을 표하고자 하는 까닭이다.
그러나 경문을 여러 번 쓰지 않고자 하여668 편집자가 차례를 지은
것이니,
만약 온전히 게송 끝에 둔다면 곧 설하여 마치고 바야흐로 증명을
짓는 것과 흡사하거니와, 만약 다시 장행문 처음에 둔다면 아직
설하지도 않았거니 다시 어찌 증명할 바가 있겠는가.
그런 까닭으로 산문散文669을 설한 뒤 게송문 사이670에 둔 것이니
깊은 까닭671이 있는 것이다.

모든 회에도 경문이 여기와 같나니 다 여기를 본받아 해석할 것이다.

鈔

有云此上下는 三에 辯文次니 卽刊定難經이라

어떤 사람이 말하기를 이 위에라고 한 아래는 세 번째 경문의 차례를

기에 그렇지 않다고 한 번 구원해 줄 필요가 있다는 것이다.
667 원문에 설증說證이란, 설說은 법혜法慧이고 증證은 나머지 보살이다.
668 원문에 연문불루서然文不累書라고 한 아래는 정법靜法의 말처럼 게송偈頌
　　뒤에 둘 수도 있지만 편집자의 편리와 더불어 장행문長行文과 게송문偈頌文
　　사이에 두는 것도 깊은 의미가 있다는 것이다.
669 산문散文이란, 장행문長行文이다.
670 제제際는 경계, 사이라는 뜻이다.
671 이언以焉이란, 까닭이다.

분별한 것이니
곧 『간정기』가 경문의 차례를 비난한 것이다.

經

爾時에 法慧菩薩이 承佛威力하야 觀察十方과 曁于法界하고 而
說頌曰호대

見最勝智微妙身이　相好端嚴皆具足하사
如是尊重甚難遇하고 菩薩勇猛初發心하니다

見無等比大神通하며 聞說記心及敎誡와
諸趣衆生無量苦하고 菩薩以此初發心하니다

聞諸如來普勝尊이　一切功德皆成就호미
譬如虛空不分別하고 菩薩以此初發心하니다

그때에 법혜보살이 부처님의 위신력을 받아 시방과 및 법계를
관찰하고 게송을 설하여 말하기를

가장 수승한 지혜에 미묘한 색신이
삼십이상과 팔십종호의 단정하고 장엄함을 다 구족하여
이와 같이 존중한 매우 만나기 어려운 이를 보고
보살이 용맹스레 처음 발심하였습니다.

같이 비교할 수 없는 대신통을 보며
기심과 그리고 교계와

모든 갈래 중생의 한량없는 고통 설함을 듣고
보살이 이것으로써 처음 발심하였습니다.

모든 여래 넓고 수승한 세존이
일체 공덕을 다 성취하신 것이
비유하자면 허공과 같아 분별할 수 없다고 함을 듣고
보살이 이것으로써 처음 발심하였습니다.

疏

第七에 重頌分中에 總有一百頌하니 分二리라 初에 九十一頌은
正顯前法이요 後에 如是十住下에 九頌은 結歎勸修라 前中十住를
卽爲十段하리니 初住中에 有四十六頌하니라 文分爲四리니 初에
三頌은 頌發心緣이요 次에 三十二頌은 緣境發心이요 次에 十頌은
勝進所學이요 後一은 總結이라 今初에 尊重은 卽前衆生樂見이요
第三偈는 卽廣大法이라

제 일곱 번째 중송분 가운데 모두 일백 게송이 있나니
두 가지로 나누겠다.
처음에 아흔 한 게송은 바로 앞에 법을 나타낸 것이요
뒤에 이와 같이 십주[672]의 모든 보살이라고 한 아래에 아홉 게송은
권하여 수학케[673] 한 것을 맺어 찬탄한 것이다.

---

672 원문에 여시십주如是十住란, 영인본 화엄 5책, p.738, 3행이다.

앞의 가운데 십주를 곧 십단으로 하리니
초주 가운데 마흔여섯 게송이 있다.
게송문을 나누어 네 가지로 하리니
처음에 세 게송은 발심의 인연을 읊은 것이요
다음에 서른두 게송은 경계를 인연하여 발심한 것을 읊은 것이요
다음에 열 게송은 승진의 배울 바를 읊은 것이요
뒤에 한 게송은 모두 맺는 것이다.

지금은 처음으로 존중한다고 한 것은 곧 앞[674]에 중생들이 즐겁게
본다 한 것이요
제 세 번째 게송은 곧 광대한 법[675]이다.

---

673 원문에 권수勸修란, 장행문長行文에는 권학勸學이라 하였다.

674 앞(前)이란, 영인본 화엄 5책, p.621, 3행에 인소낙견人所樂見이라 한 것이다.

675 원문에 광대법廣大法이란, 영인본 화엄 5책, p.621, 5행에 여래광대불법如來廣
大佛法이다.

經

三世因果名爲處요　我等自性爲非處니
欲悉了知眞實義코자　菩薩以此初發心하니다

過去未來現在世에　所有一切善惡業이
欲悉了知無不盡코자　菩薩以此初發心하니다

諸禪解脫及三昧와　雜染淸淨無量種에
欲悉了知入住出코자　菩薩以此初發心하니다

隨諸衆生根利鈍하야　如是種種精進力을
欲悉了達分別知코자　菩薩以此初發心하니다

一切衆生種種解와　心所好樂各差別한
如是無量欲悉知코자　菩薩以此初發心하니다

衆生諸界各差別하고　一切世間無有量하니
欲悉了知其體性코자　菩薩以此初發心하니다

一切有爲諸行道가　一一皆有所至處하니
悉欲了知其實性코자　菩薩以此初發心하니다

一切世界諸衆生이　隨業漂流無暫息을
欲得天眼皆明見코자　菩薩以此初發心하니다

過去世中曾所有의   如是體性如是相에
欲悉了知其宿住코자 菩薩以此初發心하니다

一切衆生諸結惑의   相續現起及習氣가
欲悉了知究竟盡코자 菩薩以此初發心하니다

삼세에 인과가 이름이 옳은 곳이 되고
우리 등의 자성이 그른 곳이 되나니
그 진실한 뜻을 다 알고자 하여
보살이 이것으로써 처음 발심하였습니다.

과거와 미래와 현재 세상에
있는 바 일체 선악의 업이
끝이 없음을 다 알고자 하여
보살이 이것으로써 처음 발심하였습니다.

모든 선정과 해탈과 그리고 삼매와
섞이어 더럽고 청정함의 한량없는 종류에
들어가고 머물고 나옴을 다 알고자 하여
보살이 이것으로써 처음 발심하였습니다.

모든 중생의 근기가 영리하고 둔함을 따라
이와 같이 가지가지 정진하는 힘을
다 요달하고 분별하여 알고자 하여

보살이 이것으로써 처음 발심하였습니다.

일체중생의 가지가지 지해(解)와
마음에 좋아하여 즐기는 바가 각각 차별한
이와 같은 한량없는 것을 다 알고자 하여
보살이 이것으로써 처음 발심하였습니다.

중생의 세계가 각각 차별하고
일체 세간이 한량이 없나니
그 체성을 다 알고자 하여
보살이 이것으로써 처음 발심하였습니다.

일체 유위의 모든 행도行道가
낱낱이 다 이를 바 처소가 있나니
그 실성을 다 알고자[676] 하여
보살이 이것으로써 처음 발심하였습니다.

일체 세계에 모든 중생이
업을 따라 표류하여 잠시도 쉬지 아니함을
천안을 얻어 다 밝게 보고자 하여
보살이 이것으로써 처음 발심하였습니다.

---

676 원문에 실욕悉欲은 여기 앞뒤의 모든 게송에 다 欲悉이라 하였다.

과거 세상 가운데 일찍이 있는 바
이와 같은 체성과 이와 같은 모습에
그 숙주宿住를 다 알고자 하여
보살이 이것으로써 처음 발심하였습니다.

일체중생의 모든 번뇌(結惑)의
상속과 현기現起와 그리고 습기[677]가
구경에 다함을 다 알고자 하여
보살이 이것으로써 처음 발심하였습니다.

疏

二中分二리니 初에 十頌은 緣十力發心이니 一頌一力이라 初中謂
以因感果는 斯爲是處요 從我心冥性等生은 無有是處니라 餘文
可見이라

두 번째[678] 가운데 두 가지로 나누리니
처음에 열 게송은 십력을 인연하여 발심한 것이니
한 게송이 한 힘이다.
처음 게송 가운데 말하자면 원인으로써 과보를 감득하는 것은 이것
은 옳은 곳이 되고

---

677 현기現起는 현행現行이고, 습기習氣는 종자種子이다.
678 두 번째란, 차삼십이게次三十二偈 가운데 두 번째이다.

나의 마음이 자성에 명합하는 등으로 좇아 생기하는 것은 옳을
곳이 없는 것이다.[679]
나머지 문장은 가히 볼 수 있을 것이다.

---

679 옳을 곳이 없는 것이라고 한 것은 처음 게송 제 두 번째 구절에 비처非處라
한 것이다.

經

隨諸衆生所安立하야 種種談論語言道를
如其世諦悉欲知코자 菩薩以此初發心하니다

모든 중생이 안립한 바를 따라
가지가지 담론과 언어의 길을
그 세제世諦와 같이 다 알고자 하여
보살이 이것으로써 처음 발심하였습니다.

疏

二에 二十二頌은 別顯所求니 長行의 結前生後云호대 求一切智라
하얏거늘 今偈엔 略顯一切智相하니라 此二十二頌에 一頌一智니
或有闕智了等言者는 蓋文略耳니라 今에 以類例相從하야 攝爲
十智하나니 初一은 俗諦智라

두 번째 스물두 게송은 구하는 바를 따로 나타낸 것이니,
장행문의 앞에 말을 맺고 뒤에 말을 생기하는 데서 말하기를 일체
지혜를 구한다 하였거늘, 지금 게송에는 생략하고 일체 지혜의
모습만 나타내었다.
이 스물두 게송에 한 게송이 한 지혜이니,
혹 지요智了[680]라는 등의 말이 빠져 있는 것은 대개 문장이 생략되었을
뿐이다.

지금에 비류로써 예하여 서로 좇아 섭수하여 십지十智를 삼았나니
처음에 한 게송은 속제지이다.

---

680 智는 知 자의 오자誤字인 듯하다. 곧 게송偈頌에 실요지悉了知라 한 것이다.

經

一切諸法離言說하야 性空寂滅無所作하니
欲悉明達此眞義코자 菩薩以此初發心하니다

일체 모든 법이 언설을 떠나
자성이 공하고 적멸하여 지을 바가 없나니
이 진실한 뜻을 다 밝게 요달하고자 하여
보살이 이것으로써 처음 발심하였습니다.

疏

次一은 眞諦智라

다음에 한 게송은 진제지이다.

經

欲悉震動十方國하고 傾覆一切諸大海하니
具足諸佛大神通코자 菩薩以此初發心하니다

시방의 국토를 다 진동하고
일체 모든 큰 바다를 뒤엎었나니
그 모든 부처님의 큰 신통을 구족하고자 하여
보살이 이것으로써 처음 발심하였습니다.

疏

三에 一偈는 神通智라

세 번째 한 게송은 신통지이다.

經

欲一毛孔放光明하야 普照十方無量土나
一一光中覺一切코자 菩薩以此初發心하니다

欲以難思諸佛刹을　悉置掌中而不動이나
了知一切如幻化코자 菩薩以此初發心하니다

欲以無量刹衆生을　置一毛端不迫隘나
悉知無人無有我코자 菩薩以此初發心하니다

欲以一毛滴海水하야 一切大海悉令竭이나
而悉分別知其數코자 菩薩以此初發心하니다

不可思議諸國土를　盡抹爲塵無遺者나
欲悉分別知其數코자 菩薩以此初發心하니다

한 털구멍에 광명을 놓아
널리 시방의 한량없는 국토를 비추지만
낱낱 광명 가운데 일체를 깨닫고자 하여
보살이 이것으로써 처음 발심하였습니다.

사의하기 어려운 모든 부처님의 국토를
다 손바닥 가운데 두어 움직이지 않게 하지만

일체가 환화와 같은 줄 알고자 하여
보살이 이것으로써 처음 발심하였습니다.

한량없는 국토에 중생을
한 털끝에 두어 핍박하거나 비좁지⁶⁸¹ 않게 하지만
사람도 없고 나도 없는 줄 다 알고자 하여
보살이 이것으로써 처음 발심하였습니다.

한 털끝으로 바닷물을 떨어내어
일체 큰 바다를 다 하여금 마르게 하지만
그 수를 다 분별하여 알고자 하여
보살이 이것으로써 처음 발심하였습니다.

가히 사의할 수 없는 모든 국토를
다 가루로 내어 티끌을 삼아 남김없이 하지만
그 수를 다 분별하여 알고자 하여
보살이 이것으로써 처음 발심하였습니다.

疏

四에 五頌은 解脫智라

네 번째 다섯 게송은 해탈지이다.

---

681 隘는 '좁을 애' 자이다.

經

過去未來無量劫에　一切世間成壞相을
欲悉了達窮其際코자 菩薩以此初發心하니다

과거와 미래의 한량없는 세월에
일체 세간이 이루어지고 무너지는 모습을
그 경계를 다 요달하여 궁구하고자 하여
보살이 이것으로써 처음 발심하였습니다.

疏

五에 過去下에 一頌은 劫刹智라

다섯 번째 과거라고 한 아래에 한 게송은 겁찰지劫刹智이다.

經

三世所有諸如來와　一切獨覺及聲聞을
欲知其法盡無餘코자 菩薩以此初發心하니다

삼세에 있는 바 모든 여래와
일체 독각과 그리고 성문의 법을
그 법이 다하여 남음이 없음을 알고자 하여
보살이 이것으로써 처음 발심하였습니다.

疏

六에 一頌은 三乘智라

여섯 번째 한 게송은 삼승지이다.

經

無量無邊諸世界를　欲以一毛悉稱擧나
如其體相悉了知코자　菩薩以此初發心하니다

無量無數輪圍山을　欲令悉入毛孔中이나
如其大小皆得知코자　菩薩以此初發心하니다

한량도 없고 끝도 없는 모든 세계를
한 털끝으로 칭량하여 거론[682]하지만
그 체상과 같이 다 알고자 하여
보살이 이것으로써 처음 발심하였습니다.

한량도 없고 수도 없는 윤위산을
하여금 다 털구멍 가운데 들어가게 하지만
그와 같이 크고 작은 것을 다 앎을 얻고자 하여
보살이 이것으로써 처음 발심하였습니다.

疏

七에 有七頌은 三密智니 謂二頌은 身密이라

---

682 稱擧를 자전에는 등용이라 번역하였다.

일곱 번째 일곱 게송이 있는 것은 삼밀지三密智이니,
말하자면 두 게송은 신밀身密이다.

經

欲以寂靜一妙音으로 普應十方隨類演이나
如是皆令淨明了코자 菩薩以此初發心하니다

一切衆生語言法을　一言演說無不盡이나
悉欲了知其自性코자 菩薩以此初發心하니다

世間言音靡不作하야 悉令其解證寂滅이나
欲得如是妙舌根코자 菩薩以此初發心하니다

고요한 한 가지 묘한 음성으로써
널리 시방에 응하여 그 중생의 유형을 따라 연설하지만
이와 같음을 다 하여금 맑고 밝게 알게 하고자 하여
보살이 이것으로써 처음 발심하였습니다.

일체중생의 언어의 법을
한 말씀으로 연설하여 다하지 아니함이 없지만
그 자성을 다 알고자 하여
보살이 이것으로써 처음 발심하였습니다.

세간에 말소리를 짓지 아니함이 없어서
다 그로 하여금 적멸을 알아 증득하게 하지만
이와 같이 말하는 묘한 설근舌根을 얻고자 하여

보살이 이것으로써 처음 발심하였습니다.

疏

三頌은 語密이라

세 게송은 어밀語密이다.

經

欲使十方諸世界에　有成壞相皆得見이나
而悉知從分別生코자 菩薩以此初發心하니다

一切十方諸世界에　無量如來悉充滿이나
欲悉了知彼佛法코자 菩薩以此初發心하니다

시방의 모든 세계에
이루어지고 무너지는 모습이 있는 것으로 하여금 다 봄을 얻게
하지만
그것이 분별로 좇아 생기하는 줄 다 알고자 하여
보살이 이것으로써 처음 발심하였습니다.

일체 시방의 모든 세계에
한량없는 여래가 다 충만하지만
저 부처님의 법을 다 알고자 하여
보살이 이것으로써 처음 발심하였습니다.

疏

二頌은 意密이라

두 게송은 의밀意密이다.

經

種種變化無量身이　一切世界微塵等이나
欲悉了達從心起코자 菩薩以此初發心하니다

가지가지로 변화하는 한량없는 몸이
일체 세계에 작은 티끌수와 같지만
마음으로 좇아 일어나는 줄 다 요달하고자 하여
보살이 이것으로써 처음 발심하였습니다.

疏

八에 一頌은 唯心智라

여덟 번째 한 게송은 유심지唯心智이다.

經

過去未來現在世에　無量無數諸如來를
欲於一念悉了知코자 菩薩以此初發心하니다

欲具演說一句法을　阿僧祇劫無有盡이나
而令文義各不同코자 菩薩以此初發心하니다

十方一切諸衆生의　隨其流轉生滅相을
欲於一念皆明達코자 菩薩以此初發心하니다

과거와 미래와 현재의 세계에
한량도 없고 수도 없는 모든 여래를
한 생각에 다 알고자 하여
보살이 이것으로써 처음 발심하였습니다.

한 구절의 법문을 갖추어 연설하기를
아승지 세월토록 다함이 없이 하지만
그 문구와 의리로 하여금 각각 같지 않게 하고자 하여
보살이 이것으로써 처음 발심하였습니다.

시방에 일체 모든 중생들
그들이 유전함을 따라 생멸하는 모습을
한 생각에 다 분명하게 요달하고자 하여

보살이 이것으로써 처음 발심하였습니다.

疏

九에 過去下에 三頌은 一多無礙智라

아홉 번째 과거라고 한 아래에 세 게송은 일다무애지一多無礙智이다.

經

欲以身語及意業으로 普詣十方無所礙나
了知三世皆空寂코자 菩薩以此初發心하니다

신업과 어업과 그리고 의업으로써
널리 시방에 나아가 걸리는 바가 없지만
삼세가 다 공적한 줄 알고자 하여
보살이 이것으로써 처음 발심하였습니다.

疏

十에 有一頌은 權實雙行智라

열 번째 한 게송이 있는 것은 권실쌍행지權實雙行智이다.

經

菩薩如是發心已에　　應令往詣十方國하야
恭敬供養諸如來케할새　以此使其無退轉케하니다

菩薩勇猛求佛道하야　住於生死不疲厭하고
爲彼稱歎使順行케할새 如是令其無退轉케하니다

十方世界無量刹에　　悉在其中作尊主하사
爲諸菩薩如是說할새　以此令其無退轉케하니다

最勝最上最第一인　　甚深微妙淸淨法을
勸諸菩薩說與人할새　如是敎令離煩惱케하니다

一切世間無與等하고　不可傾動摧伏處를
爲彼菩薩常稱讚할새　如是敎令不退轉케하니다

佛是世間大力主니　　具足一切諸功德하사
令諸菩薩住是中케할새 以此敎爲勝丈夫케하니다

無量無邊諸佛所에　　悉得往詣而親近하야
常爲諸佛所攝受할새　如是敎令不退轉케하니다

所有寂靜諸三昧를　　悉皆演暢無有餘하야
爲彼菩薩如是說할새　以此令其不退轉케하니다

摧滅諸有生死輪하고　轉於淸淨妙法輪하야
一切世間無所著할새 爲諸菩薩如是說하니다

一切衆生墮惡道하야　無量重苦所纏迫에
與作救護歸依處할새 爲諸菩薩如是說하니다

보살이 이와 같이 발심한 이후에
응당 하여금 시방의 국토에 나아가
모든 여래에게 공경하고 공양케 하였기에
이것으로써 그로 하여금 물러남이 없게 합니다.

보살이 용맹스레 불도를 구하여
생사에 머물지만 피곤해 하거나 싫어함이 없고
저를 위하여 칭탄하여 하여금 따라 수행케 하였기에
이와 같이 그로 하여금 물러남이 없게 합니다.

시방세계의 한량없는 국토에
다 그 가운데 있으면서 존주尊主가 되어
모든 보살을 위하여 이와 같이 설하였기에
이것으로써 그로 하여금 물러남이 없게 합니다.

가장 존귀하고 가장 높고 가장 제일인
깊고도 미묘한 청정한 법을
모든 보살에게 권하고 사람에게 설하여 주었기에

이와 같이 가르쳐 하여금 번뇌를 떠나게 합니다.

일체 세간에 같을 수 없고
가히 움직이거나 꺾어 굴복시킬 수 없는 곳을
저 보살을 위하여 항상 칭찬하였기에
이와 같이 가르쳐 하여금 물러남이 없게 합니다.

부처님은 세간에 큰 힘의 주인이니
일체 모든 공덕을 구족하사
모든 보살로 하여금 이 가운데 머물게 하였기에
이것으로써 가르쳐 수승한 장부가 되게 합니다.

한량도 없고 끝도 없는 모든 부처님의 처소에
다 나아가 친근함을 얻어
항상 모든 부처님의 섭수하는 바가 되었기에
이와 같이 가르쳐 하여금 물러남이 없게 합니다.

소유한 적정의 모든 삼매를
다 연창하여 남김없이 하여
저 보살을 위하여 이와 같이 설하였기에
이것으로써 그로 하여금 물러남이 없게 합니다.

삼유의 생사윤회를 꺾어 없애고

청정한 미묘 법륜을 전하여
일체 세간에 집착하는 바가 없었기에
모든 보살을 위하여 이와 같이 설합니다.

일체중생이 악도에 떨어져
한량없는 무거운 고통으로 얽혀 핍박을 받는 곳에
그로 더불어 구호하여 귀의할 곳을 지었기에
모든 보살을 위하여 이와 같이 설합니다.

疏

三에 菩薩如是下에 十頌은 頌勝進十法이니 一頌一法이라 皆言令
其不退轉者는 顯勸學之意也라 不退有三하니 一은 位不退니 七
住已上이요 二는 證不退니 初地已上이요 三은 念不退니 八地已去
라 今此는 近希位不退故니라

세 번째 보살이 이와 같으리라고 한 아래에 열 게송은 승진의 십법을
읊은 것이니
한 게송이 한 법이다.
다 그로 하여금 물러남이 없게 한다고 말한 것은 권하여 배우게
한다는 뜻을 나타낸 것이다.
물러남이 없다고 함에 세 가지가 있나니
첫 번째는 지위가 물러남이 없는 것이니 제칠주 이상이요

두 번째는 증득함이 물러남이 없는 것이니 초지 이상이요
세 번째는 생각이 물러남이 없는 것이니 제팔지 이후이다.
지금 여기에서는 가까이 지위가 물러남이 없다는 것을 희망하는
까닭이다.

鈔

偈中一에 位不退者는 初一에 不退는 爲二乘이요 二는 已得不退요
三은 未得不退니라

게송 가운데 첫 번째 지위가 물러남이 없다고 한 것은 처음에 물러남
이 없다고 한 것은 이승二乘이 되는 것이요
두 번째는 이미 얻었지만 물러나지 않는 것이요
세 번째는 아직 얻지 못하였지만 물러나지 않는[683] 것이다.

疏

若約圓敎當位인댄 從信入住에 得位不退니 初發心時에 成正覺
故니라

만약 원교의 당위當位를 잡는다면 십신으로 좇아 십주에 들어감에

---

683 원문에 미득불퇴未得不退는 과위果位를 비록 아직 얻지 못하였지만 염념念念
  이 적멸寂滅에 나아가는 까닭으로 물러나지 않는 것이다. 사종불퇴四種不退
  가운데 신불퇴信不退는 이미 지나간 까닭으로 거론하지 않는다.

지위가 물러남이 없음을 얻나니
처음 발심할 때에 정각을 이루는 까닭이다.

經

此是菩薩發心住니　一向志求無上道니다
如我所說敎誨法하야　一切諸佛亦如是하니다

이것이 이 보살의 발심주이니
한결같이 마음으로 무상도를 구할 것입니다.
내가 설한 바 가르치는 법과 같아서
일체 모든 부처님도 또한 이와 같이 설하십니다.

疏

四에 一頌은 總結이니 亦是引證이라

네 번째 한 게송은 모두 맺는 것이니
역시 이끌어 증거한[684] 것이다.

---

684 이끌어 증거한다고 한 것은 부처님을 이끌어 증거한 것이다.

經

第二治地住菩薩은 應當發起如是心호대
十方一切諸衆生을 願使悉順如來敎케하리니

利益大悲安樂心과 安住憐愍攝受心과
守護衆生同己心과 師心及以導師心이니다

제 두 번째 치지주 보살은
응당 이와 같은 마음을 일으키되
시방에 일체 모든 중생을
원컨대 하여금 다 여래의 가르침에 수순케 할 것이니

이익케 하는 마음과[685] 대비의 마음과 안락케 하는 마음과
안주케 하는 마음과 어여삐 여기는 마음과 섭수하는 마음과
중생을 수호하는 마음과 자기와 같은 마음과
스승과 같은 마음과 그리고 인도하는 스승과 같은 마음입니다.

---

685 이익케 하는 마음이라고 한 아래는 영인본 화엄 5책, p.630, 7행에 차보살此菩
薩이 어제중생於諸衆生에 발십종심發十種心이니 이익심利益心이라 한 등 십종
심十種心이다.

疏

第二住의 五頌에 初二頌은 自分이라

제이주의 다섯 게송에 처음에 두 게송은 자분이다.

經

已住如是勝妙心인댄 次令誦習求多聞하며
常樂寂靜正思惟하고 親近一切善知識하리다

發言和悅離麁獷하고 言必知時無所畏하며
了達於義如法行하고 遠離愚迷心不動하니다

이미 이와 같이 수승하고 묘한 마음에 머물렀다면
다음에는 하여금 외우고 익히고 많이 듣기를 구하며
항상 고요히 바로 사유하기를 좋아하고
일체 선지식을 친근케 해야 할 것입니다.

말하는 것이 화평하고 기뻐 거칠고 모짊686을 떠나고
말을 함에 반드시 때를 알아 두려워하는 바가 없으며
뜻을 요달하여 여법하게 수행하고
어리석고 미혹함을 멀리 떠나 마음이 움직이지 않아야 합니다.

疏

次에 二頌은 勝進이라

다음에 두 게송은 승진이다.

---

686 獷은 '모질 광' 자이다.

經

此是初學菩提行이니　能行此行眞佛子니다
我今說彼所應行하리니 如是佛子應勤學이어다

이것이 이 처음 깨달음을 배우는 행이니
능히 이 행을 행하는 것이 진실한 불자입니다.
내가 지금 저들이 응당 행할 바를 설하리니
이와 같음을 불자는 응당 부지런히 배울 것입니다.

疏

後에 一頌은 結說이라

뒤에 한 게송은 맺어서 말한 것이다.

經

第三菩薩修行住는　當依佛教勤觀察
諸法無常苦及空과　無有我人無動作과

一切諸法不可樂과　無如名字無處所와
無所分別無眞實이니　如是觀者名菩薩이니다

제 세 번째 보살의 수행주는
마땅히 부처님의 가르침을 의지하여 부지런히
모든 법이 무상한 것과 괴로운 것과 그리고 공한 것과
나도 남도 없는 것과 동작도 없는 것과

일체 모든 법이 가히 즐겁지 않는 것과
이름과 같지 않는 것과 처소가 없는 것과
분별할 바가 없는 것과 진실이 없는 것을 관찰할 것이니
이와 같이 관찰하는 사람은 이름이 보살입니다.

疏

第三住의 五頌에 前二頌은 自分이라

제삼주의 다섯 게송에 앞에 두 게송은 자분이다.

經

次令觀察衆生界하고 及以勸觀於法界케하며
世界差別盡無餘하야 於彼咸應勤觀察케하니다

十方世界及虛空에　　所有地水與火風과
欲界色界無色界를　　悉勸觀察咸令盡케하니다

觀察彼界各差別과　　及其體性咸究竟하고
得如是敎勤修行인댄 此則名爲眞佛子리다

다음에는 하여금 중생의 세계를 관찰케 하고
그리고 법계를 권하여 관찰케 하며
세계가 차별한 것을 다 남김없이 하여
저들에게 다 응당 부지런히 관찰케 합니다.

시방세계와 그리고 허공 세계에
있는 바 지수와 더불어 화풍과
욕계와 색계와 무색계를
다 관찰하기를 권하여 다 하여금 다하게 합니다.

저 세계가 각각 차별한 것과
그리고 그 체성이 다 구경인 것을 관찰하고
이와 같이 가르침을 얻어 부지런히 수행한다면

이것이 곧 이름이 진실한 불자가 되는 것입니다.

疏

後에 三頌은 勝進이라

뒤에 세 게송은 승진이다.

經

第四生貴住菩薩은　從諸聖教而出生일새
了達諸有無所有하야 超過彼法生法界하리다

信佛堅固不可壞하고 觀法寂滅心安住하며
隨諸衆生悉了知　　體性虛妄無眞實하니다

世間刹土業及報와　生死涅槃悉如是하나니
佛子於法如是觀하야 從佛親生名佛子니이다

제 네 번째 생귀주 보살은
모든 성인의 가르침을 좇아 출생하였기에
삼유가 있는 바가 없는 줄 요달하여
저 법을 뛰어넘어 법계에 태어날 것입니다.

부처님은 견고하여 가히 무너뜨릴 수 없음을 믿고
법의 적멸함을 관찰하여 마음이 편안히 머물며
모든 중생을 따라
체성이 허망하여 진실함이 없는 줄 다 압니다.

세간의 국토와 업과 그리고 과보와
생사와 열반이 다 이와 같나니
불자가 저 법에 이와 같이 관찰하여

부처님으로 좇아 친히 태어나는 것이 이름이 불자입니다.

疏

第四住의 六頌에 初三은 自分이라

제사주의 여섯 게송에 처음에 세 게송은 자분이다.

經

過去未來現在世에　　其中所有諸佛法을
了知積集及圓滿케하야　如是修學令究竟케하니다

三世一切諸如來를　　能隨觀察悉平等하야
種種差別不可得이니　如是觀者達三世리다

과거와 미래와 현재의 세상에
그 가운데 있는 바 모든 불법을
요달하여 알고 쌓아 익히고 그리고 원만케 하여
이와 같이 수학하기를 하여금 구경究竟까지 하게 할 것입니다.

삼세에 일체 모든 여래를
능히 따라 관찰함에 다 평등하여
가지가지 차별을 가히 얻을 수 없나니
이와 같이 관찰하는 사람은 삼세를 통달할 것입니다.

疏

次二는 勝進이라

다음에 두 게송은 승진이다.

經

如我稱揚讚歎者는　此是四住諸功德이니
若能依法勤修行인댄 速成無上佛菩提하리다

나와 같이 칭양하고 찬탄하는 사람은
이것이 이 사주四住의 모든 공덕이니
만약 능히 법을 의지하여 부지런히 수행한다면
속히 더 이상 없는 부처님의 깨달음을 성취할 것입니다.

疏

後一은 結歎이라

뒤에 한 게송은 맺어서 찬탄한 것이다.

經

從此第五諸菩薩은　說名具足方便住니
深入無量巧方便하야　發心究竟功德業하니다

菩薩所修衆福德이　皆爲救護諸群生이니
專心利益與安樂하야　一向哀愍令度脫케하니다

爲一切世除衆難하고　引出諸有令歡喜케하며
一一調伏無所遺하야　皆令具德向涅槃케하니다

이로 좇아 제오주의 모든 보살은
이름을 구족방편주라 설하나니
한량없는 선교방편에 깊이 들어가
마음을 일으켜 공덕의 업을 구경까지 합니다.

보살이 닦은 바 수많은 복덕이
다 모든 군생을 구호하기 위한 것이니
오롯한 마음으로 이익케 하고 안락을 주어
한결같이 어여삐 여겨 하여금 도탈케 합니다.

일체 세간을 위하여 수많은 고난을 제멸하고
삼유에서 끌어내어 하여금 환희케 하며
낱낱이 조복하여 남은 바가 없이 하여

다 하여금 공덕을 갖추어 열반으로 향하게 합니다.

疏

第五住의 五頌에 初三頌은 自分이라

제오주의 다섯 게송에 처음에 세 게송은 자분이다.

經

一切衆生無有邊과　無量無數不思議와
及以不可稱量等으로 聽受如來如是法하니다

일체중생이 끝이 없는 것과
한량이 없는 것과 수가 없는 것과 사의할 수 없는 것과
그리고 가히 칭양할 수 없는 것 등으로
여래의 이와 같은 법을 듣고 수지합니다.

疏

次에 一頌은 勝進이라

다음에 한 게송은 승진이다.

經

此第五住眞佛子가 成就方便度衆生이니
一切功德大智尊이 以如是法而開示하니다

이것이 제오주의 진실한 불자가
방편을 성취하여 중생을 제도하는 것이니
일체 공덕이신 큰 지혜 세존이
이와 같은 법으로써 열어 보이신 것입니다.

疏

後一은 結歎이라

뒤에 한 게송은 맺어서 찬탄한 것이다.

經

第六正心圓滿住는　於法自性無迷惑하야
正念思惟離分別일새　一切天人莫能動이니다

聞讚毀佛與佛法과　菩薩及以所行行과
衆生有量若無量과　有垢無垢難易度와

法界大小及成壞와　若有若無心不動하야
過去未來今現在에　諦念思惟恒決定하니다

제 여섯 번째 정심원만주는
법의 자성에 미혹함이 없어서
바른 생각으로 사유하여 분별을 떠났기에
일체 인천이 능히 움직일 수 없습니다.

부처님과 더불어 부처님의 법과
보살과 그리고 수행할 바 행과
중생이 한량이 있고 혹 한량이 없는 것과
때가 있고 때가 없는 것과 제도하기 어렵고 쉬운 것과

법계가 크고 작은 것과 그리고 이루어지고 무너지는 것과
혹 있고 혹 없는 것을 찬탄하거나 헐뜯는 것을 들을지라도 마음이
움직이지 아니하여

과거와 미래와 지금 현재에
자세히 생각하고 사유하여 항상 결정합니다.

疏

第六住의 四頌에 初三은 自分이니 於中에 後半頌은 是顯不動之
意라

제육주의 네 가지 게송에 처음에 세 가지 게송은 자분이니,
그 가운데 뒤에 반 게송은 움직이지 않는 뜻을 나타낸 것이다.

經

一切諸法皆無相하며 無體無性空無實하며
如幻如夢離分別하니 常樂聽聞如是義하니다

일체 모든 법이 다 모습이 없으며
자체가 없고 자성이 없고 공이고 실상이 없으며
환상과 같고 꿈과 같고 분별을 떠났나니
항상 이와 같은 뜻을 듣기를 좋아합니다.

疏

二에 一頌은 勝進이라

두 번째 한 게송은 승진이다.

經

第七不退轉菩薩은 於佛及法菩薩行의
若有若無出不出에 雖聞是說無退動하나니

過去未來現在世에 一切諸佛有與無와
佛智有盡或無盡과 三世一相種種相이니다

일곱 번째 불퇴전 보살은
부처님과 그리고 법과 보살행이
혹 있고 혹 없는 것과 벗어나고 벗어나지 못하는 등
비록 이런 말을 들을지라도 물러나거나 움직이지 않나니

이것은 과거와 미래와 현재의 세상에
일체 모든 부처님이 있는 것과 더불어 없는 것과
모든 부처님의 지혜가 다함이 있는 것과 혹 다함이 없는 것과
삼세에 한 가지 모습과 가지가지 모습입니다.

疏

第七住의 四頌에 初二는 自分이라

제칠주의 네 가지 게송에 처음에 두 가지 게송은 자분이다.

經

一卽是多多卽一과 文隨於義義隨文의
如是一切展轉成을 此不退人應爲說하리다

若法有相及無相과 若法有性及無性과
種種差別互相屬을 此人聞已得究竟하니다

하나가 곧 많은 것이고 많은 것이 곧 하나인 것과
글이 뜻을 따르고 뜻이 글을 따르는
이와 같은 일체가 전전히 이루어지는 것을
이 불퇴주의 사람이 응당 설할 것입니다.

혹 법에 모습이 있는 것과 그리고 모습이 없는 것과
혹 법에 자성이 있는 것과 그리고 자성이 없는 것과
가지가지 차별이 서로 상속하는 것을
이 사람이 들은 이후에 구경을 얻었습니다.

疏

後二는 勝進이라

뒤에 두 게송은 승진이다.

經

第八菩薩童眞住는　身語意行皆具足하며
一切淸淨無諸失하며　隨意受生得自在하니다

知諸衆生心所樂과　種種意解各差別과
及其所有一切法과　十方國土成壞相하니다

逮得速疾妙神通하야　一切處中隨念往하며
於諸佛所聽聞法하고　讚歎修行無懈倦하니다

제 여덟 번째 보살의 동진주는
몸과 말과 뜻의 행을 다 구족하며
일체가 청정하여 모든 허물이 없으며
뜻을 따라 생을 받음에 자재를 얻습니다.

모든 중생이 마음에 좋아하는 바와
가지가지 뜻에 아는 것이 각각 차별함과
그리고 그 있는 바 일체법과
시방의 국토가 이루어지고 무너지는 모습을 압니다.

빠르고 묘한 신통을 얻음에 미쳐
일체 처소 가운데 생각을 따라 가며
모든 부처님의 처소에서 법문을 듣고

수행을 찬탄하되 게으름이 없습니다.

疏

第八住의 五頌에 初三은 自分이라

제팔주의 다섯 게송에 처음에 세 게송은 자분이다.

經

了知一切諸佛國하고 震動加持亦觀察하며
超過佛土不可量하고 遊行世界無邊數하니다

阿僧祇法悉諮問하고 所欲受身皆自在하며
言音善巧靡不充하고 諸佛無數咸承事하니다

일체 모든 부처님의 국토를 알고
진동[687]하고 가피하여 가지고[688] 또한 관찰[689]하며
가히 헤아릴 수 없는 부처님의 국토를 초과[690]하고
끝도 수도 없는 세계에 유행[691]합니다.

아승지 법문을 다 묻고[692]
욕망하는 바[693]대로 몸을 받는 것이 다 자재하며
언음의[694] 선교가 충만하지 아니함이 없고

---

687 진동震動은 영인본 화엄 5책, p.693, 8행에 동일체불찰동一切佛刹動이다.
688 가지加持는 같은 책 p.693, 8행에 지일체불찰持一切佛刹이다.
689 관찰觀察은 같은 책 p.693, 8행에 관일체불찰觀一切佛刹이다.
690 초과超過 운운은 같은 책 p.693, 8행에 예일체불찰詣一切佛刹이다.
691 유행遊行 운운은 같은 책 p.693, 6행에 유행무수세계遊行無數世界이다.
692 아승지 운운은 같은 책 p.693, 9행에 영수무수불법領受無數佛法이다.
693 원문에 소욕所欲 운운은 같은 책 p.693, 9행에 현변화자재신現變化自在身이다.
694 언음 운운은 같은 책 p.693, 10행에 출광대변만음出廣大徧滿音이다.

수 없는 모든 부처님을[695] 다 받들어 섬깁니다.

疏

後二는 勝進이라

뒤에 두 게송은 승진이다.

---

695 원문에 제불무수諸佛無數 운운은 같은 책 p.693, 말행末行에 승사공양무수제
불承事供養無數諸佛이다.

經

第九菩薩王子住는　能見衆生受生別하며
煩惱現習靡不知하며　所行方便皆善了하니다

諸法各異威儀別과　世界不同前後際와
如其世俗第一義를　悉善了知無有餘하니다

제 아홉 번째 보살의 법왕자주는
능히 중생이 생을 받는 차별을 보며
번뇌의 현행[696]과 습기를 알지 못함이 없으며
행할 바 방편을 다 잘 압니다.

모든 법이 각각 다른 것과 위의가 다른 것과
세계가 같지 않는 것과 전제와 후제와
그 세속제와 제일의제와 같은 것을
다 남김없이 잘 압니다.

---

696 현행은 장행長行엔 현기現起라 하였다.

疏

第九住의 五頌에 初二는 自分이라

제구주의 다섯 가지 게송에 처음에 두 게송은 자분[697]이다.

---

[697] 자분自分은 영인본 화엄 5책, p.695, 1행에 십종법十種法이다.

經

法王善巧安立處와 隨其處所所有法과
法王宮殿若趣入과 及以於中所觀見과

法王所有灌頂法과 神力加持無怯畏와
宴寢宮室及歎譽의 以此敎詔法王子니이다

如是爲說靡不盡이나 而令其心無所著하나니
於此了知修正念인댄 一切諸佛現其前하리다

법왕이 선교로 안립한 곳과
그 처소를 따라[698] 있는 바 법과
법왕의 궁전과 취입과
그리고 그 가운데 관찰하여 보는 바와

법왕에게 있는 바 관정하는 법과
신력으로 가피하여 가지는 것과 겁도 두려움도 없는 것과
정궁과 측실에서 편안히 하고 잠자는 것과 그리고 찬탄하고 기리
는 것의
이것으로써 법왕자를 가르칩니다.

---

698 원문에 수기隨其 운운은 장행長行에 법왕처궤도法王處軌度이다.

이와 같이 설하기를 다하지 아니함이 없이 하지만
그 마음으로 하여금 집착하는 바가 없게 하나니
이것을 알아 정념을 수행한다면
일체 모든 부처님이 그 앞에 나타날 것입니다.

疏

後三은 勝進이라

뒤에 세 가지 게송은 승진이다.

經

第十灌頂眞佛子는　成滿最上第一法하야
十方無數諸世界를　悉能震動光普照하니다

住持往詣亦無餘하고　淸淨莊嚴皆具足하며
開示衆生無有數하고　觀察知根悉能盡하니다

發心調伏亦無邊하고　咸令趣向大菩提케하며
一切法界咸觀察하야　十方國土皆往詣하니다

제 열 번째 관정주의 진실한 불자는
최상의 제일법을 성만하여
시방에 수없는 모든 세계를
다 능히 진동하고 광명으로 널리 비춥니다.[699]

수없는 세계에 머물러 가지고 나아가는 것을 또한 남김없이 하고
깨끗하게 장엄하는 것을 다 구족하며
수없는 중생에게 열어 보이고[700]
관찰[701]하고 근기를 아는 것을[702] 다 능히 다합니다.

---

[699] 원문에 광보조光普照는 영인본 화엄 5책, p.705, 1행에 장행長行에 조요무수계
照耀無數界이다.

[700] 원문에 개시開示는 같은 책 장행長行에 개시무수중생開示無數衆生이다.

[701] 관찰觀察은 같은 책 장행에 관찰무수중생觀察無數衆生이다.

발심하여 조복케 하는[703] 것도 또한 끝이 없고
다 하여금 보리에 취향하게 하며[704]
일체 법계를 다 관찰하여
시방의 국토에 다 나아갑니다.

疏

第十住의 六頌에 初四는 自分이니 於中三頌은 頌所成德用이라

제십주의 여섯 가지 게송에 처음에 네 가지 게송은 자분이니
그 가운데 세 가지 게송은 성취한 바 덕용[705]이다.

702 원문에 지근知根은 같은 책 장행에 지무수중생근知無數衆生根이다.

703 원문에 발심조복發心調伏은 같은 책 장행長行에 영무수중생조복令無數衆生調
伏이다.

704 원문에 함령취향咸令趣向은 같은 책 장행長行에 영무수중생취입令無數衆生趣
入이다.

705 원문에 소성덕용所成德用은 같은 책 장행長行 p.705, 6행에 초십구初十句
즉 십종지十種智이다.

經

其中身及身所作과 神通變現難可測과
三世佛土諸境界를 乃至王子無能了니다

그 가운데 몸과 그리고 몸의 소작[706]과
신통과 변화하여 나타내는 것을 가히 측량할 수 없는 것과
삼세와 부처님의 국토와 모든 경계를
내지 법왕자라도 능히 알 수 없습니다.

疏

一頌은 頌讚勝難測이라

이 한 게송은 수승함을 찬탄한 것이 측량하기 어려움을 읊은[707]
것이다.

---

706 원문에 신소작身所作은 장행長行에 신업身業이라 하였다.
707 원문에 찬승난측讚勝難測은 영인본 화엄 5책, p.705, 6행의 장행長行에 후십구
　　後十句는 찬승난측讚勝難測이라 하였다.

經

一切見者三世智와 於諸佛法明了智와
法界無礙無邊智와 充滿一切世界智와

照耀世界住持智와 了知衆生諸法智와
及知正覺無邊智를 如來爲說咸令盡케하니다

일체를 보는 사람[708]의 삼세의 지혜와
모든 불법을 밝게 아는 지혜와
법계에 걸림이 없는 지혜와 끝없는 지혜와
일체 세계에 충만한 지혜와

세계를 비추는 지혜와 세계에 머물러 가지는 지혜와
중생을 아는 지혜와 모든 법을 아는 지혜[709]와
그리고 정각[710]이 끝이 없음을 아는 지혜를
여래가 설하여 다 하여금 다하게 하였습니다.

---

708 원문에 일체견자一切見者란, 곧 부처님이다.

709 원문에 제법지諸法智란, 장행문에 지일체불지知一切佛智이다.

710 정각正覺이란, 불佛이다. 장행문長行文에는 지무변제불지知無邊諸佛智라 하
였다.

疏

後에 二頌은 勝進이라

뒤에 두 게송은 승진이다.

經

如是十住諸菩薩이　皆從如來法化生일새
隨其所有功德行하야　一切天人莫能測하니다

이와 같은 십주의 모든 보살이
다 여래의 법을 좇아 화생하였기에
그가 소유한 공덕의 행을 따라
일체 하늘과 사람이 능히 측량할 수 없습니다.

疏

第二大段은 結歎勸修라 九頌分三하리니 初一頌은 總歎十住라

제 두 번째 대단大段[711]은 권하여 수학케 한 것을 맺어 찬탄한 것이다.
아홉 게송을 세 가지로 나누리니
처음에 한 게송은 십주를 한꺼번에 찬탄한 것이다.

---

[711] 원문에 결탄권수結歎勸修라고 한 것은 영인본 화엄 5책, p.715, 3행에 여시십
주하如是十住下에 구송九頌은 결탄권수結歎勸修라 하였다.

經

過去未來現在世에　　發心求佛無有邊하며
十方國土皆充滿하나니 莫不當成一切智리이다

一切國土無邊際하고　世界衆生法亦然하며
惑業心樂各差別하나니 依彼而發菩提意하니다

始求佛道一念心도　　世間衆生及二乘의
斯等尙亦不能知어든　何況所餘功德行이리요

十方所有諸世界를　　能以一毛悉稱擧인댄
彼人能知此佛子가　　趣向如來智慧行하리다

十方所有諸大海를　　悉以毛端滴令盡인댄
彼人能知此佛子가　　一念所修功德行하리다

一切世界抹爲塵하고 悉能分別知其數인댄
如是之人乃能見　　此諸菩薩所行道하리다

과거와 미래와 현재의 세상에
발심하여 부처님을 구한 것이 끝이 없으며
사방의 국토에도 다 충만하나니
마땅히 일체 지혜를 이루지 못할 것이 없습니다.

일체 국토가 끝이 없고
세계와 중생도 법이 또한 그러하며
번뇌와 업과 마음에 좋아하는 것이 각각 차별하나니
저를 의지하여 깨달음의 뜻을 일으켰습니다.

처음 불도를 구하는 한생각의 마음도
세간의 중생과 그리고 이승의
이런 등이 오히려 또한 능히 알지 못하거든
어찌 하물며 나머지 행한 바 공덕의 행이겠습니까.

시방에 있는 바 모든 세계를
능히 한 털끝으로 다 칭량하여 거론한다면
저 사람은 능히 이 불자가
여래의 지혜에 취향하는 행을 알 것입니다.

시방에 있는 바 모든 큰 바다를
다 털끝으로 떨어내어 하여금 다하게 한다면
저 사람은 능히 이 불자가
한 생각에 수행한 바 공덕의 행을 알 것입니다.

일체 세계를 가루로 만들어 티끌을 삼고
다 능히 그 수를 분별하여 안다면
이와 같은 사람은 이에 능히

이 보살이 행한 바 도를 볼 것입니다.

疏

次六은 別歎發心住라

다음에 여섯 게송은 발심주 보살을 따로 찬탄한 것이다.

經

去來現在十方佛과　一切獨覺及聲聞이
悉以種種妙辯才로　開示初發菩提心이라도

發心功德不可量이며 充滿一切衆生界하나니
衆智共說無能盡거든 何況所餘諸妙行이리요

과거와 미래와 현재의 시방에 부처님과
일체 독각과 그리고 성문이
다 가지가지 묘한 변재로써
처음 보리심 일으킨 것을 열어 보인다 할지라도

처음 발심한 공덕은 가히 헤아릴 수 없으며
일체중생의 세계에도 충만하나니
수많은 지혜[712]로 함께 설하여도 능히 다 설할 수 없거든
어찌 하물며 나머지 행한 바 모든 묘한 행이겠습니까.

疏

後二는 結歎初心하고 況出修行이라
十住位는 竟이라

___

712 원문에 지知 자는 지智 자의 잘못이다.

뒤에 두 게송은 처음 발심한 것을 맺어서 찬탄하고 수행을 비황하여 설출한 것이다.[713]

십주위는 마친다.

---

713 두 게송(二頌) 중 처음 게송(初頌)은 결탄초심結歎初心이고 뒤 게송(後頌)은
황출수행況出修行이다.

청량 징관(淸凉 澄觀, 738~839)

중국 화엄종의 제4조.

절강성浙江省 월주越州 산음山陰 사람으로, 속성은 하후夏侯, 자는 대휴大休, 탑호는 묘각妙覺이다.

11세에 출가하여 계율, 삼론, 화엄, 천태, 선 등을 비롯, 내외전을 두루 수학하였다. 40세(777년) 이후 오대산 대화엄사에 머물면서『화엄경』을 여러 차례 강설하였으며, 이를 토대로『대방광불화엄경소』60권,『대방광불화엄경수소연의초』90권을 저술하고 강의하였다. 796년에는 반야삼장의『40권 화엄경』번역에 참여하였고, 덕종에게 내전에서 화엄의 종지를 펼쳤다. 덕종에게 청량국사淸凉國師, 헌종에게 승통청량국사僧統淸凉國師라는 호를 받는 등 일곱 황제의 국사를 지냈다.

저서로『화엄경주소華嚴經註疏』,『화엄경수소연의초華嚴經隨疏演義鈔』,『화엄경강요華嚴經綱要』,『화엄경략의華嚴經略義』,『법계현경法界玄鏡』,『삼성원융관문三聖圓融觀門』등 400여 권이 있다.

관허 수진貫虛 守眞

1971년 문성 스님을 은사로 출가, 1974년 수계, 해인사 강원과 금산사 화엄학림을 졸업하고, 운성, 운기 등 당대 강백 열 분에게 10년간 참문수학하였다.

1984년부터 수선안거 10년을 성만하고, 1993년부터 7년간 해인사 강원 강주로 학인들을 지도하였다.

대한불교조계종 교육위원, 역경위원, 교재편찬위원, 중앙종회의원, 범어사 율학승가대학원장 및 율주를 역임하였다.

현재 부산 승학산 해인정사에 주석하면서, 대한불교조계종 고시위원장, 단일계단 계단위원·존증아사리, 동명대학교 석좌교수, 동명대학교 세계선센터 선원장 등의 소임을 맡고 있다.

청량국사화엄경소초 35 – 십주품

초판 1쇄 인쇄 2023년 7월 10일 | 초판 1쇄 발행 2023년 7월 24일
청량 징관 찬술 | 관허 수진 **현토역주** | 펴낸이 김시열
펴낸곳 도서출판 운주사

     (02832) 서울시 성북구 동소문로 67-1 성심빌딩 3층

     전화 (02) 926-8361 | 팩스 0505-115-8361

ISBN 978-89-5746-743-5 94220
ISBN 978-89-5746-592-9 (총서)　값 30,000원
http://cafe.daum.net/unjubooks 〈다음카페: 도서출판 운주사〉